好看的中国历史故事

历史谜案篇

主　编：刘士欣
副主编：赵发义
编　者：杨　辉　邱继焱
　　　　展贤东　宋　丽

中央编译出版社
Central Compilation & Translation Press

总 序

文化是影响一个民族最持久的力量。

尽管中华文明在不同时代有不同的"主流文化",但它最核心的东西始终没有变,那就是自强不息和家国情怀——这是我们最独特的文化基因。正是凭着这种基因,在我们五千年的文明史中,每当灾难来临、存亡绝续之际,总会有一群"埋头苦干的人,拼命硬干的人,为民请命的人,舍身求法的人",引领全民族奋力抗争,一次次走向复兴。

历史长河中,中华文明每一次走向强盛,都伴随着文化的极大繁荣。进入21世纪,中国再次兴起了文化热。不像此前数十年间出现的或多或少带着"全球化"印记的历次"新文化"潮,这波以中国历史和优秀传统文化为主流的文化热,完全是"中国的"。我将其视为中华传统文化在当代的复兴。

我们很荣幸身处这样一个伟大复兴的时代。站在历史的拐点,亲眼见证国家的富强,亲手传递文化的薪火,人生之大幸事,莫过于此。

2012年底,我赴欧洲三国为当地华人华侨宣讲中华文化,反响之热烈出乎意料。文明影响力的辐射,首先体现在文化的传播上。在百年未有之大变局来临之际,世界需要了解中国,中国更应该讲好自己的故事。

一个民族的历史是这个民族安身立命的基础。讲好中国故事,要先讲好中国历史。中国拥有世界上蕴藏最丰、品质最好、取之无尽的历史资源,这是一座巨大的宝藏,是祖先留给我们无比宝贵的财富。

作为一名历史文化传承者无疑是幸福的,但同时也是辛苦的。面对浩如烟海的历史典藏，一个人哪怕穷其一生，也只能窥见一鳞半爪；皓首穷经，所得不过一珠一贝。史道深矣！越是浸淫其中，越是战战兢兢，唯恐所引不真、所究不深、所识不远，轻言漫语而辜负了时代的期许。

讲好中国历史，需要千千万万孜孜不倦的"历史矿工"，不厌艰深，把历史宝藏中最精华、最有价值的部分挖掘出来，呈现给大众；也需要千千万万的文化工匠，苦心孤诣，用炽热的情感为这些黄页注入时代的灵魂。在士欣教授的这部书里，我感受到了这种深度和温度。

精彩的文字，源于丰富的阅历和深厚的积累。士欣教授曾在基层埋首三十余年，其中绝大部分时间是和普通群众打交道。他自谦"业余"，其实这正好使他跳脱了专业的局限，对历史的理解多了一分现实的厚度，思想也多了一份翱翔的自由。

这套书从读者耳熟能详的历史人物和事件中挖掘出鲜为人知的"背后故事"，尊重史料而不盲信，尊重权威而不盲从，难能可贵。所引材料，多为正史信史；所述人事，读者喜闻乐见。"历史名人篇"不怕触及敏感话题，勇气可嘉；"历史真相篇"敢于挑战争议热点，不拘定见；"历史谜案篇"大胆提出新颖观点，自成一说。信手翻来，精彩不断；字里行间，诚意满满；既有知识性，也有趣味性；选题趣旨新奇，着笔视角独特，编排颇具匠心，探究蕴含深意。读来引人入胜，不时发人深思。让人对熟悉的历史，品出了新的味道。

一部好书，最重要的是读者认可。士欣教授的几本书反响都不错，充分说明其思想接通地气、内容贴近读者。他以读者为本的述史态度，令人欣赏。相信这套书也一定能得到读者的喜爱。

愿与士欣教授在传播中国文化的这条长路上，同行共勉！

读史心语

（自序）

说来汗颜，作为一名历史爱好者，我在学生时代几乎没有受过像样的历史教育。生于鸡鸣三县的偏乡僻壤，小学、初中没出村，也没上过一堂历史课。高中在邻村就读，学了几节中国近代史，还是借调的初中物理老师所教。

参加工作后，在偏远乡镇一干就是十年。一年回不了几趟家，又无电视、电脑之类，工作之暇，长夜漫漫，便以读书打发时间。彼时深感学习培训、书写文稿、参加公选、做群众工作，历史知识不可或缺，便恶补这块"木桶短板"，不想竟成其好，至今已有三十余载。

长年读史，如痴如醉，疑问亦油然丛生：提倡"学而优则仕"的"万世师表"孔子为何仕途不畅？伟大的革命先行者孙中山何以有美国国籍？民族英雄郑成功缘何被日本人推崇备至？匈牙利人是中国古代匈奴的后裔吗？蒙古铁骑两度铩羽日本真是因为"神风"？万里长城背后有哪些神奇的故事？……

2006年，在基层摸爬滚打二十年后，我这个出于畎亩的"泥腿子"，被选派到省辖市委党校主持工作十年。这期间，受省委主要领导钦点，借调到省委党校三年多。在"谈笑皆鸿儒，往来有大神"的新环境，诸多疑问也逐渐有了答案，于是在众多师友的殷殷鼓励和帮助下，终于下决心把所读、所思、所悟付诸文字，先后出版了《知行八谈》《辉煌历程》《读史漫记》《读史漫记Ⅱ》等浅陋之作，承蒙读者错爱，反响意外热烈，不禁受宠若惊。

《读史漫记Ⅱ》成稿时，曾忍痛割爱，删掉大量精彩内容，对此，觉得敷衍了抬爱自己的读者朋友，一直耿耿于怀，深以为憾。

史道艰深，常读常新。譬如观山，横看成岭侧成峰；读史亦然，常觉今是而昨非。一个王朝，父死子继、兄终弟及，后继写前任，往往彰功遮过；而王朝更替，后朝写前朝，则大都彰过遮功。所以即便正史也难免失真，何况稗官野史的演绎，每每使读者真假莫辨、良莠难分。而写史者身在局中，亦往往为局所限。世殊时异，俯仰之间，方知纸上得来终觉浅，每瞻顾旧作，常感惭愧；读者谬赞，心尤不安。

终究是读书、写书人的初心使然，又值出版社一再约稿，便借助高校工作的便利，携十几名骨干教师，组成创作团队，在原书基础上，深挖素材，精研史料，详加辨析，适当扩展，戮力打造出了这部新作，既报读者，亦了旧憾。

在工作步伐加快、生活节奏提速的当下，快餐式文化大行其道，碎片化阅读成为主流。抱着鸿篇巨著深读细研的，大抵只能是专业人士，而充斥网络的"历史快餐文"，多失于肤浅、偏狭，谬误甚多，为害不浅。编写这本书，既尊重历史的真实，又力求应和读者的喜好，用通俗轻松的语言，讲好中国故事，旨在使广大普通读者在"悦读"中汲取历史知识，提高史学素养。

中华文明传承数千载，既有鲜为人知的秘史，亦有妙趣横生的趣史；既有汗牛充栋的官史巨著，也有浩如烟海的野史演义，可谓前人之述备矣。然则读史有好恶，辨史有视角，读史之获，窥史之见，品史之乐，得无异乎？本人不愿人云亦云，所写或与正统教科书有些许出入，或与人们印象中的"脸谱"大相径庭，但有乐吾乐者，则快然自足矣！

我本业余，史学肤浅，谬误自然难免。诚请行家指教，不胜感激！

目 录

一、千古奇书《易经》之谜 ………………………… 1
伏羲画卦蕴天地 …………………………………… 1
文王遭拘演《周易》 ……………………………… 2
韦编三绝作"十翼" ………………………………… 5
易学高人窥天机 …………………………………… 6
历久弥新续神奇 …………………………………… 8
【延伸阅读】白龟传奇 …………………………… 9

二、大禹九鼎之谜 …………………………………… 11
除水患铸鼎示权 …………………………………… 11
君式微问鼎中原 …………………………………… 12
虚构说难以自圆 …………………………………… 14
时代迁化作铜钱 …………………………………… 15
【延伸阅读】秦武王举鼎绝膑 …………………… 17

三、后母戊鼎之谜 …………………………………… 18
现世安阳武官村 …………………………………… 18
颠沛流离终安身 …………………………………… 19
谁人铸造难定论 …………………………………… 21
权威之说被更新 …………………………………… 22
【延伸阅读】皇后将军 …………………………… 23

四、鬼谷子身世之谜 25
母亡虎哺悲苦身 25
仕志难酬徒满门 27
纵横高足扭乾坤 28
兵家弟子搅风云 29
不朽思想影响深 31
【延伸阅读】锦囊救徒 32

五、老子归隐之谜 33
超凡脱俗从名师 33
仕途坎坷难酬志 34
解疑释惑答孔子 35
不朽名篇传后世 36
何处归隐有争执 38
【延伸阅读】债台高筑 39

六、越王勾践剑之谜 40
为复国卧薪尝胆 40
帝王剑重见日天 42
工艺精玄而又玄 43
剑入楚一桩谜案 45
【延伸阅读】专诸刺王僚 46

七、传国玉玺下落之谜 48
和氏宝玉归赵君 48
完璧归赵阴谋论 50
传国玉玺起风云 50
国宝踪迹已难寻 53

【延伸阅读】完璧归赵 54

八、徐福东渡之谜 56
始皇一统求长生 56
徐福使计诓嬴政 57
精心谋划迁东瀛 58
东渡何处百家鸣 60
开化日本传文明 61
【延伸阅读】嘉靖帝求仙 62

九、万里长城之谜 64
长城万里溯起源 64
是非功过需明辨 65
发明创造智慧显 68
神奇等量降水线 69
何以止步嘉峪关 70
始皇背锅实在冤 72
【延伸阅读】长城神话 74

十、楼兰古城消失之谜 75
国王资助勇探险 75
西域诸国燃烽烟 77
楼兰美女平战端 78
美人枕沙历千年 80
【延伸阅读】寻找彭加木 82

十一、《洛神赋》为谁而作 84
子建失意赋感甄 84

甄宓留枕情笃深 86
李善传讹遭诘问 88
似有还无说纷纭 90
杀妻之痛苦铭心 91
一缕芳魂化洛神 93
【延伸阅读】曹叡身世之谜 95

十二、匈牙利人是匈奴人的后裔吗 96
长年征战败于汉 96
匈人西迁如席卷 98
众说纷纭疑云显 99
抽丝剥茧溯本源 101
【延伸阅读】催命判官 103

十三、敦煌莫高窟之谜 104
汉武挥鞭驱匈奴 104
白马驮经入东土 105
千年繁华入一窟 107
云游道士守佛窟 108
中华奇珍遭劫数 110
千古之谜待解出 112
【延伸阅读】敦煌壁画故事 114

十四、《兰亭集序》下落之谜 115
兰亭妙笔如有神 115
乱世古墓暂藏身 117
重见天日遇后人 118
辨才中计空遗恨 120

昭陵被盗踪难寻 ………………………………………… 122

　　言人人殊难辨真 ………………………………………… 123

　　【延伸阅读】王羲之智护春联 ………………………… 124

十五、唐僧西天取的什么经 …………………………………… 126

　　踏孤旅绝域求生 ………………………………………… 126

　　好兄弟凌山亡命 ………………………………………… 128

　　不畏险万里朝圣 ………………………………………… 129

　　历生死西天取经 ………………………………………… 131

　　享美誉感动太宗 ………………………………………… 132

　　功德圆佛法祖庭 ………………………………………… 133

　　【延伸阅读】释迦牟尼到底是哪里人 ………………… 136

十六、乾陵无字碑之谜 ………………………………………… 138

　　十年深宫日月长 ………………………………………… 138

　　一朝封后露锋芒 ………………………………………… 140

　　日月同辉耀大唐 ………………………………………… 142

　　酷哉千古一女皇 ………………………………………… 143

　　无字之碑如迷藏 ………………………………………… 145

　　【延伸阅读】太平公主 ………………………………… 147

十七、四大美女结局之谜 ……………………………………… 148

　　西施救国沉绿波 ………………………………………… 148

　　昭君青冢傍黄河 ………………………………………… 151

　　貂蝉隐居锦江侧 ………………………………………… 152

　　贵妃遥吟长恨歌 ………………………………………… 155

　　【延伸阅读】四大美女的由来 ………………………… 157

十八、《清明上河图》之谜 … 158
风俗长卷绝妙作 … 158
流传世间历坎坷 … 159
画名涵义有异说 … 162
盛景之下危机多 … 164
【延伸阅读】《富春山居图》合璧展出 … 166

十九、忽必烈何以两度折戟日本 … 167
横扫欧亚建大元 … 167
两征日本铩羽还 … 169
惨败原因如谜团 … 171
神风余波远未完 … 172
【延伸阅读】两征安南 … 174

二十、元朝亡于贾鲁治河吗 … 176
兴衰皆因忽里台 … 176
敲骨吸髓百姓哀 … 178
黄河之水滔天来 … 180
遍地红巾卷江淮 … 181
功过自有后人裁 … 183
【延伸阅读】贾鲁泄恨毁刘宅 … 185

二十一、建文帝下落之谜 … 186
建文削藩燕王反 … 186
锦囊妙计逃生天 … 187
颠沛流离释前嫌 … 188
落叶归根一家言 … 190
生死谜案隐若现 … 191

【延伸阅读】范仲淹泽荫子孙 ……………………………………… 192

二十二、《永乐大典》之谜 ………………………………………… 193

永乐大典耀千古 …………………………………………………… 193

嘉靖归天踪迹无 …………………………………………………… 195

乾隆功过说四库 …………………………………………………… 197

百年劫难痛彻骨 …………………………………………………… 199

山重水复疑无路 …………………………………………………… 200

【延伸阅读】纸条治国 …………………………………………… 202

二十三、李自成败亡之谜 …………………………………………… 203

施奇谋以钱易命 …………………………………………………… 203

腾挪间九死一生 …………………………………………………… 204

进京城得意忘形 …………………………………………………… 206

落荒逃生死不明 …………………………………………………… 209

【延伸阅读】陈圆圆之死 ………………………………………… 211

二十四、清东陵被盗之谜 …………………………………………… 213

土匪盗陵始作俑 …………………………………………………… 213

军演障目开地宫 …………………………………………………… 214

涉案有贼难惩凶 …………………………………………………… 215

珍宝散失无影踪 …………………………………………………… 217

屡禁不止遭盗空 …………………………………………………… 219

【延伸阅读】明定陵发掘之憾 …………………………………… 220

二十五、宣纸工艺失窃之谜 ………………………………………… 222

名纸匠心续传奇 …………………………………………………… 222

纸寿千年蕴绝技 …………………………………………………… 224

纸中之王书画倚 ·· 226
洋人垂涎常觊觎 ·· 228
【延伸阅读】造纸术在世界的传播 ····························· 229

二十六、故宫珍宝流失之谜 ································· 231
强盗火烧圆明园 ·· 231
故宫遭遇大劫难 ·· 233
建福宫焚成悬案 ·· 234
溥仪盗宝空子钻 ·· 235
逊帝复辟寄伪满 ·· 236
辗转漂泊两岸间 ·· 238
【延伸阅读】张伯驹无偿献八珍 ································ 240

一、千古奇书《易经》之谜

【题记】《易经》是中华上古三大奇书之一,被誉为"大道之源、群经之首","经典中的经典,哲学中的哲学,智慧中的智慧",堪称中华文化的源头。古今中外,许多名人对《易经》推崇备至。唐朝名相虞世南曾说:"不读《易》,不可为将相。"药王孙思邈有言:"不知《易》,不足以言太医。"著名科学家钱学森把《易经》称为"科学的经典",德国哲学家黑格尔认为"《易经》包含着中国人的智慧"。那么,这部充满神秘色彩的千古奇书成于何时?作者是谁?所言何事?究竟有哪些未解之谜?

伏羲画卦蕴天地

《易经》与《黄帝内经》《山海经》被誉为中华上古三大奇书,之所以称为奇书,一是内容神奇深奥,令人叹为观止;二是成书年代久远且原始作者不详。《易经》有三部,即《连山》《归藏》和《周易》,其中前两部都遗失无存,只有《周易》流传下来。班固在《汉书·艺文志》中说:"易道深矣,人更三圣,世历三古。""三圣"指的是伏羲、周文王和孔子,"三古"分别指"三圣"所处的时代。也就是说,伏羲、周文王、孔子三代圣人都参与了《易经》的创作,时间跨度长达四千年。

传说上古时期，中华尚处于母系社会，华胥国有个美丽的女子华胥氏，偶尔在雷泽看到一个巨大的脚印，便好奇地踩了一下，于是就有了身孕。华胥氏怀孕十二年后，生下一个人首蛇身的儿子，取名伏羲。因为在古代十二年为一纪，当地人为了纪念伏羲诞生，特将地名改为成纪（今甘肃天水）。

中国古代帝王世系中，伏羲被奉为"三皇之首""百王之先"，地位十分显赫。孔子在《周易·系辞传》中道：上古时期，伏羲统治天下，仰观日月星辰，俯察山川地形，察看鸟兽之迹与植物生长，近取法自身，远效法万物，于是创作八卦，以此通晓神明之德，类比万物情状。孔子还说，伏羲画八卦时得到了天启：远古时，一头生有双翼、龙首马身的神兽，背绘图案，身覆龙鳞，凌波踏浪，如履平地，由黄河进入图河（今河南孟津境内），游弋其中，人们称之为"龙马"。伏羲见后，把龙马背上的图案画了下来，称为"河图"。不久，洛水又出现一只大龟，负书献给伏羲，称为"洛书"。伏羲受河图洛书启发，画成了八卦，完成了对《易经》最关键的奠基。这也是《易经》成书中最神奇的一部分。

1987年，安徽含山凌家滩出土的洛书龟玉片，距今约五千多年，或可证实河图洛书的存在。但河图洛书的具体来由，仍是中华文明史上的千古之谜。2014年，河图洛书传说被列入《第四批国家级非物质文化遗产代表性项目名录》。

八卦创立后，按一定方位分布在圆周上，一个模拟的世界图景诞生了。八卦的每一卦都被赋予了丰富的内涵，比如乾卦，于自然代表天，于人代表君子、男人或父亲，于动物代表龙或者公马，于性格代表强健进取，于五行属金，于身体代表头……再如坤卦，于自然代表地，于人代表小人、女人或母亲，于动物代表牛或母马，于性格代表包容柔弱，于五行属土，于身体代表腹……一言以蔽之，八卦就是浓缩的世界。但此时的八卦，是相对静止的，还没有文字描述，不具备预测的功能。

文王遭拘演《周易》

伏羲创立八卦约三千五百年后，到了商朝末年，纣王无道，周室将兴。

周是商朝的一个诸侯国，此时主政周的是姬昌（即后来的周文王），他四十七岁那年继承父亲的爵位，被封为西伯侯。姬昌笃行仁政，尊老爱幼，礼贤下士，才智之士纷纷依附。他又从渭水之滨请来姜子牙辅佐，周的实力逐渐强大，"殷商之三分天下，而周有其二"。

西伯侯、九侯和鄂侯是殷纣王时期德高望重的诸侯，纣王把他们封为"三公"，并将九侯的女儿纳入后宫。九侯的女儿端庄贤淑，因拒绝和纣王、妲己一起淫乐，触怒纣王被杀，九侯也被剁成了肉酱。鄂侯为九侯说了几句话，就被做成了肉干。商纣王如此残暴，姬昌悲叹不已，怀念同僚，为国担忧。

早就对姬昌心怀妒忌的奸臣崇侯虎乘机向纣王进谗："姬昌平日积善行德，诸侯都归心于他，这对大王不利！"于是，纣王就找了个借口把姬昌囚禁在羑里（今河南汤阴），这年姬昌已经八十二岁了。

有人说姬昌是圣人，能推知过去、预测未来。为了检验这个说法，纣王把姬昌的长子伯邑考杀害后做成肉汤给他喝，姬昌装作不知，忍痛将肉汤喝下。纣王嘲笑道："喝了儿子的肉汤却不知道，谁说他是圣人啊！"姬昌为了麻痹纣王，故意对监视自己的官员说："父有不慈，子不可以不孝；君有不明，臣不可以不忠。怎么能背叛君王呢？"纣王听说后，便放松了对姬昌的监视。

为了使姬昌早日获释，他的属下从有莘国买美女，从骊戎买文马，从有熊国买骏马，又准备了很多珍奇异宝，通过纣王宠臣费仲献给纣王。纣王高兴地说："这些礼品有一件就足以释放姬昌了，何况这么多！"当即下令释放姬昌。

姬昌被囚长达七年。身陷囹圄期间，他将伏羲八卦两两叠加，演绎成六十四卦。每卦六爻，共三百八十四爻。不仅如此，他还给每卦写了卦辞，以断吉凶。后来，姬昌的四子姬旦（即周公）又给每爻写了爻辞，还规定了用蓍草占卜的方法。在姬昌父子的努力下，伏羲八卦演变成了《周易》，整部书发展到近五千字。先秦时期，易占取代龟卜成为占卜的主要方式，各国遇到大事都要先算上一卦再作决定。《史记》中就记载了一个用《周易》占卜的经典案例。

公元前705年，陈厉公新得一子。此时，周王室的太史恰好路过陈国，陈厉公就请他为儿子算一卦。太史爽快答应，占得"观之否"卦，爻辞是"观国之光，利用宾于王"。意思是：观赏国之荣光，利于做他国君王的上宾。当时陈国已经衰败，听说这个儿子将来可能出走他国，陈厉公十分担忧，问道："这个孩子将来会顺利成为陈国的国君吗？如果不能，他会去哪个国家呢？""不能！"太史当场泼了一瓢冷水，"因为卦象是'风在上，地在下'，大风刮起后，最终会刮出国境，落在外国的土地上，所以该卦的应验，将会是在外国。这个孩子只有到外国发展，才能使家族兴旺发达！"接着太史话音一转："不过，这一卦不是应在这个孩子身上，而是应在他的子孙身上！因为'观'是'观看'的意思，那么所看到的，就是别人的事。光是从远处传来的，所以，应在他的子孙身上。而且，他和家族的兴旺，必定是在陈国衰落之后，因为物不可以两大。"最后，太史明确指出："这个国家是齐国！因为观卦的卦象是'风着于土上'，而只有主政齐国的姜氏属土——姜氏是四岳的后人，岳是山，而山由土堆积而成。"

这个孩子就是陈完，史书又称他为田完。公元前699年，陈厉公的侄子弑君篡位，是为陈庄公。六岁的陈完失去太子之位，成为大夫。公元前693年，陈庄公去世，其弟杵臼继位，史称陈宣公。公元前672年，陈宣公见太子与陈完交好，以为他们密谋不轨，就杀死了太子。陈完担心祸及己身，举家逃到齐国。礼贤下士的齐桓公听说陈完贤德，想让他做卿。陈完说："我作为流亡之臣，不做劳役就已经是得到了您的恩典，岂敢再担任高官？"齐桓公就让他管理百工。陈完把姓氏改为"田"，在古音中，陈和田发音相同。公元前534年，楚灭陈。公元前532年，田完的四代孙田恒子开始左右齐国政坛，正应了"陈亡田兴"的预测。田完的子孙传到第八代时，已杀了两任齐国君主，最终上演了历史上著名的"陈田篡齐"事件，又称"田氏代齐"。

周太史这一卦算到了十代以后，推理之严密，预测之精准，令人咋舌！司马迁也被这次占卜的准确性所震惊，评价道：《周易》从卦象中预知未来，道理很深奥，不是博古通今、明智达理的人理解不了。

韦编三绝作"十翼"

孔子过了知天命之年后，突然对《周易》产生了浓厚兴趣，走路坐卧甚至出恭都要看；平时摆在案几床头，外出则装进行囊书箱，日夜沉浸其中，乐此不疲。他还多次与学生分享研读《周易》的心得，教导学生多加参研。

看到老师如此沉迷《周易》，子贡很不高兴，他责问老师："为什么要看这种'怪力乱神'的书？"孔子说："虽然我和那些史官都在读《周易》，但我们的关注点是不一样的。我学习的是《周易》中的深奥道理和高尚品行，并不像他们那样只热衷算命。"

孔子这么回答，完全是敷衍子贡。因为《周易·系辞传》中赫然写着："是故君子所居而安者，《易》之序也；所乐而玩者，爻之辞也。是故君子居则观其象而玩其辞，动则观其变而玩其占，是以自天佑之，吉无不利。"众所周知，《周易·系辞传》要么是孔子所作，要么是孔子所述。孔子不打自招，他是遇到事儿就占卜，没有事儿就琢磨占卜，而且主张"君子"都应该这样，只要这样做了，就会"自天佑之，吉无不利"！

孔子晚年把《周易》反反复复研读了许多遍，以至于"韦编三绝"。他还对《周易》做了大量注解，写了长篇学习心得，深感与《周易》相见恨晚："如果我在五十岁之前学《周易》就好了，就会避免很多错误。"孔子五十多岁时，正是担任鲁国大司寇、仕途最得意的时候，可惜风光了没两年就被迫离任了，此后他周游列国长达十四年。

由于孔子的极力推崇，《周易》的地位大大提高，战国时期便与《诗》《书》《礼》《乐》《春秋》合称"六经"，成为儒家弟子必读书目。后人将孔子学习《周易》的心得和注解整理成十篇文章，称为"十翼"。到了汉代，董仲舒"罢黜百家、独尊儒术"，"十翼"被纳入《周易》。至此，经过四千年的演化，《易经》终于成书。

《易经》被称为"中华文化之源""三玄之首""六经之峰""世界群经之

巅"，里面讲了许多做人做事的大道理，有大量脍炙人口的名言警句：

> 天行健，君子以自强不息。
> 地势坤，君子以厚德载物。
> 积善之家，必有余庆；积不善之家，必有余殃。
> 二人同心，其利断金；同心之言，其臭如兰。
> 见善则迁，有过则改。
> 居上位而不骄，在下位而不忧。
> ……

易学高人窥天机

《易经》成书后，易学形成了两派：一派是重占卜的"象数派"，即道家学派，认为《易经》的作用就是占卜，空讲道理毫无价值；一派是重义理的"义理派"，即儒家学派，注重宣扬人生大义而轻占卜。千百年来，义理派完全占据了上风，因为科举考试中，《易经》的义理是必考内容，天下学子莫不将"十翼"背得滚瓜烂熟。而象数派则被贬为方术之徒，难登大雅之堂。不过，有些象数派高手以其神乎其神的占卜术，在史书中留下了许多匪夷所思的案例。

据《三国志》记载，正始九年腊月二十八，被称为"台中三狗"之二的吏部尚书何晏、侍中邓飏宴请著名易学家管辂。何晏对管辂说："近日连续几次梦见十几只苍蝇落在鼻子上，怎么赶都赶不走，这是什么征候？"管辂说："鼻子是天庭中的高山，如果高而不危，就能长守富贵。而今逐臭的苍蝇云集其上，预示位置越高，跌得越狠。物极必反，盛极必衰。"何晏不悦地说："过了年再向您请教吧。"管辂回去后，把这件事告诉了舅舅，舅舅责怪管辂说话太直接。管辂说："与死人说话，有什么可怕的？"舅父大怒，说管辂狂妄荒唐。谁知才过了十几天，司马懿突然发动政变，何晏、邓飏都被诛杀、夷三族。管辂的舅舅这才口服心服。

256 年，管辂逝世。早在一年前，他就算出了自己的离世时间。令人称奇的是，管辂死后七百多年，还被北宋朝廷追封为"平原子"。

东晋的郭璞也是卜卦高人，被称为"中国风水学鼻祖"。《世说新语》中记载了他的两则故事。

晋明帝司马绍喜欢算命，听说郭璞刚给一户人家看了块墓地，于是打扮成算命先生去那户人家观看，一看大吃一惊，对主人说道："你好大胆啊，竟敢将墓地选在龙角，就不怕被当今天子知道灭族吗？"主人听了大声说道："你水平不行就不要乱讲，我这墓地可是请郭璞看的！他说这是龙耳，不是龙角。不过郭先生说，龙耳也能致天子。"司马绍惊问："郭先生说你家要出天子？"主人答道："郭先生说，不是我家能出天子，而是能招来天子询问。"

丞相王导请郭璞占卜，卦象出来后，郭璞的脸色很不好，说："您有雷击之灾。"王导问："有没有办法破解？"郭璞说："坐车往西走几里地，有一棵柏树，截下一段和您一样高的树干，放在床上经常睡的那个位置，灾难就可以消除了。"王导照他说的去做。过了几天，雷电果然把柏木击得粉碎。

唐朝袁天罡、李淳风的名头在史书上更是如雷贯耳，他们不仅对一代女皇武则天的命运产生了重大影响，而且根据《易经》所作的《推背图》，预言天下大势极其神准，以至于被历代统治者列为禁书，至今仍为人们津津乐道。

对于神奇的《易经》占卜，历史上很多睿智学者都能采取理性态度，比如司马迁评论"田氏代齐"就提出了一个惊人的见解：田乞和田常接连杀害两位国君，独揽齐国政权，不一定是事情发展到了非要弑君的地步，也可能是田氏受到预言的暗示而故意这么做！

东晋著名贤者颜真卿的先祖颜含对待命运的态度特别能体现中国人的思想硬度——郭璞见过颜含之后，提出给他算一卦，测一下命运。颜含说得铿锵有力："年在天，位在人，修己而天不与者，命也；守道而人不知者，性也。自有性命，无劳蓍龟。"

历久弥新续神奇

随着科技发展和社会进步,古老的《易经》不仅没有被历史尘封,反而焕发出更加夺目的光彩,一再刷新人们对它的认知。

德国数学家莱布尼茨发明二进制,就得益于《易经》的启示;黑格尔在自传中承认他的正反合理论得自《易经》的启发;诺贝尔物理学奖获得者、丹麦物理学家尼尔斯·玻尔认为,中国的太极图特别能象征他的并协理论,并把太极图放入了其家族的族徽中;杨振宁、李政道因"宇称不守恒理论"获得诺贝尔奖,他们自称这个发现得益于《易经》的启示。

人们已经发现,"太极图"并非凭空产生。如果把二十四节气均匀分布在圆周上,用直线分别把夏至和冬至与相邻的十一个节气连接起来,与圆心到各节气的半径相交,交点的连线,就是完整的阴阳鱼图案。这个图案完美展现了季节更替和时间轮回,如果用这个模型描述太阳系、银河系乃至整个宇宙的"四季轮回",至少到目前为止,与天文物理学家们的观察结果完全一致!

在探索生命科学的过程中,科学家发现古老的《易经》中竟然隐藏着惊人的奥秘。到20世纪50年代,科学家已发现两万多个人类基因,但人类乃至所有生物的遗传密码却只有六十四个!1973年,法国学者申伯格出版了《生命的秘密钥匙:宇宙公式、易经和遗传密码》一书,首次阐明了六十四个生物遗传密码与《易经》六十四卦之间的对应。其中四个碱基分别对应《易经》"四象",由碱基三联体组成六十四个生物遗传密码与四象三联组成的六十四卦排列方式完全一样,由六十四卦对比六十四个DNA遗传密码,竟能发现其表示的缺陷!

《易经》能有如此神奇的功能,并不是偶然的。早在六千多年前,伏羲就发现:兄妹通婚所生的后代大多羸弱多病,智力低下;而与外部落通婚所生的后代则普遍健康强壮,也更聪明。于是他定姓氏,制嫁娶,禁止亲兄妹之间的血缘婚，而推行族外婚，部落迅速强大起来。华夏民族遵循这一婚配法则数千年，所以成了世界上最聪明、最伟大的民族。也就是说，早在六千多年前，伏羲就掌握了人类繁衍、遗传的秘密，他也因此被称为"中华始祖"。而欧洲最负盛名的哈布斯堡家族，直到18世纪还在坚持近亲结婚，结果绝嗣而终。

文王演《周易》，把八卦两两组合，演变出六十四卦，婚姻学的含义是两个部族的后代与另两个部族的后代通婚，这和现代社会"三代以外自由通婚"法则不谋而合。现代医学证明，与兄妹通婚相比，这可以使遗传病的发病率从25%降到1.6%。这不能不令人惊叹《易经》的博大精深！

我们相信，随着研究的深入，《易经》还会带来更多的惊喜。希望这部包含着中华六千多年文明密码的奇书，其越来越多的奥秘能够被我们发现和破解。

【延伸阅读】

白龟传奇

《水经注》曰："陈城，故陈国也，伏羲、神农氏并都之。"陈城，就是今河南淮阳。淮阳太昊陵，就是伏羲的陵墓。

太昊陵中有两亩蓍草园，《周易》占卜用的蓍草，就长在这里。据说这种灵草只产于此园。伏羲氏以龙为图腾，故太昊陵前面的湖，称为龙湖。龙湖之畔、太昊陵南五百米有个画卦台，是伏羲画八卦的地方。相传六千多年前，伏羲于蔡水获白龟，凿池放养，昼夜观察，受其背部图案的启发，始作"八卦"。

1984年8月16日，淮阳少年王大娃在龙湖钓出一只白龟。当地干部发现后，将其买下，饲养在淮阳县文化馆。《人民日报》《光明日报》《大公报》《河南日报》及中央电视台、河南电视台等各大新闻媒体都作了报道。《大公报》报道说，这只白龟呈乳白色，生物年龄二百六十五岁。

专家们惊奇地发现，这只白龟身上的纹理，与伏羲所画先天八卦出奇地一致，龟盖中央有五块相似的图案，象征"五行"；"五行"周围有八块图案，象征"八卦"；龟盖最外围有二十四块图案，象征二十四节气；腹底十二块图案，则象征十二地支。

1997年香港回归时，淮阳有关部门专门举行了白龟"回归"仪式，出水十三年的白龟被放归龙湖。

二、大禹九鼎之谜

【题记】作为中华民族共同的先祖,大禹一直是华夏儿女的骄傲。他治水患、定九州、励精图治。相传大禹生前铸造了九个大鼎,以象征权力与荣耀。为了得到九鼎,后世帝王煞费苦心、不遗余力,留下了大量传奇故事。但令人遗憾的是,与大禹九鼎有关的关键信息都无法获得证实,而在众多的记载与传说中,九鼎的下落更是成了千古之谜。历史上真的存在大禹九鼎这样的国之重器吗?

除水患铸鼎示权

四千多年前,中原地区洪水泛滥,人们流离失所、背井离乡。部落首领尧心急如焚,问德高望重的四岳:"谁才能治住这无边无际的洪水呢?"四岳说:"大家都认为只有鲧可以。"尧说:"鲧不听命令,不能用。"四岳说:"这一辈人里,没有比他能力更强的,不妨试试。"于是尧任命鲧治理洪水。

鲧治水九年,劳而无功,洪水肆虐依然。这时,舜做了部落首领,到四方巡视,发现百姓对鲧怨声载道,于是革去了鲧的职务,将他杀死。舜征求四岳的意见:"谁能接替鲧的工作?"四岳说:"鲧的儿子禹可以。"于是舜决定把治水的任务交给禹。禹深感事关重大,恐负重望,推荐当时著名的四君子皋、夔、稷、契，舜没有答应。

刚结婚四天的禹便和妻子涂山氏告别，踏上了征程。他带领着伯益、后稷等助手，跋山涉水，风餐露宿，走遍了中原大地。他吸取父亲采用堵截方法治水失败的教训，以疏导为主，花了十三年，"开九州，通九道，陂九泽，度九山"，使得河水能顺利东流入海。

禹治水成功之后，被尊称为大禹，舜把王位禅让给他。大禹把天下划分为九个州：冀州、青州、徐州、兖州、扬州、梁州、豫州、雍州、荆州。然后令九州贡铜，铸造九鼎，将九州山川奇异画成图形，分别刻于鼎身，陈列于宫门之外。这是在向天下昭示，大禹乃九州之主，天下至尊。从此，九鼎便成了王权的象征。夏亡之后，鼎迁于商；商亡之后，鼎迁于周。

《逸周书》记载了鼎迁于周的过程，颇有点血腥：公元前1046年，武王伐纣，在牧野打败纣王的军队。纣王奔回城内，登上鹿台，穿上宝玉衣，自焚而死。武王亲手射了尸身三箭，然后用剑刺纣王尸身，用黄钺大斧砍下其首级示众，又迁九鼎到郏鄏（今河南洛阳附近）。武王回到镐京后，举行盛大的祭祀仪式。他命人将商奸佞之臣近百人断手断足。太师姜尚背着悬挂商纣王首级的白旗进入周庙，献上所获殷之九鼎。

君式微问鼎中原

由于周的国都镐京（今陕西西安）远在西方，不便于诸侯朝贡，周武王便命周公在"天下之中"的洛邑（今河南洛阳）建陪都，史称"定鼎洛邑"，后来演变成"定鼎中原"。洛邑建成，周成王时称为"成周"，而镐京时被称为"宗周"。《帝王纪》云："武王伐纣，营洛邑而定鼎焉。"

据《史记·楚世家》记载，公元前606年，楚国讨伐陆浑戎，途经洛邑，在周都郊外阅兵。周定王派王孙满犒劳楚庄王。楚庄王向王孙满询问鼎的大小轻重，王孙满答说："统治国家在德不在鼎。"楚庄王说："你不要倚仗九鼎！楚国只要销毁刀剑上的刃尖便可铸成九鼎。"王孙满说："啊呀！君王忘记这些了吗?过去虞夏昌盛时,边远的国家都来朝贡,让九州的长官进贡金属,铸成九鼎。桀道德败坏,鼎便被迁到殷朝。殷延续了六百年,殷纣王残暴狂虐,鼎又被迁到周朝。德之休明,鼎小也重,奸回昏乱,鼎大也轻。过去,周成王把九鼎安置在郏鄏,占卜说可以传世三十代,立国七百年,这是上天的旨意。如今周王室虽然衰微,但上天的旨意难以改变。问鼎轻重,确实不可以啊。"楚王这才撤军回国。这就是"问鼎中原"的典故。

公元前366年,秦献公兵临洛邑城下,向周显王索要九鼎,周显王派重臣颜率向齐国求救,对齐宣王说:"秦王暴虐无道,兴强暴之师威胁周君,索要九鼎。我君臣一致认为与其把九鼎送给暴秦,不如送给贵国。挽救面临危亡的周王室,您必定美名传扬,赢得天下人的赞誉。"齐王一听非常高兴,立刻派遣五万大军援周,秦兵撤退。齐王要求颜率兑现诺言,把九鼎运到齐国。颜率说:"周王心甘情愿把九鼎献给大王,但不知贵国要走哪条路把九鼎运回齐国?"齐宣王说:"寡人准备借道梁国。"颜率说:"梁国君臣很早就想得到九鼎,他们一定会扣留九鼎的。"齐宣王说:"不行就借道楚国。"颜率说:"楚国君臣对九鼎也是觊觎已久,九鼎进入楚国,一定有去无回。"齐宣王说:"那么寡人究竟该从哪里把九鼎运到齐国呢?"颜率说:"九鼎不像酱醋罐子,提在手上就能拿到齐国。当初武王伐纣获得九鼎之后,为了运送一鼎就动用了九万人,九鼎就是八十一万人。现在就算能组织这么多人,也不知道从哪条路把九鼎运来齐国,所以我一直很发愁。"齐宣王说:"说来说去,你是不想把九鼎给寡人!"颜率赶紧说:"臣怎敢欺骗贵国呢,您就派人去拉吧。"最后,齐宣王无奈打消了念头。

据《史记·樗里子甘茂列传》记载,公元前308年,秦武王对甘茂说:"寡人有个心愿,想乘车通过三川之地,去看一看周朝都城,即使死去也心满意足了。"甘茂心领神会,一番谋划后,主动请缨进攻韩国军事要地宜阳。公元前307年,甘茂经过五个月的苦战终于拿下宜阳,打通了三川之路。秦武王驱车直至周太庙,看到了九鼎,指着代表秦国的雍州鼎说:"这是我家的,我要带回咸阳。"然后和大力士孟说比试,看谁能把大鼎举起来,结果失手被压,秦武王血流半夜而亡。第二天,尸体被运回秦国,雍州鼎仍然留在洛邑。

公元前256年，虎视天下的秦昭襄王下令秦军进入洛邑，夺取九鼎和其他珍宝而回，九鼎落入秦国之手。司马迁在记载这件事时写道："秦灭周，周之九鼎入于秦。或曰宋太丘社亡，而鼎没于泗水彭城下。"也就是说，关于这件事太史公还提供了另一种说法："有人说"在宋国太丘神社被毁后，九鼎没于泗水之中了。

据《史记·始皇本纪》记载，公元前218年，秦始皇东巡返回的时候，路过彭城，斋戒祈祷，命数千人潜入泗水寻找九鼎，均无功而返。从此，史料中再也不见九鼎的记载，九鼎的下落成为一个谜。

虚构说难以自圆

关于九鼎的下落，除了《史记》中提到的归秦和没于泗水两种说法，还有其他几种说法。

销毁说。清代历史学家王先谦对九鼎去向作了长期研究，他在《汉书补注·郊祀志》中提道：周朝末年，王室衰微，诸侯争霸，逐鹿中原，九鼎成为群雄争夺的焦点。为避战端，周王不得不毁鼎铸钱，对外则诡称不知去向。

淘汰说。九鼎铸造于大禹时期，根据"夏商周断代工程"研究成果，夏朝开始于公元前2070年左右，到秦统一天下时，九鼎铸成已经近两千年，这么长时间暴露在空气中，已被氧化腐蚀。且随着青铜技术的发展，九鼎到了秦代，早已难负国之重器、传国之宝的盛名。加上秦始皇有了新的传国之宝——和氏璧雕刻成的传国玉玺，已经腐蚀不堪的九鼎很可能被淘汰了。

陪葬说。秦始皇统一中国，版图大大增加，远超当初九州的范围，加上实行郡县制，九鼎不再适合代表至高无上的皇权，秦始皇死后，将九鼎陪葬了。

虚构说。由于缺乏记载九鼎下落的史料，所以这些年还流行一种观点，认为九鼎根本就不存在，是历史虚构。《尚书》《诗经》这些早期文献里，都没有九鼎的相关记载。特别是记录夏商周三代王权敕命文书的《尚书》，如果九鼎存在，怎么可能只字不提？即使后来的《左传》《史记》《战国策》等文献有关于九鼎的记载,但其真实性也值得怀疑。因大禹时期青铜制造工艺刚刚起步,即使是商周时期更加精美、恢宏的青铜大鼎,也达不到文献中所描述的工艺水平。至于《墨子》说大鼎"不炊而自烹,不举而自臧,不迁而自行",也是明显不真实的,这些夸张的描述恰恰说明大鼎是虚构的。而虚构九鼎的目的,主要是维护王权。东周时期,礼崩乐坏,诸侯僭越礼制,挑战天子权威。周天子为了维护自己地位的合法性,就编造出大禹九鼎的故事,司马迁等人信以为真,以讹传讹。但我们认为,"虚构说"是站不住脚的。

《左传·桓公二年》记载:"武王克商,迁九鼎于雒邑,义士犹或非之。"周武王灭商后,命人将九鼎等当作战利品搬走了,此举看似平常,却遭到非议。周标榜以德受命,掠鼎这种无德之举无异于自打自脸,是根本上不了台面的,自然不见于以敕书诏令为主的《尚书》了。

青铜铸造技术至少在黄帝时期就出现了,《史记·封禅书》就记载了"黄帝采首山铜,铸鼎于荆山下"。1975年从二里头出土的夏代方格纹青铜鼎被誉为"中华第一鼎",比大禹时期仅晚约二百年。虽然与商周鼎相比略显朴拙和小巧,但从现场发现的青铜作坊分析,当时已完全具备铸造大型鼎的能力。

至于周人虚构九鼎以维护统治地位和政权合法性云云,应是无稽之谈。鼎在古代除了用于烹煮食物外,还是十分重要的祭祀礼器。周朝时,周公制礼作乐,制定了严格的等级制度,规定天子九鼎八簋,诸侯七鼎六簋,大夫五鼎四簋,士三鼎二簋,这说明九鼎是客观存在的,考古发现也证明了这一点。

从定鼎中原,楚王问鼎、武王举鼎绝膑等一系列广为人知的事件,《左传》《战国策》《史记》等大量言之凿凿的记载看,可以十分肯定九鼎的存在。那么,之后九鼎为什么失去下落了呢?

时代迁化作铜钱

考古学家认为,我国古代青铜器的发展经历了萌生、发展、鼎盛、衰落四个时期，其中商朝中期至西周早期是鼎盛期，随着铁器的出现，青铜器从西周晚期开始进入衰落期。商后母戊鼎就是鼎盛期的杰出代表，在已出土的青铜大鼎中可谓国之重器，举世无双。但这个尺寸放到西周很可能会微不足道。因为公元前868年，倒霉的齐哀公被周夷王用大鼎煮死了。可以想象，能将一个成年男子装进去活活煮死的鼎，尺寸该有多大！

《诗经·周颂·丝衣》有云："自堂徂基，自羊徂牛，鼐鼎及鼒，兕觥其觩。"这是一首记述周贵族祭毕巡视饮宴场景的诗，翻译成白话就是"从庙堂里到门内，祭牲用羊又用牛。大鼎小鼎食物满，兕角酒杯弯一头"。其中鼎用于盛猪或羊，鼐是超大号鼎，用于盛牛，尺寸就可想而知了。很显然，和西周一般贵族家的大鼎相比，后母戊鼎即黯然失色，比其还早七百年的大禹九鼎就更不用提了。所以，春秋时期九鼎已经上不了台面了，因此周定王才搪着不让楚庄王看，而楚庄王心知肚明，才轻蔑地说出了"靠剑尖的铜就能铸造九鼎"这样的话。从秦武王能把雍州鼎举起来看，单鼎重量充其量不过五六百斤，只是后母戊鼎的三分之一。此时的九鼎，也背离了当初铸造时昭示王权的初衷，只能深藏于太庙之中。

1990年，三门峡出土了一把西周晚期的虢公佩剑，该剑以昆山玉为柄，铁质剑身。这说明此时铁已经取代青铜，成为最珍贵的金属。随着铁器的出现，青铜时代逐渐落幕，大禹时代傲视天下的九鼎无论从哪方面来看，都已经无法作为国家权力的象征，成为留之无用、弃之可惜的鸡肋。九鼎归秦之后三十多年，秦始皇一统天下，收天下锋镝，铸以为金人十二，统一了货币，废除刀、布、贝等钱币，以"半两"作为货币，即圆形方孔铜钱。此时，青铜制品作为祭祀礼器、炊具、武器的功能已经完全被陶器、瓷器和铁器所代替，大禹九鼎最大的用途只剩下铸钱了。

公元前206年，刘邦攻入咸阳；接着项羽进入咸阳，屠城后放了一把大火，烧了三个多月，然后携带战利品满载东归。几年后，刘邦打败项羽，建立了汉朝，又一次实现了王朝更替。

无论是秦始皇一统天下，还是项羽、刘邦取而代之，都没有像商汤、周武一样把九鼎作为重建国祚的重器昭示天下，这就揭示了它的结局，从此淡出了人们的视野。但铜钱"孔方兄"开始走上历史舞台,风光两千多年。每一枚流传下来的秦汉铜钱里,说不定就有九鼎之铜吧!

【延伸阅读】

秦武王举鼎绝膑

嬴荡出生于公元前329年,是秦惠文王与惠文后所生。公元前311年,秦惠文王薨,嬴荡即位,是为秦武王。

秦武王天生有神力,从小就喜欢与勇士们比力气。乌获、任鄙二将在秦惠文王时期就因为作战英勇而倍受宠信,秦武王即位后,对二人更是信任有加。

齐国有个叫孟说的人,因力大闻名于乡里。他听说秦武王正在招募天下勇士,认为自己终于有用武之地了,就前往秦国投奔秦武王。经过测试,秦武王对他加官晋爵,与乌获、任鄙一起重用。

公元前307年,秦军攻破韩国最重要的军事据点宜阳,打开了通往三川之路。秦武王得意忘形,驱车直入周太庙,找到象征秦国的雍州鼎,声言要带回秦国。周朝的官员说:"大禹九鼎重逾千斤,从来没有人能挪动。"秦武王一时兴起,与孟说比赛举鼎,结果胫骨折断,当晚气绝而亡,年仅二十三岁,成了历史上死得最滑稽的君王之一。

三、后母戊鼎之谜

【题记】 国家博物馆陈列着我国顶级的文物,其中一件"镇馆之宝"就是被称为"国之重器"的后母戊鼎。它体量巨大,威仪庄严,美观大方,是我国现存最大、最重的青铜器,也是世界文明史上青铜文化的巅峰代表。它是如何被发现和发掘的?如何从安阳到南京又差点去了台湾?最终又是如何收藏于国家博物馆的?

现世安阳武官村

1899年秋,国子监祭酒王懿荣生病,派人到宣武门外菜市口达仁堂买了一剂中药。王懿荣无意中看到其中一味叫"龙骨"的中药上面有一些奇特的符号,对金石文字素有研究的他便仔细端详起来,觉得这不是一般的刻痕,很像古代文字。为深入研究,王懿荣派人到药店买下所有刻有符号的"龙骨",后来又通过古董商进行收购,共收集了一千五百多片。经过研究,王懿荣确信这是一种文字——这就是后来震惊世界的甲骨文。之后,清末另一位金石学家罗振玉经过多方查询,终于确定甲骨出土于河南安阳洹河之滨的小屯村。

自发现甲骨、龟片后,安阳一带就以出土殷商文物著称,探宝之风盛行。

三、后母戊鼎之谜

1939年3月,在武官村西北吴家祖坟的柏树林,村民吴希增在堂弟吴培文的田地上用洛阳铲探找文物。探杆钻到地下十来米深时触到一个硬物,吴希增将探杆取上来一看,发现坚硬的探头卷刃了,上面还留有绿色的铜锈,丰富的探宝经验告诉他探到宝物了。按当地规矩,探宝不分地界,一旦探出宝来,宝物所在地的主人要分得宝物售款的一半。

吴希增兴冲冲地跑到吴培文家,绘声绘色地讲述了发现经过。当天夜里,吴培文、吴希增等十七八个人,在微弱的手电光下开始挖掘。凌晨时分,一尊巨鼎赫然现于坑底,但只有一个鼎耳,另一个鼎耳不知去向。这时,天快亮了,为了避免被日本驻军发现,吴培文与大家商量后,决定先回填然后再作打算。

第二天,吴希增白天佯装干活,夜里又组织了四十多人,用井绳拴着鼎耳,想把它拉上来,因为下面的稀泥把大鼎吸住,根本拉不动,他们又把大鼎四周的泥全部掏空,再用井绳拴住鼎耳和鼎腿一起往上拉,拉到六七米时,井绳突然断了,大鼎一下子掉了下去。此时天又快亮了,为防被发现,大家又将坑填了起来。

第三天,他们买来新井绳,夜里用盖房子的檩子在井口上搭了一个三脚架,两拨人轮流作业,先用井绳拉起鼎的一侧,用土把底下垫实了,然后再拉另一侧,再垫实,如此反复,终于把大鼎给拉出来了。后来,他们想了很多办法才把大鼎抬到一个铁轮马车上,用三头骡子拉回家,埋在吴培文家的粪堆下面。

颠沛流离终安身

挖鼎虽是悄悄进行的,但消息还是不胫而走。北平大古董商萧寅卿秘密造访,表示愿出二十万银元购买,但要求将鼎分成八块,以便分批装运。

受二十万银元诱惑,吴培文他们开始肢解大鼎,先是用钢锯锯,耗时一天,费了三十多根锯条,结果只在大鼎上留下几道锯痕。没办法,他们又用榨油的油锤砸,但是油锤砸到铜鼎上响声巨大,怕别人听到,他们就用棉被包住再砸。后来,村民认为把大鼎破坏了太可惜,还怕万一萧寅卿不要,肢解开的大鼎很难出手,便又把大鼎埋在吴家的马棚下面,上面用杂草、旧土掩埋成粪堆状伪装起来。

吴家挖出大鼎的消息,传到日本宪兵队队长井东三郎耳中,这个"中国通"欲把大鼎据为己有,多次带着日本兵到吴培文家搜查,均一无所获。原来,为防止宝物被日本人抢去,村民采取了以假乱真的办法,将大鼎转移到较远的地方埋藏起来,吴培文花二百块银元从古玩商处买了一个相似的赝品,埋在原来藏大鼎的地方。日本宪兵找到此处,抢走了那件赝品,大鼎躲过一劫。吴培文害怕日本人发现是赝品后报复,于是远离家乡避难,直到新中国成立后才回到故土。

1946年6月,国民政府安阳县县长姚法圃和县古物保存委员会主任陈子明找到当年挖出大鼎的村民,威逼利诱套出了大鼎的埋藏地。7月,陈子明带人挖出大鼎并把它运到县城展览。展览期间,参观的人络绎不绝,解说时大鼎被称为"铜炉"。

10月,适逢蒋介石六十寿辰,安阳县参议会拟修建一个中正亭,用于陈放大鼎。国民党第三十一集团军总司令王仲廉获悉大鼎时代久远、花纹精美,决定将其作为寿礼献给蒋介石。26日,军方派人接收大鼎,用军车送至火车站,再运往南京。蒋介石很高兴,把大鼎交给中央博物院筹备处保管。

1948年,国民政府在南京中山门内半山园举办大鼎展览。国民党达官显贵、社会名流纷纷前去参观,蒋介石偕夫人宋美龄到场,并在大鼎前合影留念。

随着国民党在三大战役中溃败,解放军进逼南京。蒋介石见大势已去,下令把中央博物院筹备处的文物运往台湾。军舰运了三批,但始终没有运走大鼎。据参与押运文物的台北故宫博物院工作人员高仁俊回忆,第一次押运时间充足,还能挨个开箱查验,后两次时间仓促,来不及查验,把大鼎给遗漏了。

1949年4月23日,南京解放。解放军在军用机场发现了已经装箱的大鼎,就把它存放在南京博物院。对古文字造诣颇深的郭沫若根据内壁的铭文把大鼎定名为"司母戊鼎"。

1959年,司母戊鼎被送至正在筹建的中国历史博物馆,作为"中国通史陈列"中的重要展品,成为镇馆之宝。其间,工作人员修补了损坏的鼎耳,仿制了另一只鼎耳。2003年2月28日,中国历史博物馆和中国革命博物馆合并,组建中国博物馆,司母戊鼎由中国博物馆收藏。

2005年,安阳殷墟遗址申报世界历史文化遗产,司母戊鼎被借调到安阳殷墟博物馆展出。时隔五十九年,大鼎重归故里,引起了巨大的轰动,参观者人山人海。八十三岁高龄的吴培文也来到现场,想亲手抚摸一下司母戊鼎,被工作人员拒绝。在老人倍感失落准备离开时,一位专家见老人面熟上前询问,得知他就是保护大鼎有功的吴培文先生,负责现场展览的领导特许老人上前触摸大鼎。吴培文手摸大鼎哽咽着说:"保护它,是我一生做的最有意义的一件事情!分别时兵荒马乱,再见时国富民强!"

谁人铸造难定论

司母戊鼎的发现和流转堪称传奇,惊心动魄,但它在发现之初并没有名字,因为形似马槽,当地村民一直叫它"马槽鼎",后称之为"安阳大鼎",新中国成立后沿用郭沫若定名的"司母戊鼎",并写入历史教科书。

大鼎的主要纹饰是饕餮纹,在其内壁铸有"司母戊"三字铭文,字体苍劲有力,庄重大方。为大鼎定名的郭沫若解释:"司"是祭祀的意思,"母"是指母亲,"戊"就是母亲死后的谥号。这个意见也得到了史学家范文澜先生的支持,"甲骨四堂"之一的罗振玉也高度认可:"商称年曰祀又曰司也,司即祠字,引申为祭祀。"

"国之大事,在祀与戎。"司母戊鼎形体之硕大、铸造之精良、装饰之奇异、铭文之宏放,都充分体现了殷商时期对祭祀的重视以及精湛的青铜器制造技术。

商王以天干地支为自己的称号,即使在不同时期也会有称号相同的人。据甲骨文记载，配偶为"戊"的商王共有四位，分别是大丁、武丁、祖甲、武乙。大丁时代，不在殷墟的十二位商王之内，而武乙属于殷墟三期，司母戊鼎与这个时期的器物外形不吻合。

武丁是商朝历史上有名的一代雄主，在位五十九年，勤于政事，任用贤人，励精图治，先后征服了西北、东南的少数民族，极大地拓展了国家的版图，使政治、经济、军事、文化得到空前发展，史称"武丁中兴"。

武丁有三个儿子：长子祖己，次子祖庚，三子祖甲。祖己是他和王后妇好的儿子，妇好谥号为"辛"，后人尊之为"母辛"。祖己是一名孝子，所以又称"孝己"。他每晚要起床五次，看父母是否睡得安好，深得武丁宠爱，是王位继承的不二人选。但妇好早亡，新王后妇妌极有可能是祖庚或祖甲的母亲，谥号为"戊"，后人尊之为"母戊"。她想立自己的儿子为太子，在武丁面前处处排挤祖己。后来，武丁果然把祖己流放到外地。

其实，武丁流放祖己一是为了锻炼他，让他多了解民间疾苦，以便能更好地继承大统；二是有意保护他，让他暂时避开新王后。但祖己没有理解父王的良苦用心，受不了如此打击，不久忧愤而终。武丁驾崩后，王位由祖庚继承，祖庚在位十年左右病死，其弟祖甲继位。专家推测，继位后的祖庚或祖甲为其母制作了著名的"司母戊鼎"，用于祭祀和纪念。当然，也有可能是祖甲的儿子为其母亲制作的。

权威之说被更新

"司母戊鼎"这一名字也引起了争议。1962年，台湾学者金祥恒在《中国文字》上发表《释后》一文，提出"司母戊"的"司"应该是"后"，即把"司"反过来。由于当时台湾学术界和大陆学术界交流不畅，这个意见并没有引起太多关注。

1969年，另一位台湾学者丁骕在《说后》一文中提出，"后""司"二字均应是"后"字，故"司母戊鼎"应改为"后母戊鼎"。他认为"司"为本字,"后"为其假。金、丁两位先生的意见,在很长一段时间内并没有引起大陆学者的注意。

1976年,在安阳市小屯村西北约一百米处,发现了一座商代墓葬,墓上建有被甲骨卜辞称为"母辛宗"的享堂,后证实墓葬的主人是商王武丁的王后妇好,这是殷墟发掘以来发现的唯一保存完整的商代王室成员墓葬。

随着妇好墓中青铜大方鼎的出土,对"司"的传统解释再次被质疑。妇好墓中大方鼎的铭文里面除了"妇好""司辛"外,还有"司母辛"字样,与"司母戊"铭文相似。

在妇好墓发掘后的一个座谈会上,有位学者提出"司"应为"后"的观点,意思是"伟大、了不起、受人尊敬",与"皇天后土"中的"后"同义,"后母辛"三字应理解为"献给敬爱的母辛"。如果将"司"解释为祭祀的话,那么这个司母辛鼎就不会出现在妇好的墓中,成为陪葬品,毕竟鼎埋在墓里,是人死后享用的,应该没有"祭祀"的意思。

2011年3月底,中国博物馆新馆开馆,司母戊鼎亮相时鼎前的标牌已赫然显示为"后母戊鼎"。央视播出后,随即在社会上引起轩然大波,"司""后"之争也由学界扩展到社会。教育部也于同年修订了历史教材,改"司母戊鼎"为"后母戊鼎"。不过,殷墟博物苑、中国文字博物馆在展示大鼎(复制品)时,仍然释名为"司母戊鼎"。

但不管是"司母戊鼎"还是"后母戊鼎",都丝毫不影响这件国之重器在我国历史上的地位。它高超绝伦的铸造技术、复杂精密的制作工艺,足见当时社会文明发展的程度。它的问世,是我国青铜器进入鼎盛期的一个标志,具有"中国特色"的青铜文明开始大放异彩。

【延伸阅读】

皇后将军

古代战争中,将领大都是男性,只有少数女性能带兵打仗。据考证,商王武丁的王后妇好是中国历史上有文字记载的第一位女将军。

1976年发掘的妇好墓中除了有精美的玉器、青铜器之外，还有百余件兵器。其中最引人瞩目的当属两件大铜钺：一件以龙纹为饰，重8.5公斤；另一件以虎纹为饰，重9公斤，两件铜钺均铸有"妇好"二字。学者据甲骨文判定它们是妇好生前用过的武器，由此可见妇好力气过人。

在妇好的军旅生涯中，最出名的一仗当属伐羌之战。在甲骨文中，有"登妇好三千，登旅万乎伐羌"的记载。当商王武丁面对西北一带的战事一筹莫展之际，妇好主动请缨出战。她指挥有方，身先士卒，最终大获全胜，使商朝西北边境得以安定；后又指挥对土方、巴方、夷方的重大战役，每战必克，为武丁中兴立下了汗马功劳。

妇好去世时只有三十三岁，武丁伤心欲绝，追谥曰"辛"，商朝的后人尊称她为"母辛"。为了纪念这位亡妻，武丁将她葬在自己处理军政事务的宫室旁。豪华的陵墓还不足以让武丁释怀，他率领儿孙们为妇好举行了多次大规模的祭祀活动，将她的魂灵先后许配给三位先王，让她在幽冥中受到关怀和照顾。

四、鬼谷子身世之谜

【题记】提起中国古代第一奇人,有人说是愿者上钩的姜太公,有人说是神龙见首不见尾的老子,有人说是神机妙算的诸葛亮,有人说是能预知五百年的刘伯温,但最神秘、最容易被忽视的,则非鬼谷子莫属。两千多年来,纵横家尊他为始祖,兵法家尊他为圣人,道家尊他为真仙,谋略家尊他为谋圣,名家尊他为师祖,星相家尊他为祖师爷。其人虽早已不在江湖,其名却无日不闻于江湖。那么,鬼谷子究竟是人还是神?来自哪里?又有怎样的千古传奇呢?

母亡虎哺悲苦身

鬼谷子是中国历史上一位极为神秘的人物,由于有关史料很少,传说颇多,所以鬼谷子"一人千面",留给人们无尽的遐想。

关于鬼谷子的记载,最早出现在《史记·苏秦列传》中:"苏秦者,东周洛阳人也,东事师于齐,而习之于鬼谷先生。"《史记·张仪列传》开篇也提道:"张仪者,魏人也,始尝与苏秦俱事鬼谷先生,学术,苏秦自以不及张仪。"另外,西汉杨雄和东汉王充、应劭也在多部著作中提到鬼谷子,并且证实了鬼谷子的存在,《隋书·经籍志》中也证实了鬼谷子的存在。

多数史学家认为,鬼谷子是战国时期楚国人,姓王名诩,又名王禅、王利,号玄微子,自称鬼谷先生,后人尊称鬼谷子。

鬼谷子是个私生子,母亲姓王,他随母姓。鬼谷子的外公王先生做珠宝买卖,家财万贯,但膝下无子,只有一个女儿。这位王小姐知书达理,有闭月羞花之貌,追求她的豪门公子排成了长队。王先生一心想让女儿嫁给一位王室贵族,于是他来到楚国国都,通过楚国王公,为爱女找到了乘龙快婿。这个小伙子是楚国贵族,很受楚王器重,而且楚王无嗣,欲过继此人并立为储君。当王先生喜气洋洋回到家时,却遭到当头一棒:王小姐怀孕了!至于孩子的父亲是谁,王小姐守口如瓶。王先生一怒之下将女儿赶出了家门。

可怜的王小姐怀着身孕,茫然无措,四处流浪。一日,她来到一个被称为"鬼谷"的地方,忽感一阵天旋地转,孩子即将临盆。她勉强来到一个山洞,恰好洞中积有干草,便在洞中产下一子。孩子出生不久,王小姐染病,最后一刻挣扎着咬破手指,写下遗书:孩子,你是娘食下谷穗后怀孕所生,生你的地方叫鬼谷,你姓王,名字就叫鬼谷,娘身体虚弱,无法再养育你了,希望你福大命大!娘血字。写完,王小姐就去世了。这个坚强的女人在生命的最后一刻,诠释了母爱的伟大。直到今天,当地还有"食谷孕子"的传说。

也许是伟大的母爱感动了天地,奇迹发生了。一头处于哺乳期的老虎因虎崽夭亡,思子心切,竟将母爱转移到嗷嗷待哺的鬼谷子身上。鬼谷子出生时的那堆干草正是老虎哺育幼崽用的,没想到却成了他温暖的小床。就这样,刚出生的鬼谷子靠着老虎的哺乳神奇地活了下来。

一天,有位仙风道骨的老人来到山洞中,发现了鬼谷子,就把他带走了。司马迁在《史记》中记述"鬼谷之地在云阳"。云阳有一个适合人居住的天然山洞,叫祖师洞,就是鬼谷子的老师隐居的地方。在师父精心教导下,鬼谷子从小饱览群书,十二岁时便上知天文、下通地理,医学、兵法也都有涉猎。十六岁时,他告别恩师,外出谋生。

关于鬼谷子的故里,说法不一。长期从事研究鬼谷子的当代作家范卜斗认为,鬼谷子故里在郸城虎岗乡姜庄。此地在战国时为楚国领地,先后归属陈州(今河南淮阳)和苦县(今河南鹿邑)管辖,如今郸城县境内仍有大量春秋战国时期的文物及遗址。郸城县虎头岗是当时苦县八景之一。虎头岗东南古刹

"五倾寺"遗址的东侧,就是鬼谷子故里姜庄,如今姜庄仍有大批王姓人家。范卜斗还认为,鬼谷子葬于淮阳县朱集。据说,鬼谷子在叶落归根时路过朱集一带,不巧遇到洺水和哭水泛滥,难以返乡,病逝于朱集。清顺治时《陈州志》、乾隆时《陈州府志》和民国时《淮阳县志》对此均有记载。

仕志难酬徒满门

鬼谷子出游的第一站是当时的天子之都洛邑。他在洛邑待了一段时间,没有找到称心的差事,便到了魏国,自称愿意帮助魏王雄霸天下,可当时的魏国正陷于王位纷争,魏王根本没有心思搭理一个初出茅庐的青年。鬼谷子空怀一身本事,无处施展,又去了楚国。楚王欣赏鬼谷子的聪明才识,拜他为相。在他的辅佐下,楚国政局稳定,边境平和。但后来鬼谷子遭人陷害,不得不离开。

人生不如意十之八九,鬼谷子意懒心灰,归隐洞庭湖。过了一段时间,心有不甘的鬼谷子再度出山,来到韩国。在这里,满腹经纶的鬼谷子终于找到了适合自己的舞台。他常作为韩国的外交使节出使各国,多次为韩国争得利益。

木秀于林,风必摧之。鬼谷子还没风光几年,就受到了韩国贵族的排挤,被迫逃往宋国,不久又到了齐国。

到了知天命的年纪,壮志难酬、心灰意冷的鬼谷子最终退出了世俗纷争,归隐山林,潜心著书立说。他将多年的经验总结出来,写成了《鬼谷子》。这本书以谋略为主,兼通军事,是我国历史上第一部在研究人的心理现象及其规律的基础上,论述劝谏、建议、协商、谈判和交际技能的兵书。它具有完整的智谋策略体系,堪称"中国第一奇书"。"智用于众人之所不能知,而能用于众人之所不能见","潜谋于无形,常胜于不争不费",乃《鬼谷子》精髓之所在。此书一问世便大受欢迎,被世人争相阅读。那些曾经拒绝过鬼谷子的诸侯,纷纷派人请他出山辅佐。可这时的鬼谷子早已看透世俗,不为所动。

鬼谷子不愿出山,却广收门徒。据不完全统计,除苏秦、张仪、孙膑、庞涓、尉缭外，毛遂、范雎、李斯、徐福等也自称鬼谷子的学生。然而从生活年代判断，其中一些人应该不是鬼谷子的亲授弟子，但不排除他们曾投于鬼谷门、师从鬼谷子传人的可能。他的徒弟们入山时都是无名小卒，出山后个个大放异彩、出将入相、名传千古。鬼谷子之所以影响巨大，也与弟子们的卓越成就密不可分。

纵横高足扭乾坤

鬼谷子曾一度被冠以"最被低估的圣人"称号，被认为是中国历史上最富神秘色彩的传奇人物。他创立了一种全新的战略思想——合纵连横，影响深远。

战国时期，群雄割据，今天还抱团取暖的几个国家，明天就反目成仇了，真可谓友谊的小船说翻就翻。在这种情况下，出现了一些精于谋略和权术，谙熟各国情况，靠三寸不烂之舌纵横捭阖、叱咤风云、不战而屈人之兵的人物，这些人被称为纵横家。他们"一怒而诸侯惧，安居而天下息"。鬼谷子就是他们的鼻祖。

在鬼谷子的众弟子中，最有名的非苏秦、张仪莫属，二人深得鬼谷子真传。苏秦、张仪二人出师后，凭借高深莫测的智谋、玄妙高超的手段周旋于七雄之间。苏秦合纵抗秦，佩六国相印，后世无人能出其右；张仪雄才大略、辩士无双，巧舌可退百万雄师。徒弟尚如此厉害，更何况老师！

据说，苏秦和张仪的结局早在二人下山前就注定了。在石泉云雾山的大坝河，有一块巨大的方形石头，横在河中间，这就是传说中的"鬼谷子一品印"。"得方印者扫天下"，在学成下山之前，苏秦和张仪都来找鬼谷子，一是向恩师辞行，另一个目的就是想得到方印。这让鬼谷子很为难，两个爱徒，不给谁都不合适。最后，鬼谷子想了个办法，他站在鬼谷岭上，把宝印向下一抛，对苏秦和张仪说，你们下山去找，谁先找到就归谁。于是苏秦和张仪赶紧下山，一到山下，傻眼了，鬼谷子抛下山的印已经变成了一块巨石！遗憾不已的张仪对着石头恭敬地磕了三个头，转身离开了。可苏秦就没那么好脾气了，他对着石头狠狠地踢了一脚，把石头踢了个缺口。品德有亏，大概是苏秦最后难以善终的原因之一吧。

鬼谷子对二人的品性自然了然于心，他预言："苏秦先吉后凶，张仪先凶后吉。"苏秦"合纵抗秦"，兼六国相，威风八面，但好景不长，终被刺杀。而张仪在楚国被辱后前往秦国，被秦惠文王拜为宰相，推行"连横"，瓦解了苏秦的"合纵"，为秦国最后统一六国奠定了基础，并得以善终。

据传，俗语"二百五"的由来就与苏秦的死有关。苏秦在齐国为相时，遭秦国刺客行刺，被当胸刺了致命一剑，自知将不久于人世。为抓到刺客，苏秦让齐王以谋乱罪名将他在闹市车裂，并重赏刺客。齐王采纳了苏秦的计策，并张榜宣布重赏刺杀苏秦之人黄金千两。结果有四人前来领赏。经过审问，四人口供完全吻合。齐王问："这一千两黄金，你们怎么分呢？"这四人不知是计，高兴得立即回答："这好办，每人二百五。"齐王听后，拍案而起："把这四个'二百五'推出去斩了！"

兵家弟子搅风云

鬼谷子还是谋略过人的军事家，创办了中国历史上第一所军校，史书明确记载的高徒有庞涓、孙膑和尉缭。庞涓在魏国任将军后，率军夺回河西之地，攻破秦国国都栎阳，迫使秦孝公迁往旧都雍；攻破赵国都城邯郸，迫使赵成侯在漳水签订城下之盟，成为战国时期唯一攻破两个强国都城的将军。他打造的魏国重装步兵威震诸侯，助魏惠王称雄列国二十年。鬼谷子的另一位徒弟孙膑，任齐国军师，两败庞涓，击败了不可一世的魏军，奠定了齐国的霸业，留下了"田忌赛马""围魏救赵"等历史典故，有《孙膑兵法》传世。唐德宗将孙膑供奉于武成王庙内，位列六十四将。

据载，鬼谷子在齐国讲学时，弟子庞涓和孙膑每日轮流给他做豆浆。庞涓嫉妒孙膑的才华，偷偷在孙膑做的豆浆里放卤水，想让师傅因此疏远孙膑。不料加入卤水的豆浆凝结成块状，味道更好。于是"卤水点豆腐"的做法便流传开来。鬼谷子也因此知道两个高徒将来必然反目。

据传，庞涓和孙膑学成临别前，鬼谷子先后让二人到山上摘一朵花，为他们卜算前程。庞涓临别时正值六月，他寻到一支草花后，见花弱小，把它丢弃，可再也找不出第二朵花，只得又捡回草花，回见师父。鬼谷子对他说："此花被你抛弃，受鬼谷太阳照晒已枯萎，'鬼'旁着'委'是魏，你必出仕于魏国。送你八字：遇羊而荣，遇马而卒。"庞涓来到魏国，在拜见魏惠王时，正巧庖丁为惠王上"蒸羊羔"。魏惠王对庞涓大加赞赏，封他为将军，应验了"遇羊而荣"。后来，庞涓中了孙膑的埋伏，死在马陵道，也应验了"遇马而卒"。

孙膑临别时已是深秋，山中无花，他便顺手把花瓶中的黄菊递给师父，鬼谷子说："此花久在瓶中，已经残缺，于是你有残疾之难，但它久经风寒，长期供人观赏，故而你并无大碍，可得善终。"孙膑下山后与庞涓共事魏国，庞涓因嫉妒孙膑而陷害他，挖其膝盖骨，致其残疾。后孙膑到齐国，最终功成名就。

鬼谷子第三位高徒尉缭，是战国末期首屈一指的战略家。尉缭刚入秦时，与蒙恬偶遇，蒙恬亲自为之牵马，请回府中，并请他著书，尉缭断然回绝，并打算离开，在蒙恬苦苦央求下才留下。秦始皇嬴政多次求教，尉缭多次拒绝，后来出走。嬴政大怒，本欲追杀，经李斯劝谏方将其追回，并授以国尉之职。最后终于得到尉缭的首肯，愿意扶助秦国。

尉缭向秦王嬴政献计道："以秦国的强大，诸侯好比是郡县之君，我担心诸侯联合起来出其不意，这就是智伯、夫差、齐闵王之所以灭亡的原因。希望大王不要爱惜财物，用它们去贿赂各国的权臣，以扰乱他们的谋略，这样不过损失三十万金，而诸侯则可以尽数被消灭了。"秦王觉得尉缭正是自己千方百计寻求的人，于是对他言听计从。不仅如此，为了显示恩宠，秦王还让尉缭享受同自己一样的衣服饮食，每次见到他，嬴政总是很谦卑。

尉缭懂得相面术，他评价秦王嬴政："秦王为人，蜂准、长目、挚鸟膺、豺声，少恩而虎狼心，居约易出人下，得志亦轻食人。我布衣，然见我常身自下我。诚使秦王得志于天下,天下皆为虏矣。不可与久游。"功成名就后,尉缭与弟子王敖一夕遁去,不知所往。

不朽思想影响深

鬼谷子神奇莫测,行踪不定,据说最后得道成仙。相传在秦始皇的花园里,有人意外死亡,此时,一只鸟衔来一株草盖在逝者脸上,逝者竟然起死回生。官吏把此事禀报给秦始皇。秦始皇觉得只有神人鬼谷先生才能知晓此事,便派人带着草去问。鬼谷先生说:"这种草长在东海祖洲,名叫养神芝,可以使人复活。"秦始皇欲向鬼谷子学习成仙之道,却已不知其踪。

鬼谷子的纵横捭阖之术蕴藏着大智慧,对现代人很有启发。

第一,做人要阴阳相契、刚柔相济。万物各得其所、万事各得其宜,是一种顺其自然、合乎规律的理想状态,阴阳互补、协调运行,人才能健康,社会才能稳定,万物才能和谐,做事才能顺利,做人才能安乐。

第二,要任人唯贤,学会识别人才。任人唯贤、用人唯才,大可定国兴邦,中可家族兴旺,小可个人成功。成大事者必须深谙识人和用人之术,这是取得成就的精髓所在。

第三,事预则立,不预则废。周密的计划是做事成功的基础,没有切实可行的计划,很难将事情做好。

第四,做事必须捭阖有度,善始善终。掌握和运用捭阖术,就要做到进退有度、趋利避害,这样才能稳操胜券。

在竞争日益激烈的当今社会,无论是竞争双方还是合作对象,无时无刻不在进行着较量,都在寻求制胜自强之道。一国的外交战术得当与否,关系到国家之生死存亡;一个企业商业谈判与竞争策略是否得当,关系到企业经营之成败得失;一个人的言谈举止,关系到他的升迁去留、吉凶祸福。在现在的时代背景下,《鬼谷子》的处世哲学依然很有借鉴意义。

鬼谷子的谋略是中华历史文化的瑰宝。历史上,以千军万马推翻一个国家的故事比比皆是，但因一个人的谋略而扫平诸侯、统一乱世的人物，只有鬼谷子。鬼谷子的大名不仅占据了几乎半部战国史，也使后世的战略家着迷。2009年，中国先秦史学会专门成立了鬼谷子研究分会。台湾地区和香港特别行政区也成立有鬼谷子研究机构。鬼谷子及其理论，在世界上也产生了重要影响。德国著名历史学家斯宾格勒在《西方的没落》中高度赞扬我国古代纵横家的思想的实际借鉴作用。美国著名政治家、外交家基辛格说："鬼谷子的察人之明，对历史可能性的洞察以及对当时外交技巧的掌握，必然使他成为当时最有影响的人物之一。"基辛格还自称是鬼谷子的学生。正如再锐利的武器本身没有善恶之分一样，鬼谷子的谋略也并不是"君子"或"小人"的专利，而是每一个想以智谋打开人生局面者的秘密武器。

【延伸阅读】

锦囊救徒

庞涓和孙膑师出同门，从学于鬼谷子。两人学成下山时，鬼谷子料定庞涓将来必会陷害孙膑，就交给孙膑一个锦囊，告诉他不到万不得已不要打开。

庞涓设计陷害孙膑，并残忍地挖去他的膝盖骨，还将其关在一个猪圈里。在绝望中等待死亡的孙膑，突然想起师父的锦囊，于是赶紧打开，只见上面写着三个字——诈疯魔。孙膑心领神会，开始装疯，整天不说一句话，就是傻笑，而且连猪食都吃。最后，庞涓亲眼看着孙膑吃下了粪便，才相信他真的疯了，便不再对他严密看守。

后来孙膑逃出魏国，到了齐国，成为军师。齐魏交战时，孙膑在马陵道巧妙设伏，射死庞涓，成功复仇。

五、老子归隐之谜

【题记】 老子,中国古代伟大的思想家、哲学家,道家学派创始人,享誉世界的历史文化名人、世界哲学之父,其思想在人类文明发展进程中影响深远。然而,《史记·老子韩非列传》对老子"莫知其所终"的记载,使他的最终归宿成了千古之谜。千百年来,学者们不断探究,试图揭开这个谜团。那么,老子一生到底经历了什么?最终又去了哪里?

超凡脱俗从名师

李氏源自嬴姓,先祖为东夷族首领皋陶,曾任舜时大理(掌管刑律),便以官命族为理氏。到商纣王时,皋陶后裔理徵任大理司寇,因犯颜直谏被纣王杀害。其妻契和氏和儿子理利贞为躲避追杀,外出逃难,一路靠树上的野果(木之子)活命。为铭记野果救命之恩,他便改"理"为"李",理利贞成了李利贞,系李姓始祖。

公元前571年,楚国苦县厉乡曲仁里(今河南鹿邑太清宫镇)一户李姓人家,满怀激动与喜悦,伴随着一声啼哭,一个新生命诞生了。这孩子有一个突出特征,"眉宽耳阔",父母便给他起名"李耳"。李耳是李利贞十一世孙。

李耳的身世还有一种说法:其父李乾是宋国将领,在与进犯的楚军作战中阵亡。母亲婴敷怀着他逃难，在颠沛流离中生下他后就离世了，无父无母的李耳由爷爷带大。为纪念李耳的母亲和苦命的李耳，其出生地鸣鹿被改叫苦县。民间还传说，李母怀胎八十一载生下李耳，他一落地便须发皆白，故名老子。

据说，公元前557年，老子拜常枞为师。常枞是当时闻名遐迩的学者，先在周朝做史官，后返回宋国。他精通天文地理，博览古今典籍，深研商周礼乐，颇受时人敬重。

一天，常枞患病，老子探望。常枞问："身居异地，途经故乡应徒步而行，你可知这是为何？"老子答："途经故乡下车而行，此乃不忘家乡，不忘根本之意。"常枞又问："遇参天古树躬身而行，为何？"老子答："伛偻于古树之前，此乃尊老之意。"常枞满意地点点头，然后又问："观吾舌尚在否？"老子答："尚在。"常枞继续问："牙齿尚在否？"老子摇摇头："否。""为何如此？"老子答："牙齿看似坚硬，却难免脱落，舌头虽柔弱，却依然存在。"常枞对老子的回答很满意，笑道："柔能克刚，万事万物皆此理。"

在常枞影响下，老子形成了以"贵柔"为基调的处事思想，后来提出了"以柔克刚、以弱胜强、抱朴守静、谦下贵柔"等主张。

仕途坎坷难酬志

常枞的一位同门师兄在周朝任太学博士，在常枞引荐下，老子入太学，学习天文、地理与人伦。公元前551年，太学博士见老子的学问大有长进，便向周灵王推荐他到收藏室任职，后任守藏史，主要负责管理图书和记事。守藏史虽然只是周王朝的一个史官，任职条件却很高，倘若没有渊博学识和崇高德行，是不会被周天子轻易任命的。因老子德高、学厚，朝会时，别的大臣站着，周王特允他倚柱记事，故而老子又称柱下史。

周灵王死后，周景王继位。这时周王室的地位已经一落千丈，由于财政困难，连器皿都要向各国乞讨。有一次，周景王宴请晋国大臣，指着鲁国进献的酒壶说："各国都有器物献给王室，为何晋国没有？"晋国大臣狡辩说："当初晋国受封时，天子未赐以礼器，现在晋国忙于对付戎狄，经济困难，送不出礼物来。"周景王列数了王室赐给晋国的土地、器物，讽刺其"数典而忘其祖"，这就是"数典忘祖"的典故。老子敏锐观察到周王室的衰微，开始思考天下纷争的深刻根源。

公元前535年，老子因卷入政治斗争，得罪了权贵单氏，被免职罢官，被迫离开王城，前往鲁国游历。公元前530年，老子被召回，仍任守藏史。

公元前520年，周景王病重。因太子早死，未立储君，而他一直偏爱庶长子姬朝，便嘱托大夫孟宾拥立姬朝为嗣君。但遗命尚未宣布，周景王就死了，朝局顿时大乱。周景王的嫡次子姬匄率先发难，反对姬朝继位；嫡长子姬猛的支持者杀死孟宾，拥立姬猛为王，是为周悼王。姬朝反击，杀死周悼王，姬匄逃往晋国。晋国出兵攻打姬朝，扶持姬匄继位，是为周敬王。姬朝倾力抵抗，周敬王无法回国。公元前516年，晋率诸侯强行护送周敬王回周，姬朝兵败，携国宝重器、图书典籍奔楚，并一把火焚毁了有五百年辉煌历史的洛邑。公元前504年，姬朝一党不甘心失败，在洛邑发动政变，周敬王逃亡晋国。第二年，晋定公出兵，再次把周敬王护送回周，夺回权力。周敬王随后派人入楚，暗杀了姬朝，这场持续了十七年的权力争夺终于落幕。在这场斗争中，老子是姬朝的支持者。姬朝被杀，老子的政治希望破灭。此时，老子已过知天命之年，他经过深思熟虑，决定归隐。

在任守藏史的数十年里，老子记录周王室君臣言行，静观天子与诸侯博弈。他研读三代典籍，透析天下纷争，体察百姓疾苦，思考周礼本质，道家思想逐渐成形和发展，最终形成了卓越不凡的世界观和方法论。

解疑释惑答孔子

公元前535年，老子第一次离职游历，曾在鲁国巷党为友人操办丧事。孔子慕名而来，担任丧祝。二人依照周礼有条不紊地操办葬礼。出殡途中恰逢日食，老子要求送葬队伍暂时停下，靠右站立，待日食过后，再继续前行。孔子认为中途止柩不合周礼，而且日食持续多久也未可知，一旦灵柩停留过久，会使逝者不安。老子说："按照周礼，为了不误吉时，殡葬之事确实耽误不得。不过，也要具体问题具体对待。"他接着说："昔日诸侯从外地赶到京城朝见天子，日出而行，日落而息，使臣出使外国也没有在夜晚顶着星星赶路的。只有奔父母之丧的人或者亡命在逃的罪犯，才在夜晚出行。今天我们碰上日食，还要让人赶路，岂不是诅咒送葬之人？对于懂礼仪的君子来说，要以礼待人，所以出殡时如遇日食，就应该暂时停下，等日食过后再走。"第一次亲耳聆听老子的教诲，立志完善并恢复周礼的孔子兴奋不已。

公元前526年，孔子到洛邑第二次向老子问礼。此时他学识已大有长进，小有名气，但自认为对周礼的认识还不够全面深刻。这一次，孔子请教的仍是丧礼方面的问题，老子耐心地作了解答。

看着眼前这位如饥似渴地学习周礼、眼神和气质透着无法掩饰的骄矜、急于获取功名的二十多岁的青年，老子语重心长地说："我听说善于经商的人，会把货物藏起来，好像一无所有；品德高尚的君子，谦虚得像愚夫痴汉。希望您抛弃傲气和过多的欲望，不要好高骛远，这些对您都没有好处。"听了老子的谆谆告诫，孔子说："弟子谨记在心。"

孔子到老子的家乡苦县第三次问礼时，他和子路等人带着准备献给周王室的简册拜见老子，请老子推荐，被婉拒。

晚年时，孔子前往沛地第四次向老子问礼。此时老子已与周礼决裂，形成了道法自然、以无为本、有无统一的天道观。老子对孔子讲了对"道"的体悟，并劝诫了他。问礼老子后，孔子回到客栈，整整三天一言不发。弟子们见其如此，就问："老师对老子有什么规谏吗？"孔子回答说："老子所讲的道，就像是龙，合起来成一体，散开来成云彩，乘驾云气而翱翔于阴阳之间。我听了老子所讲的道理，直到现在还觉得恍惚，又怎么规谏他呢！"

不朽名篇传后世

在沛地隐居期间，老子一边游历、讲学，一边旁观天下大势，深入思考天道运行，人道、治道如何有效施行等问题，弄清了"道""德"理念的基本内涵和所应采取的阐释、解构方式，同时培养了阳子居、文子、庚桑楚、南荣趎、环渊、柏矩、列子等弟子。由于沛地周边战乱频发，民不聊生，老子踏上了游历的漫漫长路。

一天，函谷关守令尹喜晨起见紫气东来，祥瑞浮天，断定必有贵人经过，遂吩咐家人备好酒菜，打扫关口。果然，不一会儿，皓首长髯的老子坐着一头青牛悠然而至。尹喜迎上前去，央求老子不必忙着赶路，看看函谷关的美景，谈谈自己的见识，最好能写点儿什么。在尹喜的一再恳请下，老子暂且留下，一边讲学，一边思索写作的事儿。

由于任天府守藏史时，老子就有深入的思考并有了长篇著述，他便在此基础上加以概括提炼。于是，伟大的道家思想就随着五千字诞生了。独具慧眼的尹喜被老子博大精深的思想所吸引，决定追随他，陪伴他、侍奉他，一同弘扬天下大道。尹喜辞去关令，与老子一道出关，不知所终。

这五千言最初被称为《老子》，汉景帝时，被正式称为《道德经》。它是老子留给人类的一笔宝贵精神财富，随着时代的发展、社会的进步，显示出经久不息、永世长存的旺盛生命力。《道德经》不仅影响和启迪着一代又一代中国人，塑造了中华民族的精神谱系，还被世界上越来越多的人所接受，成为世界历史文化遗产中的宝贵财富。

据知名学者邰谧侠统计，截至2018年，全世界的《道德经》译本已达一千五百多种，涉及七十多种语言。欧洲在18世纪初就开始了对《道德经》的研究，法国思想家狄德罗认为，在《道德经》以前，中国哲学还属于道德规范，而《道德经》使中国哲学开始具有思辨性。德国哲学家黑格尔说："中国哲学中另有一个特异的宗派，是以思辨作为它的特性。此宗派的主要概念是'道'，就是理性。此派哲学及与哲学密切联系的生活方式的发挥者是老子。"德国哲学家尼采曾说："老子《道德经》像一口永不枯竭的井泉，蕴满宝藏，放下汲桶，唾手可得。"德国哲学家海德格尔精心阐释的"存在"，就是受老子启发。美国前总统里根引用老子的"治大国若烹小鲜"，阐明其施政纲领。

何处归隐有争执

关于老子最终归隐之地，自汉以来众说纷纭，莫衷一是。目前比较流行的有以下几种。

逝于扶风，葬于槐里（今陕西省周至县大陵山）。公元前487年，老子和尹喜来到了终南山北麓的楼观，这里风景幽美，依山傍水，茂林修竹，绿荫蔽天，是绝佳的隐居修身之所。老子筑台授经的高岗，后称说经台、楼观台，号称道教七十二福地之首。

公元前471年，老子在此走完了他的人生历程，享年一百岁。《庄子·养生主》记载：老子去世后，他的好友秦佚来到灵前，也不跪拜痛哭，只长啸三声就出门而去。众人不解，秦佚道："该来的时候，老聃应时而生，该去的时候，老聃顺时而去，生亦不喜，死又何悲？"

老子死后葬于秦，是目前学术界的主流观点。与此观点并行的，还有隐居老君山说和天水伯阳镇说。

隐居老君山说。老君山原名景室山。《南阳府志》和《卢氏县志》记载：老子一行登上景室山，除在这里修道养生，还研究药理病理，为山民治病。为了纪念老子，北魏初年，人们在山上建了老君庙。唐太宗贞观年间，赐封老君山为天下名山，还派尉迟敬德监修老君庙。明万历帝还曾钦赐老君庙经卷。相传老子在此地无疾而终，坐化升天，葬于天然石棺中。

天水伯阳镇说。相传，尹喜伴随老子一路西行，在楼观台抄录完《道德经》后，翻越关山，顺着清水陇东乡的教化沟过牛间里，最后抵达尹喜的故里——尹道寺。一天，老子师徒看到南面渭水河谷中气象不凡，便顺着溪流而下，来到渭水之滨的兴仁村一带，他们选柏林观的龙嘴子，结庐而居，开凿水渠，讲经说法。后世为了纪念老子（字伯阳），将此渠取名伯阳渠。伯阳镇也因此得名。

另外，有人说，老子西出大散关，经流沙到古印度，并教出了释迦牟尼这样的弟子。还有人说，老子西行化胡，成为释迦牟尼（五代时一个姓杜的大臣说的，所以叫"杜撰"）。还有的说，老子由尹喜陪伴，翻越秦岭，进入蜀地，向士人学子传授"道""德"理念，为后来道教在四川创立奠定了深厚的思想基础。还有人说，老子在经历朝廷之乱归居苦县后，在县城东北隅聚徒讲学，为日后形成以苦县为中心的道学文化带奠定了基础。相传，修建于汉代、至今仍矗立于鹿邑县城明道宫景区内的升仙台，就是为纪念老子在故里逝世而建的。

随着研究的不断深入，老子归隐的千古之谜，终会得到破解。

【延伸阅读】

债台高筑

公元前256年，秦国夺取了韩国的阳城、负黍（均在今河南登封），逼近周王城（今河南洛阳王城公园），周朝君臣惊慌失措。就在这时，楚国派来使者向周赧王献计说："秦国强大，单独一个国家难以对抗，只有以周天子的名义，召集六国联合抗秦才有可能自救。"周赧王不及多想，立即起草诏书，分送六国，约定联合抗秦。经反复动员，周王朝集合了六千人马。为筹集军费，周赧王向国内的富商大贾借债，并承诺退秦后便还本付息。

到了约定日期，周赧王派西周公率领人马出伊阙（今河南洛阳市区南约两公里处的龙门），准备攻秦。等了多日，除楚、燕二国外，其余各国毫无音信。秦昭襄王听说周朝竟敢与秦为敌，立即下令攻打周王城。还未交战，西周公就主动跑到秦营顿首受罪，尽献西周国三十六座城邑，人口三万。周赧王得知丧师失地，悲愤交加。就在此时，众债主纷纷上门讨债，周赧王只好躲进一座高台，这处高台便被称为"避债台"。内外交困之下，周赧王第二年就郁郁而终了。这便是成语典故"债台高筑"的由来。

六、越王勾践剑之谜

【题记】 剑被誉为百刃之君、百兵之祖,深受古人追捧。春秋战国是我国冷兵器的巅峰时期之一,也是宝剑最为辉煌的时期,无数光耀千秋、彪炳史册的传奇名剑都诞生于此时,如干将、莫邪、纯钩、鱼肠等。

1965年,湖北荆州一座楚国墓葬中出土了一把宝剑,就是后来被誉为"天下第一剑"的"越王勾践剑"。这柄古剑在地下埋藏了两千多年,为什么依然寒光四射、锋利无比?它有什么传奇故事呢?

为复国卧薪尝胆

勾践的祖先是夏禹后裔,封地在会稽,二十多代后传到了允常。越王允常与吴王阖闾经常互相攻伐。公元前496年,允常逝世,儿子勾践即位,成为越王。

阖闾听说允常逝世,乘机进攻越国。当时越国国力不如吴国,有灭国之危。两军对峙时,勾践从牢里挑选了三百多死囚充当敢死队,排成三行,冲入吴军阵地,大呼着自刎身亡。吴军目瞪口呆,还来不及反应,越军已经冲了上来,吴军阵脚大乱,被越军打败,阖闾伤重不治而亡。在弥留之际,阖闾对儿子夫差说:"千万不能忘记给我报仇啊!"

夫差继位后,日夜操练士兵。勾践打算先发制人,而大夫范蠡认为时机还不成熟。但勾践一意孤行，率军攻吴。夫差率精锐大败越军，将勾践包围在会稽。

勾践派大夫文种向夫差求和，文种跪在地上边前行边叩头说："勾践请求做您的奴仆，他的妻子做您的侍妾。"夫差想答应，相国公伍子胥说："这是上天把越国赏赐给吴国，不要答应他。"文种回去后，将情况告诉了勾践。勾践派人买通吴国太宰伯嚭，最终伯嚭说服了夫差。

公元前492年，勾践夫妇与范蠡到吴国为仆。夫差让勾践夫妇住在阖闾坟旁的一间石屋里，让勾践给他喂马。夫差每次坐车出去，勾践就给他牵马。其间，勾践在范蠡等人的忠心辅佐下，离间夫差君臣，并送美女西施、郑旦给夫差。为取得夫差信任，勾践曾以为夫差治病为由，亲尝他的大便。夫差很感动，认为勾践真心臣服，遂放勾践回国。

勾践回国后，痛定思痛，晚上枕着兵器睡在柴草堆上，把苦胆悬于头上，坐卧即能仰头尝尝苦胆，每尝一次都会自问："你忘记会稽的耻辱了吗？"勾践亲自耕作，礼贤下士，把国家政务委托给贤臣文种。

勾践励精图治，越国经过休养生息，国力大增。而吴国则陷入与齐、晋的争霸战争中。于是，勾践结交齐国，亲近楚国，归附晋国，并千方百计麻痹吴国。

吴国外战不止，内斗不休。伯嚭与伍子胥政见不合，利用各种机会诽谤他。夫差听信谗言，派人赐给伍子胥一把"属镂剑"让他自杀。伍子胥大笑道："我辅佐他的父亲称霸，又拥立他为王。他当初想与我平分吴国，我没接受，今天他反而因谗言杀害我。"伍子胥还说："我死后，一定取出我的眼睛挂在吴国都城东门上，以便我能亲眼看到越军进入都城。"伍子胥死后，吴王重用伯嚭执掌国政。

公元前482年，夫差率吴军主力进至黄池，与中原诸侯会盟，"欲霸中国"，仅让太子和老弱残兵留守吴国。勾践趁机派精兵良将攻打吴国，吴军大败，太子被杀。夫差闻讯，怕天下人耻笑，封锁消息，后派人带厚礼向越国求和。勾践估计一时灭不了吴国，遂同意讲和。

公元前476年，勾践再次出兵大败吴军，包围吴都三年，把夫差围困在姑苏山上。夫差派使者求和,勾践想答应,但范蠡说:"会稽的事,是上天把越国赐给吴国,吴国不要。今天是上天把吴国赐给越国,越国难道可以违背天命吗?"夫差死前,用头发遮住面孔说:"我没脸面见到伍子胥!"

勾践吞并吴国后,北渡黄河,与齐、晋等诸侯在徐州会盟,向周王室进献贡品。周元王派人赏赐祭祀肉给勾践,称他为"伯"。勾践把淮河流域送给楚国,把吴国侵占宋国的土地归还给宋国,把泗水以东方圆百里的土地给了鲁国。诸侯们都来庆贺,越王勾践称霸。

帝王剑重见日天

1965年12月,湖北荆州兴修水利。在开挖一条沟渠时,发现此处土壤比较松软。这一带是春秋战国时期楚国首都所在地,大家立刻意识到可能有古墓葬。考古专家听到消息迅速赶来,经过认真勘探后发现是一个墓葬群。此处属于望山,所以第一座开挖的墓葬被命名为望山1号楚墓。经过挖掘,望山1号楚墓出土了青铜器、漆器、玉器等大量文物。考古专家通过对出土文物的分析认为,此墓葬的主人很有可能是楚国大贵族,大致生活在楚怀王早期,跟楚国王室关系密切。经过几个月的努力,望山1号楚墓被清理干净,一座巨大的棺椁出现在队员们面前。

经过充分准备,考古专家决定开棺。工作人员缓缓打开棺椁,在墓主尸骨左侧发现一黑色木箱,打开一看,一柄古剑吸引了大家的目光,当考古工作人员把这柄古剑缓缓抽出时,寒光耀目,在场人员被震惊了。这柄古剑太精美了,剑柄用丝绸缠缚,剑身和剑柄相接的地方有精美的装饰品,正面装饰着蓝色琉璃,背面装饰着绿松石,即使光线很暗,这柄宝剑也会发出幽幽寒光。

古墓中发现珍贵文物,大家都兴奋至极,然后就是疑问:墓主人是谁?他怎么会拥有如此精美的一柄宝剑?

这柄宝剑的剑格处有八个鸟篆铭文。在场的专家很快辨识出其中六个:越王□□自作用剑,就是说这把宝剑是某位越王为自己制作的。楚国贵族的墓葬中，怎么会出现越王的宝剑呢？这位越王又是谁呢？可惜表明越王名字的那两个鸟篆铭文，在场的专家都不认识，剑的主人一时成谜。

为了确定宝剑的主人，考古学家方壮猷受命组织专家组对这柄剑进行进一步的研究。可是面对这两个鸟篆铭文，方壮猷也显得力不从心。他查阅很多资料，认为这两个字是"邵滑"。邵滑是战国时楚国一位精明的军事家和外交家，曾担任大司马。屈原被贬投江，就是因为他谗言陷害所致。公元前311年，他奉楚怀王之命入越，从事间谍活动，最终趁越国内乱之时，将其一举灭亡。如果这两个字是"邵滑"，那就是他所佩戴的宝剑。有人解释说，很可能是因为邵滑立下灭越大功后，楚王将缴获的越国宝剑奖赏给他，并于公元前307年封他做越王。

由于这一问题事关墓主身份和墓葬年代的确定，十分重要。于是，方壮猷让工作人员将这八字铭文进行临摹、拓片、拍照，把这些资料及自己的观点，分别寄给郭沫若、夏鼐、唐兰等十几位历史学专家，广泛征求意见。郭沫若很快回信，肯定了方壮猷的意见，认同那两个字就是"邵滑"。然而，1966年1月5日，北京故宫博物院研究员唐兰的回复中，却提出了另一种非常有震撼力的意见：这两个字是"鸠浅"。他认为鸠浅不是别人，正是春秋战国时期最有名的越王——勾践！

但大名鼎鼎的越王勾践，为什么变成鸠浅了呢？唐兰认为，古代各地方言差异很大，很多时候名字都是音译，鸠浅在当地方言的读音与勾践近似，也不知在哪个时代，某一位古人把鸠浅写成勾践，从此以讹传讹、将错就错，后人就称他为勾践。

唐兰这一论断无懈可击，连郭沫若和方壮猷也不得不纠正自己此前的观点。权威专家充分论证后，一致认可唐兰的解释。从此，这把宝剑就被称作越王勾践剑，现藏于湖北省博物馆，为镇馆之宝。

工艺精玄而又玄

勾践剑出土以后，经专家和其他同时期的青铜器比较，又通过现代科学技术手段研究，再现了很多神奇。

其一是锋利。当初出土时，一名队员拿剑时一不留神将手指割破，血流不止。1977年，为迎接次年召开的全国科学大会，中央决定拍摄一部名为《古剑》的科教片，以反映我国古代的科学技术成就。在拍摄中，用越王勾践剑划纸，竟然一次就划破了二十多层，可见该剑之锋利。

其二是光芒特殊。考古人员在研究勾践剑期间，曾经被惊吓过。本来是闪着黄色光芒的勾践剑，有时候会突然闪出白光。博物馆负责守卫越王勾践剑的保安心存畏惧，晚上从不敢靠近它。

其三是不生锈。众所周知，青铜器虽然不像铁器那么容易生锈，但锈迹是不可避免的。但勾践剑虽历经两千多年，剑身仍无锈迹，花纹光亮如新，实为旷世罕见之奇物。和勾践剑同时代的青铜武器，出土时大都面目全非。比如吴王夫差矛，代表着吴国最高的青铜器制造水平，但出土时表面布满了绿色的锈层。

其四是金属记忆功能。有资料显示：在测试勾践剑期间，曾经冒险采用过较高温度测试性能。有一次温度过高，对宝剑作用力过大，宝剑发生了扭曲。测试人员大惊失色。更糟的是，第二天还要将宝剑送到东北展览。测试人员无奈下，只得先将剑从湖北省博物馆带到冰天雪地的东北。当时东北气温极低，达到零下30℃。到哈尔滨后，测试人员战战兢兢打开盒子，准备向领导汇报失误时，让人震惊的事情发生了：严寒中的勾践剑竟然恢复了原样，根本不是之前扭曲的样子！测试人员一时间瞠目结舌。

当时，我国金属冶炼技术落后，不知道勾践剑为什么能恢复。到了20世纪70年代，西方突然开始大力研发记忆金属，这时我们才恍然大悟，勾践剑可能是记忆金属制造的。

勾践剑为什么会呈现以上特征？时任湖北省委书记陈丕显决定将越王勾践剑送复旦大学做科学检测。科学家们利用质子X荧光非真空分析技术，对越王勾践剑进行无损伤测定。

数据显示，剑身主要由铜、锡以及少量的铝、铁、镍、硫组成。剑脊含铜较多，使得剑的韧性好，不易折断；而剑刃含锡量高，不但增加了宝剑的抗氧化性，也使得宝剑异常锋利。同一把宝剑，不同部位的金属配比不同，这要求在铸造过程中，必须分两次浇铸，专业术语称之为"复合金属工艺"。复合剑的脊部含铜较多，因此呈现出黄光；刃部含锡较多，因此泛出白光。在阳光下，剑脊和剑刃闪烁着两种光芒，有一种摄人心魄的魅力，也被称为"两色剑"。科学家利用现代科学技术仿制的"两色剑"，也很难达到越王勾践剑的完美程度。

至于越王勾践剑为何历经两千多年还不生锈，法国人曾提出一个大胆假说——中国古代青铜器应用了外镀技术。而湖北省博物馆研究员后德俊认为，越王勾践剑出土时并不是绝对没有生锈，只是锈蚀程度十分轻微，人们难以看出。之所以锈蚀程度十分轻微，是因为青铜剑的主要成分铜是一种不活泼金属，在一般条件下不容易锈蚀，加之望山1号楚墓密封性非常好，因此剑更不容易生锈。

记忆金属则无解。

剑入楚一桩谜案

越国地处江浙，越王勾践剑为什么会出现在千里之外的楚地墓葬？目前有三种说法：一是作为战利品被楚怀王灭越所得；二是楚越关系曾很密切，楚昭王曾娶勾践的女儿为妃，此剑作为陪嫁进入楚国；三是春秋末年，晋联吴以抗楚，楚联越以图吴，互相报聘，故吴物入晋，越器至楚，在当时很常见。

目前流行的说法是战利品说。如果是陪嫁品，勾践不会把自己用的随身器物赠送，即使赠送，也应该出现在勾践女儿或楚昭王的墓里。所以，更为合理的解释是：楚灭越后，论功行赏，楚王认为某位贵族的功劳较大，就将越王勾践剑赏赐给了这位贵族，而贵族死后，将越王勾践剑当作宝贝，一起陪葬。

越王勾践剑是一件礼器还是实用的兵器，学界也有争论。但从剑的装饰来看，比较华丽。在春秋战国时期的上层社会，佩剑是一种时尚，不仅武将佩剑，就连孟子、屈原这样的文人也佩剑。越王勾践剑的剑格上镶嵌有蓝色琉璃，琉璃在战国时代虽不及玉名贵，但比玉还稀有，能用琉璃做装饰比玉饰剑还珍贵，一般不用来作战。

越王勾践剑通身有华丽的菱形纹饰，有极精美的外观，这些纹饰菱形交错，会增加折断的概率。一般实战剑不会用这些装饰。而剑首的同心圆的加工难度非常大，也是偏向于装饰，而非实用，却是最能直观感受越王勾践剑制造工艺的地方。同心圆壁厚极薄且高凸，十分规整，厚度在0.2毫米至0.8毫米之间，凸起在0.5毫米至2.2毫米之间，各圈的间距在0.3毫米至1.2毫米之间。在没有先进机床的两千多年前，能达到这样的水平，真是令人难以置信。

剑柄光洁也不利于实战。作为兵器使用的剑，一般剑身光洁，寒气逼人，剑柄也有辅助握持而设的圆形脊，还绕有绳线增加摩擦力，但越王勾践剑，剑柄则没有这样的脊和绳线缠绕。可见，越王剑是勾践权力的象征，是装饰品、信物或礼器，而非实用兵器。

【延伸阅读】

专诸刺王僚

吴王诸樊想传位给四弟季札，取消父死子继，改为兄终弟及。三弟夷昧死后，季札坚决避让，于是夷昧之子僚自立为王。诸樊之子姬光（公子光）认为自己才是正统，觊觎僚的王位。

吴王僚趁楚国国丧派兵攻楚，却深陷战争泥潭，军民怨声载道。公子光认为时机成熟，启用伍子胥举荐的专诸刺杀僚。专诸因母亲健在，犹豫不决，其母听说后自缢以成全义举。

公子光宴请僚，僚身披三重狻猊铠甲，带着精锐卫队赴宴。酒过三巡，公子光借故离开。专诸扮作厨师端着一道美味走上殿来。那道菜叫梅花凤鲚炙，是用严冬寒梅的枝干来烤炙盛夏太湖里的凤尾鲚鱼而做成。专诸来到僚面前，把菜放在案上，沉着地用手掰鱼。正专注于美味的僚突然感到一股凛冽的杀气从鱼腹中激射而出，被惊呆了。

鱼肠剑已经出鞘（鱼腹），在专诸的手中疾速向前，穿透了僚穿的三层狻猊铠甲，刺入了僚的心脏。

两旁卫士见此情景一拥而上，将专诸乱刃砍死。这时公子光带着预先埋伏的甲士冲出，将僚的卫士全部杀光。后公子光自立为王，即吴王阖闾。

七、传国玉玺下落之谜

【题记】秦始皇扫灭六国、一统天下后,渴望江山传至千秋万代,便命玉工雕刻了一枚传国玉玺,上刻丞相李斯手书的"受命于天 既寿永昌"八个篆字。历代帝王皆以此玺为符应,得之则象征"受命于天",失之则意味"气数已尽"。凡登大位而无此玺者,则被讥为"白板天子",为世人所轻蔑。

朝代更替,物是人非,传国玉玺屡易其主,忽隐忽现。传国玉玺最终流向何方?背后隐藏了哪些鲜为人知的故事呢?

和氏宝玉归赵君

春秋时期,楚国琢玉能手卞和在荆山深处发现了一块玉璞。他抱着玉璞来到国都,想献给楚厉王。楚厉王不识玉,就叫玉工来辨认。玉工说:"这不过是块普通石头。"楚厉王以欺君之罪把卞和的左脚剁去。

楚厉王死后,楚武王继位。卞和不死心,又抱着玉璞来献。楚武王叫来玉工辨认,结果玉工仍说只是块普通石头。楚武王非常生气,把卞和的另一只脚也砍去了。

楚武王在位五十年,死后儿子继位,是为楚文王。楚文王巡游至荆山脚下,听到有人哭得非常凄惨,就让随从问怎么回事。随从回报说:"这个老人

七、传国玉玺下落之谜

叫卞和,在荆山脚下已经哭了三天三夜,泪尽继之以血。"楚文王想:这老人家为什么这么伤心呢?于是,他来到卞和的面前询问。卞和答:"明明是璞玉却被当作顽石,明明是忠贞之士却受如此冤屈,受这样的惩罚,怎不令人痛心?"楚文王也听说过卞和的故事,看他如此执着,马上叫来玉工,说:"不用辨认了,直接剖开看,是璞玉还是顽石一目了然。"结果打开一看,果真是一块稀世宝玉。楚文王被卞和的忠诚感动,给这块玉起名和氏之璧,又称和氏璧,收藏在楚国后宫,并封卞和为零阳侯。

公元前323年,楚国令尹昭阳率兵攻打魏国,得襄陵等八邑,威震天下。为此,楚怀王将和氏璧赐给昭阳。昭阳得到和氏璧后,在湖边府邸宴请宾客。大家一边观赏和氏璧,一边开怀畅饮,宾主尽欢。

突然,湖边传来一声惊呼:"快来看,湖中有条特别大的鱼!"众人急忙来到湖畔观看,却发现什么也没有,以为是恶作剧。众人返回房间,大吃一惊,和氏璧不翼而飞!显然,他们中了盗贼的调虎离山之计。昭阳大怒,马上在府邸中排查,他怀疑门客张仪偷了和氏璧,于是派人将张仪拘来严刑审讯。张仪被打得半死,和氏璧还是下落全无。此后,张仪一气之下离开楚国去了魏国,后来又去秦国闯出了一片天地。可以说,和氏璧的遗失在一定程度上成就了这位纵横家、外交家、谋略家,也为楚国由强盛到衰败、楚怀王客死异国他乡埋下了伏笔。

几十年过去了,和氏璧杳无音信。有一天,赵国一位叫缪贤的宦官,在集市看见有人在叫卖一块美玉,上前一看,非常喜欢,就花五百金买下。缪贤把美玉带回家,找玉匠辨认,玉匠大惊道:"这是和氏璧啊!已经消失多年,怎么在你手里?"

缪贤拥有和氏璧的消息,很快就传到赵惠文王耳朵里。赵惠文王对和氏璧早有所闻,想据为己有,便把想法向外放风。这正合缪贤之意,他非常高兴地把和氏璧献给了赵惠文王。赵惠文王大喜,擢缪贤为宦者令。

也有说和氏璧面世后,成为楚国的国宝,从不轻易示人。后来,楚国向赵国和亲,和氏璧作为聘礼到了赵国。

完璧归赵阴谋论

赵惠文王得到了和氏璧，秦昭襄王意欲用十五座城换，这就是"价值连城"的出处。后来蔺相如临危受命，前往秦国，大智大勇，完璧归赵。

事实上，秦昭襄王野心勃勃，对于收藏玉器没有兴趣。他之所以提出来用十五座城换和氏璧，只是想通过换和氏璧来试探赵惠文王。

赵惠文王的父亲赵武灵王是一代杰出君主，推行胡服骑射，建立了一支强大的骑兵，迅速吞并了周边诸侯小国，使赵国成为中原六国军事最强大的国家，是秦国最大的威胁。而且赵国强大之后，向西虎视眈眈，咄咄逼人，所以秦昭襄王对赵武灵王非常忌惮。后来，因两个儿子争权夺位，赵武灵王被次子赵惠文王的大将李兑幽禁饿死在沙丘宫。

俗话说：虎父无犬子。继任的赵惠文王是不是也和赵武灵王一样有雄才大略呢？会不会继续成为秦国的强敌？秦昭襄王决定用城池换和氏璧试探一下。如果赵惠文王和赵武灵王一样强势，一定会一口回绝。可是赵惠文王未战先怯，马上派蔺相如带着和氏璧来到秦国。这说明赵惠文王比较怯懦，和赵武灵王无法相提并论，因此秦昭襄王认定赵国的威胁不大。

虽然蔺相如大智大勇，避免了和氏璧落到秦国，自己也全身而退，但毕竟在秦王面前露了怯，坚定了秦国向东扩张的野心。公元前262年，长平之战中，赵国四十多万大军被坑杀，元气大伤，国力一蹶不振。秦王嬴政掌权后重用李斯、王翦等文臣武将，秦国再也未逢敌手。公元前228年，秦军长驱直入，攻下了赵国都城邯郸，赵国被灭，和氏璧成为嬴政的囊中之物。

传国玉玺起风云

公元前221年，秦王嬴政扫六合，建立了大秦帝国，成为中国历史上第一

七、传国玉玺下落之谜

个实现大一统的皇帝。为了证明自己乃天命所归，他命人把和氏璧雕琢成一方大印，上端雕了五条龙为印纽，然后让宰相李斯写了八个大字"受命于天 既寿永昌"，刻于正面。秦始皇发布命令：皇帝的印叫玺，以别于一般的印。由于玺是用玉做成，皇帝世代相传，故被称为传国玉玺。

公元前219年，秦始皇巡游天下，船队来到洞庭湖口，突然狂风骤起，龙船随时有可能倾覆，大臣和士兵乱成一团，但秦始皇非常镇静，对身边太监说："把玉玺拿来。"玉玺拿来后，秦始皇一把抓起扔进湖中，祈求神灵保佑。刹那间，风平浪静，船队安然无恙，玉玺也由此失落。八年后，秦始皇巡游天下走到华阴，一位神秘人把玉玺还给了秦始皇。

传国玉玺真的有这么大的神通吗？这完全是秦始皇的御用文人故弄玄虚，编造神话，表明君权神授。从此，玉玺就成了皇帝掌握大权的凭证，但凡想当皇帝的人，都会千方百计弄到传国玉玺。

公元前207年，刘邦杀入咸阳，秦朝亡国之君子婴跪捧传国玉玺献出。刘邦打败项羽称帝，传国玉玺成了汉朝的皇权象征。西汉末年，皇帝年幼，传国玉玺由太后王政君代管。不久，王莽篡汉，建立新朝，派堂弟王舜索要传国玉玺。虽然太后是王莽亲姑姑，但依然大发雷霆，痛骂王莽，举起传国玉玺摔在地上，把玉玺摔掉一个角。后来，王莽命玉匠用黄金镶补了这个角，从此传国玉玺就有了疤痕，也为后来辨识真伪提供了凭据。23年，王莽身死国灭，天下再度大乱，禁卫军校尉公宾得传国玉玺，献于更始帝刘玄。25年，赤眉军杀刘玄，立刘盆子为帝，国玺易主。后刘盆子兵败宜阳，将传国玉玺拱手奉于汉光武帝刘秀。从此，传国玉玺就成了东汉皇帝传承的信物。东汉末年，宦官专权。189年，袁绍入宫诛杀宦官，宦官段珪携汉少帝出逃，玉玺失踪。至献帝时，董卓作乱。孙坚率军攻入洛阳，某日辰时，兵士见城南甄宫一井中有五彩云气，遂使人入井，见投井自尽之宫女颈上系一小匣，匣内所藏正是传国玉玺。孙坚如获至宝，将其秘藏于妻吴氏处。后袁术拘吴氏，夺得传国玉玺。袁术死后，荆州刺史徐璆携传国玉玺至许都，至此，传国玉玺重归汉室。

220年，献帝被迫"禅让"，曹丕建魏，改元黄初。曹丕命人于传国玉玺肩部刻隶字"大魏受汉传国玺"，以证其非"篡汉"，实乃欲盖弥彰。司马氏崛起，代曹建晋，传国玉玺归属于司马氏。西晋末年"八王之乱"，北方五个游牧民族入主中原，纷纷建立割据政权，传国玉玺四处流转，落到了东晋将军谢尚之手。谢尚拿到传国玉玺后，不敢耽搁，派几百精骑连夜飞奔建康，把传国玉玺献给了东晋皇帝司马聃，从此传国玉玺到了江南。

420年后，南方经历了宋、齐、梁、陈四朝，传国玉玺几经周转。梁武帝时，侯景作乱，攻入皇宫得到传国玉玺，不久战败身亡，其部将侯子鉴得到传国玉玺。侯子鉴认为，所有的战乱都因传国玉玺而起，所以就把传国玉玺投入栖霞寺的一口井中。南陈时期，一老和尚淘井时，淘出了传国玉玺，就把它献予陈武帝。589年，隋文帝杨坚派大军南下，灭了陈朝，传国玉玺归了大隋。618年，隋炀帝杨广在江都被杀，隋朝灭亡。当时的萧皇后携传国玉玺北上，入漠北，投突厥，以致唐朝建立之初，无论是李渊还是李世民，手里都没有传国玉玺。李世民还让玉匠刻数方"受命宝""定命宝"等玉玺，聊以自慰。直到后来大将军李靖讨伐突厥，萧皇后重回中原，传国玉玺才被带回大唐，李世民龙颜大悦。唐朝末年，藩镇割据，天下再度大乱，后唐废帝李从珂被契丹打败，登楼自杀，传国玉玺再度消失。

北宋哲宗时期，农夫段义在地里耕田，发现一玉玺，献给朝廷。十三位饱读诗书、见多识广的大学士，依据前朝记载并多方考证，一致认为它就是秦始皇的传国玉玺。但朝内外也有很多有识之士质疑。至北宋末年，宋徽宗好风雅，增刻印玺十方，被认为是画蛇添足，其实宋徽宗是为淡化传国玉玺的地位，故意为之。北宋灭亡后，两位皇帝、后妃、大臣、宫女、百姓等十万余人以及数不尽的金银财宝，被金人掳到了金国。按照常理，玉玺应该到了金国手里，可金灭后，蒙宋联军在金国皇宫中没找到传国玉玺。1294年，元世祖忽必烈崩。不久，在大都的集市上，传国玉玺居然被人叫卖，被权相伯颜购得，献给元成宗铁穆耳。

1367年，朱元璋命徐达、常遇春率兵北伐，元顺帝退回蒙古草原。徐达在元朝皇宫里没有找到传国玉玺。朱元璋不甘心，就命徐达带着大军进入漠北，穷追猛打残元势力，试图找到传国玉玺，最终无功而返。朱元璋当了三十一年皇帝，没有传国玉玺，成为最大遗憾。明孝宗时，曾有人进献所谓"传国玉玺",但被认定为赝品。

不知何时,被元顺帝带到蒙古的传国玉玺落在其后代林丹汗手里。林丹汗被皇太极打败后,皇太极拿到玉玺,认定自己天命所归,马上改称皇帝,定国号大清。随后,清朝取代明朝,入主中原。

自秦朝开始,和氏璧陡然转换了身份,成为国之重器,被赋予皇权正统的光芒,引来无数觊觎与争夺。千年的朝代更替,将传国玉玺的故事演绎得曲折离奇。当我国封建王朝的最后一位皇帝颓然退场时,紫禁城里那方玉玺也随之销声匿迹。

国宝踪迹已难寻

大清建立之初,紫禁城里收藏了三十九方玉玺,其中一方上面有"受命于天 既寿永昌"八个大字,人们认为这方玉玺就是秦始皇的传国玉玺。乾隆年间,乾隆把这些玉玺放在一起辨别真伪,结果那方刻着"受命于天 既寿永昌"的玉玺被否决了。1924年11月5日,清朝皇室成员被赶出皇宫,人们在紫禁城里也没有找到传国玉玺,就连那个赝品也不见了踪影。

有人认为,传国玉玺很可能是假的。他们首先怀疑卞和抱玉故事的真实性。这个故事最早见于《韩非子》,有人认为卞和抱玉很可能就跟书中的滥竽充数一样,是韩非子编的一篇寓言,是为那些怀才不遇的人鸣不平的。不过这篇故事不仅仅见于《韩非子》,《战国策》和《史记》中也都有记载。其次,有人怀疑卞和的真实性。卞和能在深山里发现玉璞,说明他是个经验丰富的玉工,应该不是年轻人,至少也有三十岁。然后卞和经历了三代楚王,尤其是楚武王执政了五十年,算下来卞和应该九十多岁。一个被砍掉双足的人活到九十多岁,在当时的自然条件下是非常困难的。因此,有人认为卞和很可能是虚构的人物。但这只是猜测,一个人活到九十多岁的可能性是有的。最后,有人认为和氏璧不可能被改造成传国玉玺。古语说:"肉倍好谓之璧。"意思是玉体的半径是圆孔半径的三倍,这样的玉器才被称作璧,而且很薄。一个很薄的圆形玉器，中间又有孔，它不可能被改造成四寸见方的玉玺。这个观点直接否定了和氏璧和传国玉玺的关系。可是持这种观点的人，忽略了一个细节。《韩非子》中记载："王乃使玉人理其璞而得宝焉！遂命曰：'和氏之璧'。"也就是说在剖开玉璞和命名之间，没有经过切割、打磨等制作玉璧的过程，和氏璧不是严格意义上的玉璧，它可以泛指所有美玉，因此和氏璧雕刻成传国玉玺的可能是存在的。

那么，传国玉玺究竟到哪儿去了呢？有人猜测，很可能是秦始皇把传国玉玺带到坟墓中去了，由于秦皇陵至今未能发掘而无法考证。也有人说，936年，后唐废帝李从珂带传国玉玺同刘皇后等在玄武楼自焚，传国玉玺已经被毁灭，后世所得之物，皆为附会、仿造之赝品。也有说传国玉玺被元顺帝带回漠北后，葬于自己的陵墓。由于元顺帝陵墓一直没有被寻到，这个说法也不可考。

象征着权力的玉玺，究竟消失于何时何地无人知道。或许，它正静静地躺在某个不为人知的地方，等待被发现。

【延伸阅读】

完璧归赵

秦昭襄王听说赵惠文王得到了和氏璧，提出用十五城换取。在赵国宦者令缪贤的推荐下，蔺相如临危受命，带着和氏璧赴秦。

秦昭襄王见到和氏璧，十分喜欢，欣赏后又把璧给妻妾、大臣和左右侍从传看。蔺相如看出他无诚意，便上前说："和氏璧非常精美，但有一道瑕疵，让我指给大王看吧。"秦昭襄王把和氏璧交给蔺相如。蔺相如拿到后，背靠在石柱子上说："赵王斋戒五日，派我来给大王送璧，以示敬意，但我看大王没有诚意。如果大王一定要逼我，我的头就同和氏璧一起在这石柱上撞碎。"秦昭襄王怕他真把璧撞碎，重申十五座城交割给赵国。蔺相如假意接受说："和氏璧是天下至宝，如今大王也需要斋戒五日。"秦昭襄王无奈，只好答应。蔺相如抱着和氏璧回到驿馆，立即派随从打扮成商人带着和氏璧，走小路潜回赵国。

五天后，秦昭襄王举行了隆重的接受仪式。蔺相如说："我实在害怕被大王欺骗而对不起赵王，已经派人带着和氏璧回到赵国。如果秦国真的把十五座城先给赵国，赵王必然会把和氏璧给您。我欺骗了大王，随您处置。"秦国君臣面面相觑。侍从们要把蔺相如处以极刑，秦昭襄王说："难道赵王会为了一块璧而欺骗秦国吗？"蔺相如大智大勇，不仅保住了和氏璧，自己也全身而退。

八、徐福东渡之谜

【题记】 明朝洪武年间,有一位叫绝海中津的日本僧人来中国拜师学习禅法,兼习汉诗文。1376年,他受明太祖朱元璋之召,应敕赋诗,有"熊野峰前徐福祠"之句。绝海中津在诗中提到了一个人——徐福,并用徐福祠作为阐发自己感情的主题。那么,徐福是谁呢?传说中徐福东渡是真的吗?

始皇一统求长生

公元前221年,秦王嬴政扫平六国、一统天下,自称"始皇帝",重用李斯等法家人物治理国家,设立郡县,统一文字、货币和度量衡,修筑长城、驰道和直道,开创了中央集权的国家。

天下既定,四海咸服。然而,当一切尽在掌控之中后,年近不惑的秦始皇却面临着新的苦恼——死亡。拥有广阔无垠的大好河山,行使着至高无上的帝王权力,怀抱着风情万种的美女佳人,享受着无穷无尽的锦衣玉食,沉浸并乐在其中的秦始皇,害怕有朝一日失去这来之不易的一切。

用"做了皇帝想成仙"来描述此时的秦始皇最为恰当不过。号称"千古一帝"的秦始皇把大量的精力用在了追求长生不老上。有此妄念的帝王,秦始皇不是第一个,也不是最后一个,却是最传奇的一个,他不惜一切手段,甚至死在了巡游求仙途中。

这一切极有可能缘于秦始皇的身体状况,战国著名军事家尉缭曾有这样一段描述:"秦王为人,蜂准、长目、挚鸟膺、豺声。"这里所说的"挚鸟膺"即今医学上所说的鸡胸,"蜂准"应该是马鞍鼻,"豺声"表明肺上有毛病。可见,秦始皇受到多种疾病的困扰,身体素质较差。登上王位后又日理万机,夜以继日地工作,操劳过度,身体过早地衰弱下来。这使他不得不经常思考健康问题,一心寻求摆脱衰老的方法。

不久,出现了"荧惑守心"天象。中国古代把"火星"称作"荧惑",二十八宿中的"心宿"简称为"心"。当火星运行到心宿附近,并在那个地方停留一段时间,就出现了"荧惑守心"天象。这种天象在古人看来就意味着天子有难,轻者失位,重者死亡。这令秦始皇愈发不安,寻仙不死的想法更加迫切。

徐福使计诓嬴政

燕齐之地濒临大海,常有海市蜃楼出现,那里的人们把它当成一个令人向往的神境仙界,故而方术文化传统悠久。至始皇时,芝罘、琅邪、成山等地,成为方士们活动的中心。所谓方士,就是民间行医、炼丹、占卜、看星象的人。他们一般都具有一定的自然科学知识,懂得医术、天文和地理等。当秦始皇第一次巡游至琅邪时,燕齐之地的方士们就闻风而动,云起雾和,徐福便是其中之一。

徐福,字君房,相传为鬼谷子的关门弟子,后投于墨家主持黄靖庭门下。他不仅学识渊博,而且精通医学、道学、天文、航海,在当地威望非同一般。嬴政即位后重用李斯,推行法家思想,压制百家,墨家遭到毁灭性打击,墨家弟子纷纷避世。燕国被灭后,水师大将军狄琨率军逃到眈罗洲(今韩国济州岛),探知有蓬莱、方丈和瀛洲三座仙山,他便劝黄靖庭渡海立国,寻找一处安宁和乐的理想之地，建立一个博爱平等的国家。黄靖庭便命徐福等人筹划，择机东渡，但徐福一时无法为东渡提供足够的人力和物力保障，只能等待时机。

公元前219年，秦始皇为了彰显功绩，来到泰山脚下，准备封禅泰山。闻听此消息，徐福直奔泰山脚下，拜会了丞相李斯，进献了自制仙丹，纳上重金，并告知他海外存在仙山、山上有长生不老之药的传闻。李斯默许在适当时候举荐徐福。

秦始皇封禅泰山后，又一路向东。当他抵达芝罘岛时，不由得被这里的景色所吸引。芝罘岛犹如一支伸向海中的巨大灵芝，松柏葱翠，悬崖壁立，远处烟波浩渺。突然，秦始皇看到海面之上，云霞之中，不时有人物山川若隐若现，恍若仙境。

海市蜃楼虽不常见，在当地人眼中倒也不是稀奇的事，只当是海中"蜃兽"吐出的气雾，但在秦始皇眼中，是千载难见的异象。

方士们便告诉始皇帝，云雾乃是海中仙境所发，传闻这海中有仙山，山中有长生药。秦始皇一听顿生向往。这时，李斯向秦始皇进言："齐人徐福常年行走于东莱，对于此事知之甚多，他不仅长于丹术，还精通航海，对于海中仙山定然知晓！"

徐福晋见秦始皇，告知："海中有仙山，名唤蓬莱、方丈、瀛洲，乃是仙人所居之地，山中的仙人足有千岁，可面目如同三旬壮年一般，今日陛下驾临芝罘，仙人定是知道陛下的万古功绩，故而将海中仙山现身。"

秦始皇大喜，先是眺望着远处的海市蜃楼，而后转身对徐福讲道："徐仙师可否辛劳一趟，替朕前往仙山获取长生不老药？"

徐福却面露难色道："这海浪汹涌，极为艰险，非得大船不可，况且海中仙山飘渺不定，也须费时日方才寻得。"秦始皇求药心切，便说："此事不难，你只管招募人员，准备出海即可。"

精心谋划迁东瀛

不久，徐福就乘一艘大船出发了。一个月后，大船重新出现在众人面前

八、徐福东渡之谜

时,所有人都欢欣鼓舞。秦始皇急忙召见徐福,却见他两手空空,大失所望。徐福说自己见到了海上的大神,海神嫌带来的礼物太微薄了,只许参观不许取药,于是他就跟随着海神来到了蓬莱山。只见山上到处紫柱金梁、流光溢彩,宫中侍者面如铜色,人首龙身,光彩照人。海神告诉徐福,需要童男童女和各种工匠才可以取到药物。

秦始皇转忧为喜,觉得海神提出的条件太容易满足了。童男童女祭祀自古就有,比起自己的长生大计,几千童男童女算什么?他立即让徐福办理此事。

徐福暗中将墨家弟子的子女逾三千人集结起来,又从沿海各地征集数十艘巨大的帆船,预备了足足三年的粮食、衣履以及药品、耕具等,还准备了大量作物种子和各种工匠。

从《史记》中关于此事的记载,很明显可以看出徐福的目的。童男童女、五谷种子、各种工匠,这哪里是海神要的礼物,分明是徐福要建立一个新的国家所需要的人和物。秦始皇急于得到长生不老药,并未看破徐福的企图,徐福再次出海了。

徐福一去,如泥牛入海,杳无音信。秦始皇觉得把所有希望都寄托在徐福一人身上是不保险的,决定增派人手。在徐福之后,秦始皇又相继派出了卢生、韩生、侯生、石生等一大批方士,为其寻求不死之药。

公元前212年,卢生等人求仙失败,骗局暴露后携巨款逃走,秦始皇大怒,于咸阳将卢生等四百六十余名方士坑杀,这便是历史上有名的"坑儒"。

随后,又有一颗流星坠落到了东郡。陨石上面刻着"始皇死而地分"六个大字。这非同小可,它代表了上天的旨意,预示着秦始皇将死,大秦帝国将亡。秦始皇震惊不已,立即派御史到陨石落地处,逐户排查刻字之人,结果一无所获。愤怒的秦始皇下令处死陨石旁所有的人家,并立即销毁陨石。陨石销毁了,但是秦始皇心中的阴影并没有随之而去。

同年秋,又发生了一件不可思议的事。一位走夜路的使者经过华阴,突然有一个人手持玉璧将其拦住说:"请你替我把这块玉璧送给皇帝,今年祖龙死。"感觉不妙的使者带着玉璧回到咸阳,立即向秦始皇做了汇报。秦始皇听后,害怕不已。

公元前210年，秦始皇第五次东巡，这也是他最后一次抵达东海之滨。站在琅邪的海边上，秦始皇依旧对失踪的徐福念念不忘。

就在这个时候，徐福回来了！面对秦始皇，徐福依然拿不出长生不老药，他又编了一个故事：蓬莱的仙药是可以得到的，但是半道上有大鲛鱼，多次阻挡前进的道路，因此无法抵达蓬莱山，希望皇上再派一些力大善射的弓箭手，遇到大鲛鱼把它射死，然后就可以顺利取到仙药了。

秦始皇听后，顿时想起了几天前的一件事。那天，他梦见跟海神激烈搏斗，梦醒之后就向身边的博士询问吉凶。博士告诉秦始皇，梦中的这个海神叫作大鲛鱼，是个恶神，如果不铲除的话，善神就很难出现。秦始皇联想到徐福所说的话，于是吩咐手下做了一张很大的网，亲率弓弩手乘船出海。

《史记》记载：秦始皇手持弓弩乘坐大船，从琅邪出海到达成山头，路上没有发现大鱼，继续往北，抵达芝罘时，果然发现了大鱼，秦始皇率众亲手射死了它。直到这时，秦始皇才完全相信了徐福所讲的话，又一次满足了徐福出海的要求。

依旧是数十艘满载物资的大帆船，数千的童男童女。他们绝大部分都是墨家传人，可以为仙人营建宫殿，更能获取仙人的好感，而谷物能够让"百工"生活下去，毕竟仙山中的物品不是什么人都能够享用的。

当秦始皇沉醉在长生不老的美梦中时，徐福带领浩浩荡荡的船队，乘风破浪，勇往直前。这一次，徐福再也没有回来，秦始皇也病死在东巡途中，始终没有看到他梦寐以求的"长生不死药"。

东渡何处百家鸣

那么徐福最终到达了哪里？史书中又是如何记载的呢？

司马迁写《史记》时，距离徐福出海仅仅过去了约一百年。他是一位严谨的史学家，《史记》记载的很多事情，后来都被考古发现证实了。我们基本可以判断，徐福出海是真实存在的。那么，徐福后来到哪里去了呢？《史记》

里只是说徐福去了一个"平原广泽之地",这个平原广泽之地在哪里?司马迁没有交代,直到汉代以后才逐渐露出了真面目。

陈寿在《三国志》里面明确记述了徐福出海所到之地:"亶洲在海中,长老传言秦始皇帝遣方士徐福将童男童女数千人入海,求蓬莱神山及仙药,止此洲不还。"意思是说,徐福所去的这个地方是亶洲。亶洲在哪里呢?有专家考证亶洲就是日本。

五代后周时期,中国又有一部典籍《释氏六贴》记述了徐福到达的地方:"日本国亦名倭国,东海中。徐福将五百童男五百童女,至此国也。又东北千余里,有山名富士,徐福止此,谓蓬莱,至今子孙皆曰秦氏。"但是这段记载在童男童女的人数上,与《史记》有较大出入。那是不是说这部典籍记载的就不可信呢?作者义楚是齐州开元寺的一位僧人,他有一位好朋友名叫宽辅,来自日本,同样也是一位僧人。后人在研究这段记载时,认为义楚的说法应该是根据宽辅讲述,来源于日本方面。那么,日本的史料对徐福出海是怎样记载的呢?

720年,日本有一本叫《日本书纪》的书风靡一时,书中就记载了秦代有一批中国人到达日本。虽然其中没有提到徐福的名字,但是在秦代到达日本的中国人,最大可能是徐福他们。

日本室町幕府时期,有一部叫《东海琼华集》的典籍明确记载了徐福到达日本后的一个地点:"秦徐福入海,求神仙不死药,而得海岛,遂留不还,即我朝尾州热田神祠是也,或曰纪州熊野。"从中可知,徐福到了日本尾州热田,就是现在日本本州的纪伊半岛,这种说法后来在日本广为流传。直到今天,在纪伊半岛的和歌山县新宫市,还有徐福的墓地和祠堂。

开化日本传文明

综合诸多史料分析,可以认定徐福东渡最终到达了东瀛,即现在的日本。当时,日本刚结束绳文时代,正处于向弥生时代的过渡时期。所谓的绳文时代，相当于新石器时代，这个时代最大的特点就是以渔猎为主。弥生时代相当于金石并用的时期，因日本人大量使用弥生町出产的陶器而得名，弥生时代最大的特点是出现了水稻种植和畜牧业，这很有可能得益于徐福。

徐福给日本带去了农耕、纺织、冶炼、医药等先进的科学技术，如他带到日本的中医大夫，把中医、中药传到了日本，大大延长了日本人的寿命。1376年，后来被追封为佛智广照国师的日本僧人绝海中津访问明朝，应朱元璋之召赋诗："熊野峰前徐福祠，满山药草雨余肥。只今海上波涛稳，万里好风须早归。"就是告诉朱元璋，当年徐福带到日本的中草药，长势非常茂盛，至今日本人民仍把徐福奉为医药之神、纺织之神、桑蚕之神等。

传授科学技术的同时，徐福等人也实现了与日本民族的融合，极快融入日本社会。

相传，徐福到日本后，结识了一位土著首领的女儿阿辰，两人一见钟情，由于徐福忙于安置带去的几千人，没时间与阿辰谈情说爱。但徐福承诺，等忙完后就跟阿辰成婚。可是，这个阿辰太痴情了，昼思夜想，左等右盼，后来得重病去世了。当地人为纪念阿辰，给她建立了庙宇，尊之为阿辰观音。这是发生在徐福身上的一段爱情故事，说明早在两千多年前两个民族就实现了融合。徐福东渡为日本早期文明的产生与发展，做出了巨大的贡献。

【延伸阅读】

嘉靖帝求仙

明嘉靖皇帝朱厚熜出生在道教昌盛的湖北安陆，少年时常被带去道观祈福，产生了对道教的信仰。

朱厚熜十四岁登上皇位，宫中纵然妃嫔众多，但二十四岁时仍未有子嗣。嘉靖帝后来听信道士邵元节之言，开坛建醮祈祷上苍，并服用邵元节所提供的丹药，之后皇子竟然接二连三出生。嘉靖帝欣喜若狂，大赏邵元节，封其为礼部尚书,官拜一品,其父母儿孙皆赐爵封官。

三十五岁时,嘉靖帝服用"元性纯红丹",此丹药主要原料为砒霜、水银、雄黄、朱砂和处女经血。嘉靖帝大量征召十三四岁的宫女,命方士利用她们的月信炼制丹药。为保持洁净,嘉靖帝吸风饮露。宫女们只得日夜收集露水,苦不堪言。结果,以杨金英为首的十多名宫女想趁嘉靖帝熟睡之时,用黄绫勒毙他。谁知在慌乱之下,宫女们将黄绫打成死结,嘉靖帝逃过一死,史称"壬寅宫变"。自此之后,嘉靖避居西苑,一心练道修玄,二十多年不上朝。

晚年的嘉靖帝,身体被仙药折腾得不成样子。1566年,户部主事海瑞上疏劝谏,批评他迷信巫术,不理朝政。嘉靖帝勃然大怒,令海瑞停职反省,而且继续加大仙丹食用量。这让他的身体越发虚弱不堪。12月,以长生不老作为毕生追求的嘉靖帝终于"得道升仙"了。

九、万里长城之谜

【题记】 作为世界七大奇迹之一,万里长城是中华民族的骄傲,也是人类文明发展史上伟大的工程,被列入世界文化遗产。长城是中国古代劳动人民智慧的结晶,当时全靠人力在崇山峻岭、峭壁深壑、荒漠戈壁上修建而成。那么,修筑长城的意义何在?它的选址是随意而为吗?为什么西边只修到嘉峪关?孟姜女哭长城是否真有其事呢?

长城万里溯起源

长城是中国也是全世界修建时间最长、工程量最大的古代防御工程,它像一条矫健的巨龙,越群山、经戈壁、穿草原、跨沙漠,起伏在崇山峻岭之间,屹立于中国北部和中部的广大土地上。古今中外,凡到过长城的人无不惊叹它的磅礴气势、宏伟规模。

历史上,中原人民面对的主要军事威胁来自北方的游牧民族。游牧民族有四大优势:一是行动迅速,来去如风。游牧民族生活在大草原上,战马的数量多、质量高,军队是清一色的骑兵;而以步兵为主的中原王朝军队,以步制骑,难度很大,经常处于打赢了追不上、打败了跑不掉的窘境。二是成本极小,收益巨大。对游牧民族来说,马是作战装备,也是劳动工具,上马抢金,下马收银，战争成本极小；而对中原人民来说，马是奢侈品，饲养成本很大且不易组织。三是战术灵活，不拘一格。游牧民族天生都是游击战专家，擅长声东击西。中原王朝好不容易组织起强大的远征军团，想寻找其主力决战，敌骑又在茫无边际的大草原上跑得无影无踪，很难毕其功于一役。四是无孔不入，防不胜防。北方游牧区与中原农耕区有着极为漫长的交界地带，从东到西上万里，中原王朝根本不可能做到面面俱到，而游牧军队则避实击虚，令人防不胜防。

长城最早修建于西周时期，周王朝为了防御游牧民族猃狁的侵袭，曾筑"列城"以作防御。到了春秋战国时期，列国争霸，互相设防，长城修筑进入第一个高潮。《史记》载："汝、颍以为险，江、汉以为池，阻之以邓林，缘之以方城。然而秦师至鄢郢，举若振槁。"文中所说的"方城"，就是"天下第一古长城——楚长城"。其后，齐、韩、魏、赵、燕、秦、中山等大小诸侯国家都相继修筑了"诸侯互防长城"，用以自卫。这一时期的长城，史称"先秦长城"。

秦灭六国统一天下后，秦始皇把战国时期秦、赵、燕长城连接起来，筑成"西起临洮（今甘肃山尼县），东至辽东，蜿蜒一万余里"的长城，自此始有"万里长城"之称。

据载，先后有二十多个诸侯国和封建王朝修筑过长城，断续修筑了两千多年，若把各个时代修筑的长城加起来，有十万余里，其中秦、汉、明三个朝代所修长城的长度均超过了一万里。明朝是最后一个大规模修筑长城的朝代，今天人们所看到的长城多是此时修筑。

是非功过需明辨

关于长城的利弊，一直就有争论。

司马迁指出，秦灭诸侯，天下之心未定之时，不注重休养生息，反而劳民伤财，大兴土木，修筑长城，是战略决策的重大失误。

还有学者认为，修建长城并没有达到防御的目的。一旦中原王朝军事力量衰弱，长城就形同虚设。秦始皇死后，匈奴就越过长城占领了河套地区；明末，清兵出入长城如入无人之境。而且，长城固然遏制了北方游牧民族对中原的入侵和破坏，但也限制了民族间的交流与融合，固定了农耕地区和游牧地区的界线。所以，历史上修筑长城次数最多、工程量最大、质量最高的明朝，随着长城修建完成，势力再也没有越长城一步。相反，能把农业和牧业融为一体的元朝和清朝，长城内外归于一统，长城不仅无用，反而成为南北交通的障碍。

上述说法比较片面。世界上没有攻不破的城墙，但能因此就否定城墙的价值吗？在无法彻底打败游牧民族的情况下，中原文明为保障生产生活安全，修筑长城确是最佳选择。

作为北方军事防御工程，最早的秦长城和燕长城的作用，历史文献中几乎没有记载，赵长城的记载也很少。这是不是意味着长城没有起什么作用呢？恰恰相反，正好说明三国修建长城后，匈奴、东胡等难以南侵，长城起了重要作用。如果秦国没有修筑长城，就必须派出大量兵力驻守北方重要通道和隘口，又怎么能集中力量消灭六国、一统天下？

战国四大名将之一的赵国李牧，长期驻防雁门郡，防备匈奴。在大败匈奴后，李牧乘势灭襜褴，破东胡，降林胡。此后十多年，匈奴、东胡不敢接近赵国边境。从这个战例中，我们可以清楚地看出长城在军事防御上的巨大作用。

汉朝就把长城看作"天之所以限胡汉"的界限。西汉程不识也是驻守长城的名将，与李广齐名。他治军严厉，匈奴不敢来犯。其后卫青、霍去病、公孙贺、公孙敖等出击匈奴，均以长城为进攻退守的主要据点。

长城的防御作用并非一般人以为的"不被攻陷"，入侵者或许能集中力量偶尔攻破一两个关口、闯入内地，但只要整段长城还驻有强旅，入侵者就始终面临被阻击、夹击和截断后路的危险。尤其是长城扼住了燕山和太行山北支各个交通要道，游牧民族的骑兵纵然破关而入，也只能短时间对内地实施骚扰和掠夺，而且侵入的时间越长，掠夺的财富越多，回撤就越不易。这都会让游牧

九、万里长城之谜

民族打算突破长城南侵时始终心存忌惮，不敢过于深入内地。癣疥之疾再重，也侵入不到膏肓，这是长城存在的根本意义。

长城在中华民族多元一体格局的形成和发展上也起了重要作用。自秦汉至明清，长城沿线许多关口成为农、牧两大文明交流的重要节点，有的逐渐发展成为重要城镇。

南北民族间的交流融合，并没有被万里长城和军事堡垒所隔断。公元前51年，南匈奴归汉，实现了中原农业区华夏民族与北方游牧民族的汇合。唐太宗大破突厥后，把数十万降众安置在长城沿线，共设置六个都督府，任命突厥人为都督。突厥人接受了汉族先进的文化和生产方式，进一步加速了民族融合。明朝在长城沿线开放"马市"，反映了汉蒙互相依存、渐趋融合的密切关系。

长城以其雄伟的气势和博大精深的文化内涵，吸引着历代中华文人名士及国际人士，许多文人墨客以长城为题材创作了大量诗词歌赋、美术、音乐等文艺作品，其中唐代的"边塞诗"尤为典型。如李白的"长风几万里，吹度玉门关"，王昌龄的"秦时明月汉时关，万里长征人未还"，王维的"劝君更尽一杯酒，西出阳关无故人"，岑参的"忽如一夜春风来，千树万树梨花开"等名句，千载传诵不绝。

现在长城不但是中国人心中的圣地，也受到世界各国人民的景仰，被誉为世界七大奇迹之一。美国前总统尼克松说："只有伟大的民族才能造出这样一座伟大的长城。"俄罗斯前总统叶利钦感叹："这是世界上最伟大的工程，在其他地方我从未见过类似的杰作！"以色列前总理拉宾点赞："设计者太伟大了，长城不愧为世界奇迹！"

万里长城是中华民族的精神象征。"起来，不愿做奴隶的人们，把我们的血肉筑成我们新的长城！"《义勇军进行曲》唱出了全体中国人民共同的心声。

1971年，第26届联合国大会通过决议，恢复中华人民共和国在联合国的合法席位。中国向联合国赠送的礼品就是一幅万里长城大型挂毯，再次表明万里长城已成为中华民族的象征，而且这一象征也被全世界普遍认同。1987年12月，长城被联合国教科文组织列入《世界遗产名录》。

发明创造智慧显

长城是全世界体量最大、分布最广的具有线性特征的军事防御体系，是人类历史上宏伟壮丽的建筑奇迹和无与伦比的历史文化景观。长城续万里而不断、历千年而不倒，是我国古代劳动人民伟大智慧的结晶。

燕国在修筑长城的过程中，发明了一项新技术。当时，燕国兵马少、力量弱，随时都有被邻国吃掉的危险。为了保住国土，燕王征用民夫，在边界山顶上筑起高高的城墙，以防外敌入侵。当时筑城墙都是用砖、石通过泥砌而成。为了早日修好长城，燕王下令冬天不停工。冷天和泥得用热水，民夫们就把大铁锅支在石头上，添柴烧开水。时间长了，铁锅被烧坏，水漏出来洒在石头上，石头炸开后出现许多"白面"。民夫们意外发现，这些"白面"遇水后比泥更有黏性，用它来砌石头比用泥结实得多。这种"白面"就是石灰。燕国人烧的石灰质量好，多年不变质，被后人称为"万年灰"。

民间传说，长城砖石间的灰泥是用人骨做成的，因此呈白色。甚至还有传说是秦始皇把死人直接砌进长城。专家们为此用现代仪器专门勘测了秦长城，结果证明是谣传。

长城在崇山峻岭中修建，还要在城墙上修建楼阁和众多的垛墙，砖是主要建筑材料，用砖数量惊人。当时，没有吊运设备，全靠人工搬运。修长城所用的砖都在比较远的地方烧制而成，用牛车拉到山脚下，再用人工往上背，遇到山高坡陡，运送困难。一个放羊娃看到这个情景，灵机一动，解下腰带，两头各捆上一块砖，搭在山羊身上。身子轻巧的山羊，驮着砖一溜小跑就爬上了山坡。人们看了又惊又喜，纷纷仿效，大量的砖很快被运上了山岭。

修建嘉峪关时，有时也直接用石头，由于石头太重，羊就不顶用了。工匠们在山上将石料凿好后，人抬、车拉，效率不高。一天，一位工匠一脚踏空，从山坡上滑下去很远。受此启发，在冬季到来后，众人从山上修一条路，在路面上泼水，让其结成一条冰道，然后把石料放在冰道上滑行运输，石料非常顺利地被运到了山脚下。

有土的地方可以烧砖，有石头的地方可以用石头，但戈壁就完全不同了，只有沙砾。将沙砾打成实墙，稍微施压就会瓦解，必须另寻他法。方法非常简单，无法往上盖的地方就往下挖，挖出绵延数里的水道与壕沟，阻挡敌人前进。但是要早期预警，还需要一连串横跨戈壁的烽火台。烽火台一般约十米高，只用沙砾几乎不可能建成。工匠们后来发现，只需用芦苇和红柳条编成网，层层强化沙砾，就不会瓦解。这就是钢筋混凝土的前身。千百年来，用芦苇、红柳搭叠做成的城垛，虽经大漠狂沙吹袭，成为残垣断壁，却依然壮观。

华北平原与北方大草原之间的燕山山脉，是北京的天然屏障，但一连串的隘口切穿了这些山脉。为此，必须在各个隘口修建军事防御设施。明代抗倭名将戚继光任蓟镇总兵时，对长城的防御工事作了重大改进。他依据"因地制宜，用险制塞"的建设思想，山势低矮处，加高城墙；山势高峻处，修建敌楼，个别地方加修了障墙、支墙、挡马墙，全部为砖石结构或砖石木结构，使这段长城设施完备、构筑牢固、布局严谨、可攻可守。

城墙完全用砖头建造的理念也出自戚继光。青砖配一定比例的米浆、沙子和石灰，黏结成牢不可破的城墙，每块青砖上都刻着烧造地点和负责人名字，这样就能确保每块砖一旦出现质量问题都可追溯。

戚继光修建的金山岭长城，是现今保存最完好的一段明长城，被专家称之为万里长城之精华。障墙、文字砖、挡马墙，被誉为金山岭长城的"三绝"。它依山设险、凭水置塞，雄城崎岖似铜墙铁壁；雕楼林立如甲兵护卫，"一夫当关，万夫莫开"，以其视野开阔、敌楼密集、防御体系功能奇特而著称于世。

神奇等量降水线

修筑长城，是针对当时游牧民族侵扰所采取的积极防御措施。作为"进攻支点"和"防御堡垒"的长城，正好隔开了两种文明——农耕文明和游牧文明，成了名副其实的"农牧分界线"。历史上，对长城修建地点和走向的选取并不是随意的。秦始皇连接燕、赵等国的长城，看似随意，但两千多年后，人们惊奇地发现：长城的走向大有讲究！

中原地区气候湿润宜人，历来以农耕为主；而北方游牧地区气候干燥寒冷，适合放牧。一边半湿润，一边半干旱；一边是森林，一边是草原；一边是农耕，一边是游牧；一边建围墙，一边任驰骋；一边人口密集，一边人烟稀少……在华夏大地上，万里长城将两侧分成了截然不同的景象。

是什么造成了南北方文明的分界呢？这还得提到一个气候名词——400mm等量降水线。这是我国一条重要的地理分界线，它大致方向是：大兴安岭—张家口—兰州—拉萨—喜马拉雅山脉东部，是半湿润与半干旱区的分界线。正是这条线，把我国的地理环境大致分为了西北与东南两大区域，也是我国季风区与非季风区的分界线。

这条降水线以南，适合各种农作物生长，人口稠密；降水线以北，农作物的产量低，更适于放牧。农耕文明与游牧文明之间出现的自然分割线，不仅是半湿润气候与半干旱气候的分界线，也是双方经常爆发纷争的战场，因而在此修建长城绝非巧合与偶然，而是生产方式对环境选择的必然结果。

万里长城的分布走势，与400mm等量降水线基本吻合。也就是说，早在两千多年前，我们的祖先就用万里长城描绘出了一条"400mm等量降水线"，实在是匪夷所思！

何以止步嘉峪关

两千多年前，汉朝修建的万里长城延伸到河西走廊，一路通到了敦煌。明朝时，嘉峪关至敦煌这一段四百公里的长城被废弃。从那时起，嘉峪关被认定为长城西部的终端。

嘉峪关始建于1372年，是明初宋国公、征虏大将军冯胜在凯旋途中，于河西走廊西端，东连酒泉、西接玉门、背靠黑山、南临祁连的咽喉要地嘉峪塬西麓修建的。嘉峪关是现存长城上最大的关隘，也是中国规模最大的关隘。

九、万里长城之谜

万里长城东端山海关外是茫茫渤海，西端嘉峪关外却是一条不足十米宽的讨赖河。明朝末期以来，山海关战火不断。明朝与清朝、吴三桂与李自成、清兵与八国联军、直系军阀与奉系军阀、中国守军与日本侵略者等，都在此发生过激烈战斗。与此形成鲜明对比的是，西端的嘉峪关绝大部分时间都太平无事，很少有敌寇攻打。一条小河怎能挡得住如狼似虎的关外铁骑？况且有时候还冰封河面。原来长城西端外有另一片"海"——沙漠戈壁。如果大军长途跋涉来攻打嘉峪关，粮秣、饮水是无法克服的困难。如果不能一攻而下，就会面临全军覆没的危险。因此，外来敌寇非万不得已，轻易不敢选择嘉峪关为攻击目标。

嘉峪关的防御体系完善合理，易守难攻。它扼守河西走廊古道的咽喉，关城依山傍水，此地唯一水源讨赖河，与嘉峪关互为依托，既能为守军提供水源，河谷又成为防御敌军的天然屏障。

嘉峪关的北边是马鬃山，南边是祁连山。如果想绕开嘉峪关向东，要么面临巴丹吉林大沙漠，要么在长城第一墩强渡讨赖河。这是两个非常痛苦的选择。第一墩的河两岸日夜驻守着身经百战的猛将精兵，河谷像一个口袋，极其狭窄，暴露在强弩射程之内，守军足可以一挡百。冷兵器时代，兵力没有绝对优势，是拿不下嘉峪关的，而且后方的酒泉、张掖会随时支援。

明朝建立后，天山与祁连山一带的吐鲁番、哈密、沙洲（今甘肃敦煌）等地的势力平衡被打破，开始相互争夺地盘，战事连年发生。1392年，朱元璋封儿子朱楧为肃王，镇守西北，足见其对西北局势的重视。然而，尽管明朝先后在嘉峪关以西设立罕东、赤金、哈密、安定、阿端、曲先、沙州诸卫，最终还是抵不住蒙古右翼和吐鲁番新势力的轮番进攻，相继崩溃。这也是明朝西北方向的版图只能延展到嘉峪关的原因。从此，明朝的战略调整为：收缩防线，避免浪战，以逸待劳，伺机而动。

历史上，嘉峪关真正失守只有一次。1516年，吐鲁番满速儿汗侵入肃州，大明朝游击将军芮宁带兵在祁连山下文殊镇与其决战，战况异常惨烈，芮宁阵亡，全军覆没，嘉峪关失守。

1691年，清朝赵廷对出任嘉峪关游击，嘉峪关关城立碑"天下雄关"，挂匾"天下第一雄关"。1809年，清朝肃镇总兵李廷臣视察嘉峪关防务时，见这里南有祁连雪山，北有黑山，关势雄伟，便写下"天下雄关"四字悬挂于嘉峪关闸门楼门洞上方，留下了永恒的纪念。

始皇背锅实在冤

孟姜女哭长城是我国民间四大爱情故事之一，2014年被正式列入《第四批国家级非物质文化遗产代表性项目名录》。

相传，秦朝时，有一孟姓人家在院内种下一颗葫芦籽，秧苗顺着墙爬到邻居姜家院里结了葫芦。葫芦熟了打开一看，里面有一白白净净的女娃，于是两家人为该女娃争抢起来，最终达成协议，决定一同抚养，并取名"孟姜女"。孟姜女长大成人，温柔善良、聪明伶俐。

秦始皇修筑长城，到处征民工服役，百姓怨声载道。有一书生范喜良，为躲避劳役四处奔逃，因饥渴难耐到一园中歇息，遇见了孟姜女。孟姜女见范喜良知书秉礼，忠厚老实，便芳心暗许，两人很快结为夫妻。由于无赖告发，刚新婚三天，范喜良就被官府抓去，到北方修长城。三年过去了，范喜良音讯全无。孟姜女日夜思念丈夫，跋山涉水北上寻夫，历经艰难险阻终于到达长城，却得知丈夫早已在沉重的苦役下死去。孟姜女悲痛欲绝，扑在埋葬丈夫的城墙下哭了三天三夜，感动了上天，长城崩塌八百里，范喜良的尸体露了出来。她为丈夫穿上了新做的棉衣，又重新埋葬了丈夫。随后，孟姜女回到故里，投水殉夫。

后人为了纪念孟姜女，修了贞女祠，俗称孟姜女庙。这座贞女祠，坐落在秦皇岛市山海关区城东望夫石村北凤凰山小丘陵之巅，有南宋名臣文天祥所作的一副楹联，上联："秦皇安在哉，万里长城筑怨。"下联："姜女未亡也，千秋片石铭贞。"横批："万古流芳。"在前殿门前的檐柱上还有一副楹联，上联："海水朝朝朝朝朝朝朝落。"下联："浮云长长长长长长长消。"在后殿还有一块巨石，上刻"望夫石"三字及清乾隆帝题的《姜女祠》："凄风秃树吼斜阳，尚作悲声配国殇。千古无心夸节义，一身有死为纲常。由来此日称姜女,尽道当年哭杞梁。长见秉彝公懿好,讹传是处也何妨?"

"孟姜女哭长城"的故事真的存在吗?

有学者研究,真实故事发生在早三百多年的春秋时期的齐国,孟姜女传说的雏形是《左传》中记载的孟姜。孟姜是齐国大将杞梁的妻子。公元前549年,杞梁随齐后庄公伐莒阵亡。齐后庄公在郊外见到孟姜,对她表示慰问。而孟姜认为郊野不适合,拒绝接受。于是,齐后庄公专门到她家里慰问。还有一则孟姜善哭的记载,齐威王的客卿淳于髡说:"杞梁之妻善哭其夫而变国俗。"

随着时间推移,故事情节进一步增加。西汉时期,刘向在《说苑》中增加了"夫死后向城而哭,城为之崩"的情节,在《列女传》中又增加了"投淄水"的情节。东汉时期,王充的《论衡》、邯郸淳的《孝女曹娥碑》进一步演绎,说杞梁妻哭崩的是杞城,并且哭崩了五丈。西晋时期,崔豹的《古今注》继续夸大,说孟姜哭倒了整个杞城。杞梁妻孟姜的故事已经脱离史实,完全演绎成了文学作品。

唐朝末年,僧人贯休写诗《杞梁妻》,把春秋时期的事情挪到了秦代,把临淄的事搬到了长城内外,把"城"嫁接到"长城",再把"长城"直接定义为"秦长城",并将"崩城"变成"崩长城"。自此,杞梁妻的故事开始向"孟姜女哭长城"的传说靠近。

南宋郑樵曰:"杞梁之妻,与经传所言者数十言耳,彼则演成万千言……"文天祥题写在姜女庙的楹联,把长城与秦始皇联系在一起。蒙元时期,民间戏曲剧种十分发达,孟姜女的故事被搬上舞台,故事情节一波三折。

明初,朱元璋为了防御被他驱逐到塞外的蒙元残余势力,继续征发民夫修筑长城,百姓怨声载道。为了发泄对朝廷的不满,人们就把"杞梁妻"改为"孟姜女",把"杞梁"改为"范喜良",并增加新婚、夫妻恩爱等情节,创造出全新的"孟姜女哭长城"。

这样看来,孟姜女哭长城,与秦始皇风马牛不相及。秦始皇为此背锅一千多年,实在冤枉!

【延伸阅读】

长城神话

嘉峪关选址。明初,朱元璋派征虏大将军冯胜驻防河西走廊,并选址建关,以防蒙古瓦剌入侵。冯胜最初选址在龟盖山。工匠们在山上放线、钉桩,准备施工。这天夜里,狂风骤起,次日早,冯胜到工地一看,发现放好的线和桩都不见了。不久,一个士兵气喘吁吁跑来报告:"丢失的线、桩出现在嘉峪塬上。"冯胜将信将疑,过去一看,桩和线整整齐齐地钉在山坡上。他大吃一惊,仔细观看此处地形:只见南面祁连山白雪皑皑,北面马鬃山绵延不断,西面是广阔的戈壁滩,东面绿洲片片,还有淙淙流淌的泉水。脚下,山势平坦,一览无余。若在这里建关,依山傍水,居高临下,进可攻,退可守。于是,冯胜就改在新址筑城,这就是著名的嘉峪关。

击石燕鸣。相传,有一对燕子筑巢于嘉峪关柔远门内。一日清早,两燕出关,日暮时,雌燕先回,等到雄燕回时,关门已闭,遂悲鸣撞墙而死。雌燕悲痛欲绝,一直发出"啾啾"的叫声,力尽而亡。死后其魂不散,每到有人以石击墙,就发出"啾啾"燕鸣声。

玉门关名的由来。在甘肃小方盘城西有个驿站,乃商队必经之地。此地方向难辨,老马也不识途,故称马迷途。有一支贩玉石的商队,在此迷路,焦急万分。后来,一只大雁领着商队走出了马迷途,并告诉商人要在小方盘城上镶一块夜光墨绿玉,就不怕找不到方向了。但夜光墨绿玉极贵,商人舍不得。不久,商队又在此地迷路,生命垂危。大雁飞来,在空中叫道:"不舍墨玉绝不引路。"商人跪下向大雁起誓:"一定镶玉,绝不食言!"大雁又一次把商队引出了马迷途。到达小方盘城后,商人立刻挑了一块最大最好的夜光墨绿玉,镶在关楼的顶端,该玉光芒四射。从此,小方盘城就改名玉门关。

十、楼兰古城消失之谜

【题记】1900年，瑞典探险家斯文·赫定在中国新疆罗布泊地区偶然发现了一个古代城址，大量精美文物证明这里曾经无比繁华。专家根据文物中多次出现的一个词，推断这座古城就是淹没千年、西域三十六国之一的楼兰。这个发现被评为20世纪世界最伟大的考古成就之一。

据载，楼兰曾经人口稠密、经济发达、繁荣一时、风光无两，但这座丝路重镇辉煌了短短几个世纪后突然销声匿迹了。当年的楼兰城，到底发生了什么呢？

国王资助勇探险

1895年，瑞典探险家斯文·赫定来到中国新疆麦盖提县的拉吉里克村。他在这里组织了一支驼队，带了许多设备、粮食、活禽，雇佣当地村民做向导，毅然向塔克拉玛干大沙漠进发。

进入沙漠后不久，赫定发现水很快就喝完了，但茫茫沙漠仍然看不到尽头。他们只得杀了活禽喝血，或是喝人尿、骆驼尿。向导们一个个倒下，骆驼也倒下了。赫定甚至换上整洁的衣服，做好了死的准备。白天他将自己掩在沙子里减少水分蒸发，晚上趁着凉意继续前行。有一天，两只水鸟从空中飞过，赫定看到了希望，他循着水鸟的踪迹半走半爬，终于看到了一个水塘。他喝了很多水，直至感觉已脱离死亡。他脱下长筒靴，装满水，带给还活着的两个向导。随后他们再也不敢远离水塘，仅靠钻木取火、捉鱼吃草根勉强活命。直至一天，一支驼队正巧路过，他们才获救。

这一次遇险没有吓倒赫定，反倒让他有了一个新的计划：穿越沙海。

1900年12月，在得到瑞典国王资助后，赫定又组织了一队人马。他们朝塔克拉玛干的罗布沙漠前进。走了二十多天后，他们在罗布泊旧河床发现了几间木屋残迹。赫定马上展开搜寻，发现了几枚中国古钱、几把铁斧和几块木雕，这让赫定兴奋不已。他继续扩大搜寻范围，在木屋东南约一公里处又发现了四座塔楼。由于饮用水告急，赫定不敢逗留，急忙返程。途中经过一处洼地，里面长着几株红柳，他们决定挖井时，才发现仅有的一把铁铲竟然忘在木屋里了。向导奥尔德克马上摸黑回去找，谁知一去一天杳无音信。

直到第二天天黑时，奥尔德克才回来。他不仅带回了铁铲，还带回来一个重大发现。原来奥尔德克出发后被风暴弄得晕头转向，进入一处废墟，那里有重重叠叠的房舍和高塔，还有木雕和古钱。由于木雕较重，他没有带回。赫定一听立即派他去取。于是奥尔德克返回，取回了木雕。接过奥尔德克带回的木雕，赫定立即被其无比精美的旋涡花饰和树叶深深吸引了。但由于饮水问题，他不得不暂时放弃。

1901年，经过充分准备的赫定再次来到发现木雕的地方，仔细勘察之后，他发现房舍都是木质的，墙壁则是用一束束柳枝糊上泥巴构筑而成。赫定宣布奖励找到宝物的人。队员们受到鼓舞，赶忙动手翻掘房舍遗址，找到了毛布、丝织品、牲畜骨头、耳环、陶片、头发、靴子、家具残件。在先前遗落铁铲的地方，他们发现了一座佛教寺院，挖出一尊高1.15米的佛像，还有许多刻有忍冬、菊花的木雕。

在大多数房子里，他们还发现了绒毯、鱼骨、棉布和不少汉字文书。在一个形似马厩的泥屋里，队员们共挖出三十六张写有汉字的纸。此外，他们还发现一百二十一根刻有文字的小木棍。3月9日是挖掘的最后一天，又有一大批汉字文书汇集到赫定手里。他命人将所有古物分类装箱，用九头骆驼送至印度，然后运回瑞典交给国王，赫定觉得这是对国王最好的回报。

瑞典国王把文物交给德国语言学家希姆莱鉴定。鉴定结果出来，举世震惊，原来这座古城就是赫赫有名的楼兰。随后，许多国家的探险队蜂拥而至。经历史学家和文物学家长期不懈的努力，楼兰古国神秘的面纱终于被撩开了一角。从此，举世闻名的楼兰古城就像一块强大磁铁吸引着全世界的目光。

西域诸国燃烽烟

在东亚通向中亚的道路上，西域是大部分人的必经之路，所处位置大致就是今天的新疆，主要地形为三山夹两盆，南疆主要指塔里木盆地，北疆主要指准噶尔盆地。进入塔里木盆地的各个关隘、山口和要道，既是商队的必经之路，更是各国争夺的焦点。

西域是不同人种的交汇地带。公元前20世纪左右，一些原始印欧人群向东迁徙到了准噶尔盆地，然后越过天山到达罗布泊附近。他们先后来到塔里木盆地南缘，以孔雀河和罗布泊等为根据地，不断地向周边地区扩张。后来来自甘肃、青海地区的少数蒙古人也开始进入塔里木盆地东部地区，并与这些原始印欧人融合。

公元前10世纪，来自地中海东支的吐火罗人在自然条件较好的塔里木盆地北部和东部形成了聚居区，征服原有的原始印欧先民，成为龟兹、焉耆、且末、尼雅、楼兰等城邦的祖先。

公元前5世纪左右，中亚的战斗民族塞人大批进入西域，有的是顺着水草和贸易路线自然迁徙，有的是为了躲避亚历山大大帝的兵锋。这些塞人金发高鼻，身材高大。一部分人来到北疆的伊犁河谷，他们的后裔成为乌孙部族联盟的一部分。另一部分越过葱岭，沿塔里木盆地南北边缘两条线路东征，一路击败了沿途的吐火罗人，顺利地推进到皮山、于阗、戎卢、精绝等地，但遇到盆地东部的尼雅、楼兰等国顽强抵抗。结果塞人在塔里木盆地的西部和南部取代了吐火罗人，而东部仍是吐火罗人的天下。

公元前4世纪，秦献公向西讨伐戎狄，重振秦穆公的霸业。羌人首领带着部众西迁数千里，与其他的羌族断绝了联系。这些羌人后代的一部分经阿尔金山进入塔里木盆地南缘。由于地理位置较好的绿洲已被先来的原始印欧人占据，所以后到的羌人分布于相对干燥的盆地西南部，过着半游牧半农耕生活，逐步建立起若羌、蒲犁、依耐、无雷、西夜等国。

秦末汉初，匈奴开始崛起。公元前205年至公元前202年，居住在祁连山和敦煌之间的大月氏在匈奴冒顿单于的打击下，远遁到塞人居住的巴尔喀什湖和伊犁河谷之间，赶走了塞人。一部分塞人西迁，另一部分向南进入了塔里木盆地。

公元前177至公元前176年，冒顿单于派遣右贤王向西征伐大月氏和其他国家，征服了楼兰、呼揭等二十多个西域国家。

为了截断匈奴与西方的联系，配合正面战场作战，汉朝开始经略西域，寻找抗击匈奴的盟友。公元前139年，张骞奉汉武帝刘彻之命出使西域，意欲联合大月氏抗击匈奴。张骞从长安出发，经匈奴时被俘，被困十年，后逃脱西行，至大宛，经康居，抵达大月氏，再至大夏，停留了一年多才返回。在归途中，张骞改从南道，试图避开匈奴，但仍然被俘，又被拘留一年多。

公元前126年，匈奴内乱，张骞乘机逃回汉朝，向汉武帝详细报告了西域情况，被授以太中大夫。联合大月氏对抗匈奴的目的虽然没有达到，张骞却打通了西域。自此，从敦煌，出玉门关，入新疆，再从新疆连接中亚、西亚的一条横贯东西的通道，首次全线贯通。这条通道，就是后世闻名的"丝绸之路"。"丝绸之路"把西汉同中西亚联系起来，促进了相互之间的政治、经济、军事和文化交流。

楼兰美女平战端

楼兰国位于罗布泊西岸，西南通且末、精绝、于阗，北通车师，西北通焉耆，东通敦煌，扼丝绸之路要冲。随着丝绸之路的畅通，往来使者、商旅都要经过此地。楼兰城逐渐成为繁华之地，城中街巷纵横，商铺林立。司马迁在

《史记》中记载："楼兰、姑师邑有城郭,临盐泽。"盐泽即是罗布泊,当年的罗布泊还是一片绿洲,楼兰城就建在这片绿洲之上,这里出产美玉,红柳、胡杨遍地生长。

楼兰城热闹非凡,各种货物和奇珍异宝在这里汇集交换。由东而来的商人带来光滑美丽的丝绸,从西方来的商人带来色彩鲜艳的毛织品、五彩缤纷的琉璃和奇香扑鼻的香料等。在楼兰故城遗址,考古专家采集到很多用于贸易的货币,如汉代铸造的五铢钱、王莽时期的货币以及贵霜王朝的货币等。这说明楼兰与中原及丝路沿线各国的贸易往来十分频繁。

在丝绸之路上,楼兰城还发挥着不可或缺的后勤补给作用。《汉书》记载:"然楼兰国最在东垂,近汉,当白龙堆,乏水草,常主发导,负水担粮,送迎汉使。"楼兰城不仅为各国使团商队供应粮食和水,还为他们提供牛、马、骆驼,并派出向导,甚至还派出士兵和百姓为他们服务。他们中有贵霜、安息、大宛等国使臣,也有成群结队的行商和往来的僧侣。这些商旅经过长途跋涉,越过干旱缺水的戈壁、沙漠,终于来到绿洲上的楼兰城。他们卸下沉重的货物,在城中休整,补充水和粮食,再次踏上旅程。

汉王朝认为,楼兰的地理位置极其重要,为西去必经之地,要控制塔里木,保证经济贸易,就应当把楼兰掌握在手中。当然,汉王朝的死对头匈奴,也是这样想的。接下来的数百年,汉朝和匈奴在楼兰展开了拉锯战。楼兰国王苦不堪言,只好派一个儿子到汉朝去当人质,又派另一个儿子到匈奴当人质。

公元前108年,因为楼兰数次拦截汉使、阻断商路,汉武帝派大将赵破奴率军数万进攻楼兰。楼兰王被俘归附于汉。不过,匈奴等汉军撤离后又重新胁迫楼兰臣服。见楼兰降而复叛,汉武帝于公元前104年再度前去讨伐,楼兰王再度被俘虏,但面对暴怒的汉朝皇帝,楼兰国王无奈地解释道:"小国在大国间,不两属无以自安。"

好景不长,楼兰王死后,曾作为人质在匈奴长大的王子被拥立,这个新君对匈奴言听计从,于是中原到西域的道路再度被阻断。公元前77年,汉昭帝刘弗陵派傅介子前往西域,刺杀了楼兰王,拥立在汉朝当质子的尉屠耆为新王,并将其都城迁到了罗布荒原南边的迁泥城,将楼兰改名为鄯善,楼兰故城被汉军屯田守备。

历史上的楼兰不仅富足,还盛产美女,楼兰美女在丝绸之路上久负盛名,以致西域王公贵族纷纷娶楼兰女为妻。曾经,西域的一场战争,就因一个美女平息了。据《晋书》记载,326年,割据敦煌的大军阀张骏趁天下大乱,派大将杨宣攻打鄯善。杨宣兵临城下,鄯善危在旦夕。眼看国家要被攻破了,鄯善王只好求和,献上一名楼兰美女。张骏得到美女后,心花怒放,心满意足地收兵了。

美人枕沙历千年

公元前60年,为了加强对西域的统治,汉宣帝下令设置西域都护府,鄯善便归其管辖。此后很长一段时间里,鄯善都依附于中原政权,它先后臣服于曹魏、西晋、北凉、前秦等,还依靠着中原的支持发展壮大,一度成为西域最强盛的七大政权之一。

这一时期,楼兰的社会生活带有明显的汉族色彩。从后来发现的楼兰城外人工渠道的遗迹判断,那时的楼兰有着相当规模的农业生产。这一点可以从中国考古工作者挖掘到的木简上得到证实,那上面清楚地记录着屯田军人耕种田地的详细数据。

到了东晋后期,中原地区战乱连绵,无暇顾及西域,楼兰逐渐与中原失去联系。400年,高僧法显西行取经,途经楼兰故地,他在《佛国记》中记载此地已"上无飞鸟,下无走兽,遍及望目,唯以死人枯骨为标识耳"。

不知在什么年代,这座曾经人口稠密、经济发达的丝路重镇,突然在历史的舞台上销声匿迹,最终被人们视为死亡之地。当时的楼兰城,到底发生了什么呢?

关于楼兰的废弃,坊间传闻较多。

说法一:楼兰消失于战争。作为战略重地,历史上匈奴、吐蕃、大月氏等国都曾统治楼兰。在楼兰城周边的多处墓地可以看出,在同一区域同一时期的墓地葬有不同的人种。有可能是楼兰被占领后,占领者实行了屠城,然后撤离。

甚至到了唐代,中原地区强盛后,唐朝与吐蕃还在楼兰多次兵戎相见。唐朝诗人李白《塞下曲》云:"愿将腰下剑,直为斩楼兰。"唐朝诗人王昌龄在《从军行》中说:"黄沙百战穿金甲,不破楼兰终不还。"从这些诗句中我们可以看出,楼兰在唐朝是边陲重地,交战频繁。

说法二:楼兰消失于环境恶化。楼兰城建立在当时水系发达的孔雀河下游的三角洲上,这里曾经长满了繁茂的胡杨林,楼兰城的繁荣,人口剧增,使胡杨林遭到过度砍伐,无疑对环境产生了不良影响。

1979年,考古学家在孔雀河古河道北岸,发掘了多座古墓,发现每一座古墓都是用圆形木桩围成,井然有序,蔚为壮观,很像四射的太阳,被称为太阳墓。太阳墓用七层胡杨木桩围成同心圆圈,木径粗达三十余厘米。在已发现的七座墓葬中,成材圆木达一万多根!研究人员推测,楼兰古国的消失跟楼兰人滥砍滥伐导致水土流失、风沙侵袭分不开。

另据史载,东汉以后,由于塔里木河中游的注滨河改道,导致楼兰严重缺水,楼兰人不得不四处求援,几经周折把水引入楼兰城,暂时缓解了楼兰城缺水的困境。即便如此,也只能暂时缓解水荒,楼兰城最终还是因为断水而废弃。

1979年,中日两国在合拍纪录片《丝绸之路》时,新疆考古学家王炳华带领考古队发现了一个古代楼兰人的墓葬,从中清理出一具完整的女性干尸。这个女性三十五岁左右,高鼻子,大眼睛,长睫毛,浓密的金色卷发披在肩后,有明显的欧罗巴人特征,她就是闻名天下的楼兰美女。通过对尸体的解剖,专家发现她的肺中存有沙尘,由此推断楼兰美女生活的环境干旱多沙,这与专家对气候的推断不谋而合。

说法三:楼兰消失与丝绸之路北道的开辟有关。经过哈密、吐鲁番的丝绸之路北道开通后,经过楼兰的丝绸之路沙漠古道被废弃,楼兰也随之失去了往日的光辉。

4世纪初,西晋趋于崩毁,中原大乱,士民南迁西走,日月相继。统治河西走廊的张氏家族军政势力膨胀。314年，西晋封张实为"都督凉州诸军事、凉州刺史、领护羌校尉、西平公"，成为事实上割据西北的地方政权，建立了前凉。

由于汉代以来的传统老路沿途多戈壁、沙漠，缺水少草，交通补给不易，前凉决定变易交通路线，开拓自高昌入焉耆的新途。327年，在平定赵贞后，前凉立即在吐鲁番绿洲内设高昌郡，军政重心移至高昌，原踞楼兰的西域长史府自然撤守。楼兰的重要地位自此不复存在。从这个角度来说，楼兰之兴衰，是由其在丝绸之路上的地位决定的。

说法四：楼兰被瘟疫毁灭。一场从外地传来的瘟疫，夺去了楼兰城内十之八九居民的生命，幸存的人纷纷逃离楼兰，远避他乡。

说法五：楼兰被生物入侵打败。一种从两河流域传入的蝼蛄昆虫在楼兰没有天敌，能以楼兰地区的白膏泥土为生，成群结队地进入居民屋中，人们无法消灭它们，只得弃城而去。

关于楼兰消失的原因，虽然还尚无定论，但大多数人认为干旱缺水、生态恶化是主要原因。繁华易逝，往事悠悠，曾经辉煌无比的楼兰只能存在于人们的想象里了。

【延伸阅读】

寻找彭加木

1980年5月，新疆科学院副院长彭加木担任罗布泊科考队队长，开始了第三次罗布泊科考。6月5日，科考队第一次穿越罗布泊核心地带，为综合开发罗布泊做前瞻性准备。结束之后，彭加木又提出利用二十多天，再开辟一条新的罗布泊穿越之路。

6月16日，科考队到了库木库都沙漠的边界，此时水、汽油、食物所剩无几。17日，彭加木给队员们留下一张字条，独自向东找水。

迟迟不见彭加木回来，副队长汪文先带人顺着脚印前去寻找，当大家到达一片盐碱地时，脚印消失了。队员们感觉事情不妙，遂向附近驻军求救。第二天，救援队加入搜救行列。这一次，他们发现了彭加木留下的两张糖纸。但直到天黑依然没有找到彭加木。当晚，罗布泊刮起了沙尘暴。20日，搜寻人员进行了地毯式的搜寻，依然无果。中国科学院领导与新疆维吾尔自治区相关部门组织人员全力搜救，搜救队累计四次派出十几架飞机、几十辆汽车、几千人拉网式地寻找，均未找到蛛丝马迹。其中以1980年11月开展的搜寻行动最为浩大：以彭加木失踪地点为圆心，十至二十公里为半径，进行极为细致的勘察，直接参与搜寻的高达一千零二十九人次，总搜索面积一千零一十一平方公里，总花费时间四十一天，结果却一无所获。

彭加木的失踪，至今仍是未解之谜。

十一、《洛神赋》为谁而作

【题记】 曹植才高八斗,与后世的李白、苏轼并称"仙才"。其代表作《洛神赋》在文学史上具有划时代意义。但对这篇赋的本意,历来争论不休。唐李善《文选注》认为,该赋为纪念甄宓而作,表达了叔嫂恋情。该说流传甚广,民间津津乐道。宋明以后,"感甄说"被认为低俗八卦,遭到广泛质疑和猛烈批判,评论者多认为该赋抒发的是曹植报国无门的苦闷,主旨是"君臣大义"。到了当代,郭沫若等认为"叔嫂情"不会是空穴来风。近年来"悼念亡妻说"受到越来越多的关注。那么真相到底如何呢?

子建失意赋感甄

216年,曹操进封魏王。按惯例,应该同时宣布世子人选,但他在曹丕和曹植之间难以取舍,便把这件事放了下来。由此,围绕世子之位,曹丕和曹植的争夺进入白热化。217年,文武双全且善于"矫情自饰"的曹丕战胜了才华横溢但"不自雕励"的曹植,被立为世子。但事后曹操仍然对曹植寄予厚望,继续扶持,把他的封户从五千增加到一万。所以,夺嫡之争,并未尘埃落定。

然而,就在这个微妙时期,曹植"任性而为,饮酒不节"的毛病使他犯下了致命的失误:醉闯只有君王才能通行的司马门!这一严重的僭越行为令曹

十一、《洛神赋》为谁而作

操震怒,他处死了失职的公车令,并且失望地说:"原来我认为子建(曹植字)是最有可能做出一番大事业的人,但这件事让我不得不重新认识他。"曹植不仅因此失去了曹操的信任,也葬送了政治前程,彻底失去了翻盘的机会。219年,曹操借故杀了曹植的亲信杨修。

220年,曹操逝世,曹丕继魏王位。曹植连上三道贺表歌功颂德,表示竭诚效忠,同时希望能建功立业。然而曹丕可不是看重手足之情的大度君王,多年如履薄冰的权力斗争,已经把他变成了一位冷血政治家。他回应曹植的,是将曹植的心腹丁仪、丁廙兄弟及其族中男子全部处死,然后在朝堂之上逼曹植七步作诗……威风耍够了,将曹植赶回封地临淄,无诏不得进京,还派专人对他严密监管。

这年底,汉献帝识趣地"主动"禅位,曹丕假惺惺辞让三次后,废汉建魏,正式称帝,改元黄初,定都洛阳。曹植听说曹丕废汉,不仅没有歌功拥戴,反而穿上丧服为汉朝哭泣。曹丕听说后很生气:"我顺应天命当了皇帝,却听说有人哭,这是为什么?"从此,曹植动辄得咎,在封地被监管得喘不过气来,安排给他的僚属都是奸猾之辈,藩兵皆为老弱病残,且人数不过二百。这种情况下,其心情之郁闷可想而知,于是饮酒闹事的老毛病又犯了。221年,曹植因"醉酒悖慢,劫胁使者"论罪当诛,幸亏卞太后庇护才免一死。曹丕下诏说:"曹植是朕的亲弟弟。朕包容天下,何况曹植?念及骨肉至亲,开恩不杀。"将曹植贬为安乡侯,封户骤减至八百户;不久又改封鄄城侯。

这两年,对以"建永世之业,流金石之功"为理想的曹植来说,无疑是一段十分艰难的时期。他的文学创作也由之前洋溢着乐观浪漫情绪,转为沉郁悲愤。"利剑不在掌,结友何须多?"就是这一悲愤情绪的具体体现。

222年,曹丕为巩固曹氏政权,将诸弟都封了王,其中三十一岁的曹植被晋升鄄城王,封户增加到两千五百户。但各位兄弟都封的是郡王,只有他是个"县王"。所以爵位级别和经济待遇虽然提高了,政治处境却无丝毫改善,建功立业的抱负依然无法实现,他的舞台仍被牢牢限制在"圈城"这个方寸之地,而且受到严密监视。这年秋,东郡(辖属含鄄城)太守王机等诬告曹植,曹植赴京陈罪。曹丕不听众议,出人意料免了曹植之罪。皇兄的宽宥令曹植感念，重新燃起政治希望。他带着轻松的心情踏上回程之途，渡洛水时，已是黄昏。传说古帝伏羲氏之女溺死洛水而为神，名洛神，又名宓妃。这令曹植想起宋玉的《高唐赋》和《神女赋》，万千思绪刹那涌上心头，便作了一篇流传千年的名赋，题名《感鄄赋》。四年后，曹丕病逝，其子曹叡继位，是为魏明帝。魏明帝因母亲姓甄，而"甄"与"鄄"当时通用，为避讳，下令将《感鄄赋》改名为《洛神赋》。

《洛神赋》为曹植的代表作，得到极高评价，与屈原的《九歌》和宋玉的《神女赋》齐名。后世文学家、艺术家争相表达对《洛神赋》的喜爱，王献之和赵孟頫书写的《洛神赋》成为书法史上的奇珍，特别是王献之，书写《洛神赋》不下数十遍。顾恺之依此创作的《洛神赋图》成为绘画史上的稀世之宝，乾隆皇帝御书为"妙到毫巅"。李白从《洛神赋》中"偷"走不少内容，比如"罗袜凌波生网尘""可惜凌波步罗袜"等。

"仿佛兮若轻云之蔽月，飘飘兮若流风之回雪"的洛神形象，自诞生至今，虽历近两千年而没有丝毫褪色。人们一说到《洛神赋》，就仿佛能看到一位美丽非凡的女神从洛水上款款而来。

但《洛神赋》也留给后世一个千古话题：这篇赋究竟为谁而作又有何指呢？

甄宓留枕情笃深

坊间流行的看法是，《洛神赋》中的"洛神"指甄宓，即曹丕的夫人。甄宓是名闻天下的美女，时有"江南有二乔，河北甄宓俏"之说。曹植爱慕其嫂，正值甄宓遭谗而死，他因怀念甄宓而作《洛神赋》，赋中的宓妃就是甄宓。这一观点来源于唐代李善的《文选注》，白话文如下：

> 魏东阿王曹植，东汉末年向父亲曹操求娶甄逸的女儿甄氏，曹操没有同意，却将甄氏许给了曹植的哥哥曹丕。曹植难以释怀，对甄氏昼思夜

十一、《洛神赋》为谁而作

想,寝食不安。曹丕称帝后,曹植赴洛阳朝见。当时甄氏被郭皇后中伤遭曹丕赐死不久。兄弟相见后,曹丕拿出甄氏的遗物玉镂金带枕给曹植看,曹植不知不觉泣下。曹丕知其意,于是令甄氏之子、太子曹叡留曹植吃饭,并把金带枕送给曹植留作纪念。曹植离开洛阳,穿过轩辕山,夜宿洛水边,思念甄氏无法入眠。忽然出现一个女子,对曹植说:我本心属君王,然而无法如愿。此枕是我在家时的嫁妆,后赠予五官中郎将(曹丕),现在送给君王。(女子说自己)被郭女王以糠塞口,以发覆面,以后再也无颜见君王了。说罢就不见了。后来那女子遣人送给曹植一颗宝珠,而曹植回赠以所戴玉佩,因此悲喜交集,情难自抑,便写了一篇赋。后来明帝看到这篇赋,改为《洛神赋》。

《文选》是由南梁昭明太子萧统主持编撰的一部经典著作,汇集了前代优秀文章,在文学史上具有极大影响。唐代著名学者李善萃其一生精力注解《文选》,成就皇皇巨著《文选注》,流传于后世。但这段注记的说法,在此前四百年从未出现过,且与《三国志》《魏略》等权威史料明显不符。

史载,甄宓出生于世族中山无极甄家,嫁与袁绍次子袁熙。199年,袁熙出任幽州刺史,甄宓留在邺城侍奉婆婆刘氏。204年,曹操攻破邺城。《世说新语》载,曹丕率兵冲入袁府时,看到有个少妇披头散发,脸上很脏,躲在刘氏身后哭泣,就问她是谁,刘氏回答"是袁熙妻子"。然后曹丕帮她把发髻挽起,用手巾擦拭她的面庞,露出了绝伦的容貌,不由赞叹。曹操知道儿子的心思,就让他娶了甄宓。

曹丕对甄宓专宠数年,甄宓生下儿子曹叡和女儿东乡公主。曹丕代汉称帝后,定都洛阳,眷爱郭女王,而将甄氏弃在邺城,甄氏颇有怨言。曹丕听说后大怒,于221年7月将甄氏赐死,葬在邺城。据传殡葬时甄氏披发覆面,以糠塞口,十分悲惨。

李善为人清正廉洁、刚直不阿,颇有雅行,学贯古今,人称"书簏"。发轫于他的"感甄说"却明显带有八卦色彩,但越是八卦越能勾起人们的兴趣,特别是唐朝诗人李商隐,据此创作了大量脍炙人口的诗篇,在他的笔下,曹植与甄宓俨然成了一对偷情苦恋的情人。加上唐以后历代文人、小说家、戏剧家的不断渲染，"叔嫂恋"广为人知并深入人心，"感甄说"也为人们广泛接受。

李善传讹遭诘问

但是，李善的这篇注记漏洞百出，完全是"小说家言"。因为当时年仅十三岁的曹植不可能向曹操求娶已被哥哥抢去的甄氏；至于曹植为了嫂子"朝思暮想、废寝忘食"，更是无稽之谈；而且曹叡当时因母亲被杀，被贬为平原侯，根本不是太子。因此，"感甄说"流传以来，遭到不少后世学者猛烈抨击。

南宋词人刘克庄认为，这是好事之人"编造的关于甄后的谣言"。明朝文学家王世贞讽刺说："若洛神看见这段文字，定会笑曹植粗鄙。"清朝学者朱乾指出："这段文字极为荒谬……《洛神》一赋，乃其悲君臣之道否，哀骨肉之分离，托为神人永绝之词；寄心君王'贞女之死靡他，忠臣有死无贰'之志。小说家附会'感甄'，李善不知而误采之，不独污前人之行，亦且污后人之口。"

清朝学者潘德舆指出：《洛神》一赋，纯是爱恋君王之词。其赋以"朝京师，还济洛川"入手，以"潜处于太阴，寄心于君王"收场，意思再明白不过。因为曹丕性残刻而薄宗支，曹植遭谗谤而多哀惧，故用这种方式表白……真不理解注解此赋的人，为何要扯入甄后一事，致使忠爱之苦心，诬为禽兽之恶行，千古奇冤，莫大于此。李商隐的诗篇将"感甄说"的影响发扬到极致，引起了潘德舆的极大愤慨：曹丕日夜想杀其弟，曹植敢为甄后作赋？甄氏死后，曹丕会把枕头赐给弟弟？揣测当时情形，断无此理！李商隐却说"宓妃留枕魏王才"；又说"来时西馆阻佳期，去后漳河隔梦思"；又说"宓妃漫结无穷恨，不为君王杀灌均"；又说"宓妃愁坐蓝田馆，用尽陈王八斗才"；又说"君王不得为天子，半为当时赋洛神"。文人轻薄，不顾事之有无，作此毁谤之语，而又喋喋不休，真可痛恨！在潘笔下，李商隐成了可恶的传谣党。

以上看法，称为"君臣大义说"，为宋明以来主流观点。他们反对"感甄说"的具体论据，大致有以下几条：

第一，曹丕纳甄氏时十八岁，甄氏二十二岁，而曹植仅十三岁。很难想象懵懂少年曹植会对一个比自己年长九岁的已婚女子产生想法。

第二，曹植作此赋之前，刚遭地方官员检举，曹丕没有追究，他惊魂未定，心念圣恩，怎会突然如此狂悖？而且图谋兄妻是"禽兽之恶行"，曹植虽然行为放任、不拘礼法，但从他的品行看，绝不会做出这种事来。正如南宋刘克庄指出的那样："假如真有此事，曹植早就在黄初年间被杀掉了。"

曹植作《感鄄赋》后不久，徙封雍丘王。就封未几，又为监官所举。据《魏略》记载，曹植"自念有过"，立即动身前往洛阳请罪。快到洛阳时，他突然离开随行队伍，失了踪迹。曹丕接到报告，赶紧派人去找。曹丕、曹植均为卞太后所生，卞太后听说消息，认定曹植畏罪自杀了，来到曹丕面前大哭。这时曹植突然出现在宫门外，赤足散发，身背刑具请罪。曹丕闻听如释重负，却假以辞色，任由他跪在阙下，就是不发话，曹植不停哭泣。直到卞太后看不下去、生气了，曹丕才命人给曹植重新换上王服，并且再次赦免曹植之罪。第二年曹丕下令，禁止负有监管责任的地方官随意举报辖地王侯，曹植成为此项禁令的最大受益者。魏明帝曹叡继位以后，对曹植也有加封，善待如初。这些都证明，《洛神赋》中的神女绝非甄宓。

第三，"叔嫂情"之说始自唐代李善，而此前四百多年并无此说。李善在《文选注》中所说的曹丕向曹植展示甄后之枕并赐给曹植，"里老所不为"，何况是帝王呢？极不合情理。再说，对于这种宫闱秘事，四百年后的李善又是怎么知道的呢？

第四，曹植在写这篇赋时任鄄城王，原赋名为《感鄄赋》，实际是曹植在感伤身困鄄城的自己。好事者故意写成"《感甄赋》"，附会出曹植与甄氏的"叔嫂恋"，反映了造谣者的猥琐心理。

第五，《感鄄赋》是"托词宓妃以寄心文帝"，反映的是和屈原被黜后一样的情感。曹植在赋中已表明"感宋玉对楚王神女之事，遂作斯赋"，明显是写给其兄魏文帝曹丕的。

第六，以曹植的文人性格，如果对甄宓的爱慕如此之深又如此虐心，怎会不在其他文字中流露一二？事实上，这方面的文字，除了《洛神赋》，几乎一个字也没有。

当代著名文学史家朱东润主编的《中国历代文学作品选》云："本篇或系假托洛神寄寓对君主的思慕，反映衷情不能相通的苦闷。"

似有还无说纷纭

尽管"君臣大义说"掷地有声，论据如山，怎奈《洛神赋》的巨大艺术魅力不断激发后代文人、艺术家的探索热情，不同的人读了《洛神赋》，都能基于自己的主观理解产生情感共鸣，见仁见智，以至于曹植本人的思想是什么已不再重要。

1943年，针对"君臣大义说"，郭沫若在《论曹植》中直言不讳地说："子建对这位比自己大十岁的嫂子曾经发生过爱慕的情绪，大约是无可否认的事实吧。不然，何以无中生有地传出这样的'佳话'，甄后又何以遭谗而死？而丕与植兄弟之间始终是那样隔阂？魏晋时代的新人物并不像前代或后代人那样对男女关系看得那样严重，比如曹丕为世子时，就曾'请诸文学，酒酣坐欢，命甄夫人出拜……'那么子建要思慕甄后，以甄后为他《洛神赋》的模特，我看应当也是情理中的事。而道学先生们却一定要替他洗刷，洗刷，洗刷，而加以根本的否认。"

针对甄宓与曹植的年龄差异问题，厦门大学中文系教授胡旭在其《〈文选·洛神赋〉题注发微》一文中写道："汉魏时期十几岁就婚配的现象并不少见，如曹芳十三岁娶甄氏，陶谦十四岁娶甘氏，刘禅十五岁娶张氏等，何况曹氏兄弟自幼'生于乱，长乎军'，无论感情上，还是生理上，可能都比一般人更早熟。尤为关键的是，曹植对甄氏的恋情，并不是固定在十三岁这一年，随着年龄增长，他恋上嫂子的可能性更大。"

216年，曹操东征孙权。曹操这次出征，带着曹丕、卞夫人和甄宓所生的一对儿女。曹植留守邺城，甄宓因病也留在邺城。曹操东征归来后，卞夫人发现甄宓与孩子和丈夫分别数月，不仅没有因思念而消瘦，反而"颜色丰盈"，不禁有些奇怪。甄宓笑答："孩子们和您在一起，我有什么好担忧的呢！"胡旭认为，这几个月里，曹植和甄宓有很多欢聚的机会，"甄氏的回答虽然表面没有什么漏洞，但显然经不住仔细推敲。来自曹植的爱情，不仅让她病体痊愈，而且越发健康，焕发出一种特别的神采"。

胡旭认为，曹丕处死甄氏并侮辱她的尸体，是因为对甄氏背叛产生刻骨仇恨。"被发覆面"或许是惩罚她犯下丑行，即便死后也无颜见人。古人死后，有"饭含"之俗。郑玄注《周礼·地官下》曰："君用梁，大夫用稷，士用稻。"而甄氏死后却被"以糠塞口"，显然以牲畜待之，足见侮辱之甚。"除了感情上的背叛之外，我们实在找不到其他合理的解释。"

胡旭进一步指出："李善注中曹丕将甄氏所用玉镂金带枕赐给曹植，曹植一见，不觉垂涕。由此可见，曹植对此枕甚为熟悉。一些学者觉得匪夷所思，其实这完全可能，这一行为符合曹丕性格中放荡不羁而又阴狠乖戾的一面。他的目的，不是真的良心发现，而是想恶意刺激曹植，也不无胜利者的得意忘形。"

最后胡旭得出结论说："李善注中关于曹植和甄氏相恋的记载，不是空穴来风，唐宋时期的很多人，大约是宁信其有，不信其无的。"

杀妻之痛苦铭心

学术界还有另一种观点，即《洛神赋》所描写的其实是曹植的亡妻崔氏。崔氏为名士崔琰侄女，嫁给曹植为妻。某日，曹操在高台上看见崔氏衣着锦绣，认为违制，"还家赐死"。之后好多年，曹植都没续正室。《洛神赋》便是曹植想起当年与崔氏一同度过的美好时光有感而作，其形象鲜明而具体，绝非出于想象。其中"叹匏瓜之无匹兮，咏牵牛之独处"一句，意思是匏瓜本是一个整体，如今分而无匹；牵牛织女本是一对，如今只剩自己一人。明显反映了夫妻分离的情形，来形容曹植与崔氏极其合适，而来形容甄氏实为不妥。

对于崔氏遭受的无妄之灾，很多人表示难以理解。有学者认为，这是曹操借机打击崔氏一族，以抑制其政治影响力。也有学者分析，当时曹操倡导节俭，带头穿粗布衣服，卞夫人以下莫不谨遵曹操之意。出身大家的崔氏习于奢华，无意中触犯曹操，故遭不测。

此说的一个旁证就是东晋王献之的"洛神"情结。王献之的表姐郗道茂，美丽贞静。王献之从小就喜欢表姐，两人青梅竹马，志趣相投。一到婚配年龄，王献之就让父亲赶快向舅舅郗昙提亲，于是两人结为夫妻，不久就生下一女，名叫玉润，被一家人视为掌上明珠，但不幸早夭。接着，王羲之和郗昙相继去世。面对接二连三的打击，王献之和郗道茂相互扶持，逐渐抚平伤痛。但几年后，离婚寡居的新安公主看上王献之，要求晋孝武帝把自己嫁给他，理由是郗道茂没有生儿子。皇帝下旨让王献之与郗道茂离婚，再娶新安公主。王献之深爱郗道茂，为拒婚用艾草烧伤自己双脚而落下终身残疾。即便如此仍无济于事，新安公主执意要嫁给王献之，王献之无奈之下忍痛与郗道茂离婚。郗道茂只好投奔伯父，至死未再嫁，郁郁而终。

据《晋书》记载，王献之曾写信给前妻郗道茂："我和表姐一起生活多久都不会厌烦，即使是年复一年厮守，也感觉只过了一天。那种额头碰着额头的欢乐，如此短暂令人悲伤。原想着要和表姐白头偕老，哪知道命运无情弄人！惆怅与郁闷绵绵不尽，什么时候才能白天晚上都见到表姐呢？一想到表姐我就悲伤哽咽，实在没有办法啊，不如死了算了！"读之令人动容。

王献之对与郗道茂离婚伤心愧疚，到死也没有原谅自己。他临终之际，家人请道士来祷告。道士问王献之这辈子做过什么错事，他说："想不起来别的，只记得与郗家离婚。"

王献之生前一遍遍抄写《洛神赋》，既是对夫妻被生生拆散的悲愤宣泄，也是对曹植哀叹人神永隔的强烈共鸣。或许在王献之看来，曹植在《洛神赋》中表达的那种与洛神相会时的情景，正是他与表姐梦中相见时的真实感受。那种夫妻恩爱的幸福生活生生被强权打碎的悲痛，虽然时代不同，但感同身受。

一缕芳魂化洛神

关于《洛神赋》究竟为谁而赋的问题，看来是难有定论了。"怀念亡妻说"虽然不无几分道理，但证据过于单薄，难成定论。"感甄说"经过流行、批判、再肯定，已为越来越多的人所接受，当代文艺作品亦多沿用这一观点。但"感甄说"得以成立的一个基石，就是甄宓因不贞而死。所以甄宓的真正死因，就成为一个关键问题。

甄宓生命的最后两年是凄凉的。220年，曹丕由邺城赴洛阳继魏王位，就没有带甄宓。此时的甄宓，与被打入冷宫无异。其实早在六年前，随着郭女王入曹丕府，甄宓就失宠了。郭女王虽然十六岁就流落江湖，而且当时已经二十九岁，但智谋过人，为曹丕争得世子位立下大功，深受眷爱。曹丕继位时，郭女王虽然已经三十五岁，而且无子，却被封为夫人，位极后宫（王后位空缺）。曹丕称帝后，她又被封为贵嫔，地位仅次于皇后（皇后位空缺），在甄宓之上。甄宓因此更加失意，颇有怨言，惹怒曹丕被赐死。《汉晋春秋》记载，甄宓被杀的原因是郭女王受到隆宠。甄宓下葬时，被以发覆面，以糠塞口。对于这一情节，另一种解释是：按照古代葬礼的讲究，这样做是让其死后到了阴曹地府，阎王不知道她是谁，她也无法开口申冤。

那么，到底是什么怨言让甄宓招致杀身之祸呢？甄宓的《塘上行》一诗中写道："众口铄黄金，使君生别离。念君去我时，独愁常苦悲。""莫以豪贤故，弃捐素所爱。"明显可以看出，甄宓因"众口铄金"失宠，心中异常悲伤，批评曹丕喜新厌旧。特别是结尾那句"从君致独乐，延年寿千秋"（意思是"跟随你多年，如今我独自快乐。祝你万寿无疆！"）激怒了曹丕，招来杀身之祸。

曹丕下达赐死甄宓的命令后，当晚梦见地上升起一缕青烟。第二天请史官解梦，史官道："此主一高贵女子含冤而死。"曹丕悔悟，立即命人去追使者，已经来不及了。一代佳人，就这么死去了。她死后第二年，曹丕把郭女王立为皇后，并令甄宓之子曹叡认郭女王为养母。

可见，甄宓因遭谗而失宠，因失宠而生怨，因生怨而被杀。那么，既然是"谗言"，那些谗言不论是什么内容，又有什么意义呢？甄宓悲愤于"众口铄金，积毁销骨"时，后代文人学者却认定"无风不起浪"，他们与当年的进谗者又有什么区别呢？

至于"甄宓病愈后容光焕发，是受到爱情的滋润"一说，亦十分武断。据史料记载，甄宓极为孝顺，做事周到得体，是个事事用心之人。当时公婆、丈夫、孩子均不在身边，难得心情轻松，加上几个月的静心修养，身体变胖、气色很好不是很正常吗？怎么就能推定是偷情了呢？

至于说曹丕酒酣后令甄宓出拜宾客，刘桢放肆直视甄宓反映当时风气"浪漫"，也是站不住脚的。因为曹操得知此事后，差点要了刘桢的命，这充分说明当时礼法森严。曹丕令甄宓出拜，也绝非文士风流，而是对甄宓的侮辱，因为当时甄宓已经失宠。再者，世子府内发生的事都逃不过曹操的耳目，更何况邺城里的叔嫂奸情？

对《洛神赋》的不同解读，反映了不同时代的特点。"感甄说"之所以兴于唐，是因为唐朝风气开放，而皇族尤领风气之先：唐太宗纳弟媳，唐高宗娶"媚娘"，唐玄宗抢儿媳，都传为"美谈"。四百年前的"叔嫂恋"，在唐人看来，自然是"想当然耳"。宋明以后礼教兴起，"君臣大义说"占上风，也是价值观使然。

那么，既然甄宓已经失宠，郭女王为什么还要进谗言陷害甄宓呢？根本原因在于郭女王无子。试想，如果将来曹叡继位，母以子贵，郭女王将何以立足？所以，甄宓是宫斗的牺牲品。

甄宓是一个苦命女子，虽然风华绝代，却生逢乱世，结局悲惨。如果人死后真的有灵魂，倒真的希望她化作曹植笔下的洛神，可以勇敢地追求爱情，即便不能获得美好的结局，也远胜遭受人间的苦毒！

十一、《洛神赋》为谁而作

【延伸阅读】

曹叡身世之谜

魏明帝曹叡的身世,扑朔迷离且关系重大,历来存在争议。

陈寿《三国志·魏书·明帝纪》记载:"帝崩于嘉福殿,时年三十六。"按曹叡卒年上推,他应生于建安九年,而这年9月曹丕才纳甄氏。由此可以推断,甄宓嫁给曹丕时,至少带着六个月的身孕。只因她太美丽,十八岁的曹丕贪恋美色,就接纳了这个孩子。如果曹叡确是曹丕之子,他至早应在建安十年出生。但即便如此,"明帝满打满算三十五,不可能三十六"(裴松之语)。

因此,近代著名学者冒广生认为,曹叡是袁氏之后无疑。而著有《三国志集解》、在三国学界享有盛誉的卢弼也说:"窃以为陈寿此文,实为曲笔。读史者逆推年月,证以甄夫人之赐死,曹叡之久不得立为嗣,则曹叡究为谁氏之子,可不言而喻矣。"

令人疑窦顿生的还有,曹丕直到死前一天才正式立曹叡为太子。如果把曹叡的身世置入丕植争位的背景中,那么整个故事就显得更加微妙了。甚至甄宓之死,都可能与此有关。

据裴松之补注引《魏略》《汉晋春秋》载,曹叡继位后,追查生母甄氏死因,郭太后因恐惧而暴崩。下葬时,曹叡下令将她以糠塞口,以发覆面,一如当初甄氏死状,算是为母亲报了仇。

十二、匈牙利人是匈奴人的后裔吗

【题记】 匈牙利人作为欧洲少数不属于印欧人种的族群,其和匈奴人的关系是一个非常有趣的话题。匈牙利史学界公认:一支来自东方的游牧民族,于 1000 年建立了匈牙利王国。为了纪念这一历史,匈牙利在首都布达佩斯英雄广场建立了一座气势宏伟的纪念碑,七位古代骑士的精美铜像赫然屹立,但这七位骑士与欧洲古代骑士不同,有着东方游牧民族"胡服骑射"的特征。那么,这支来自东方的游牧民族是匈奴人的后裔吗?

长年征战败于汉

战国时期,中国北方有一个被称为匈奴的强大游牧民族,不时侵扰中原。赵国名将李牧曾长期驻防雁门郡,多次大败匈奴。秦始皇横扫六国后,命蒙恬率军三十万北击匈奴,"却匈奴七百余里",使之不敢南下牧马。为了防止匈奴再次南侵,秦始皇将秦、赵、燕长城连为一体,建立起西起临洮、东到渤海,逶迤绵延一万余里的万里长城,使之成为中原抵御北方游牧民族的屏障。

西汉初年,匈奴不断南侵。公元前 200 年,汉高祖刘邦率领三十二万大军迎击匈奴,中了诱兵之计,被围困于白登山七天七夜。最终,刘邦采用陈平的计谋,向冒顿单于的妻子行贿,才得以脱险。此后,汉朝一直采取和亲政策,

十二、匈牙利人是匈奴人的后裔吗

以换取边境安宁。

汉武帝时期，国力日益强盛。公元前133年，汉军在马邑设伏，企图诱杀匈奴单于，不料计划泄密，单于逃脱。此后，双方开始了长达数十年的战争。

公元前129年，汉武帝派卫青、公孙敖、公孙贺、李广各率骑兵一万，分四路出上谷、代郡、云中、雁门，反击匈奴。结果公孙贺无功而返，公孙敖损兵七千，李广被俘，只有卫青取得了胜利，直捣匈奴祭天圣地龙城。卫青一战成名，被封关内侯。

之后，卫青的外甥霍去病开始崭露头角。公元前121年，霍去病率精骑万人出陇西突袭匈奴，连战皆捷，杀敌近万，俘数名匈奴王公贵族。同年夏，霍去病出奇兵，深入匈奴境内两千余里，杀敌三万余人，收降浑邪王部众四万余人，俘获百余匈奴王公贵族及将军。

公元前119年，汉武帝派卫青和霍去病分别率军与匈奴决战。卫青部杀敌近两万人；霍去病部俘获王公贵族以下七万余人，登狼居胥山筑坛祭天。此战后，"匈奴远遁，而漠南无王庭"。从此，"封狼居胥"成为武将的最高荣誉之一。

汉武帝大规模的反击，沉重打击了匈奴势力，基本维护了北方边境的安宁。公元前53年，匈奴因内斗，分为南北两部。公元前51年，南匈奴首领呼韩邪率众投降西汉，但北匈奴在郅支单于的率领下仍不时侵扰汉朝边境。汉元帝时期，西域副校尉陈汤说服西域都护甘延寿先斩后奏，调动四万余人向郅支单于发起进攻，斩杀郅支单于，传首京师，并留下来那句有名的"明犯强汉者，虽远必诛"！呼韩邪单于闻讯，"且喜且惧"。汉元帝为了笼络和安抚他，将王昭君赐婚和亲，呼韩邪单于大喜，上书表示"愿保塞上谷以西至敦煌，传之无穷"。

48年，匈奴内部再度发生分裂，分成南北两部。南匈奴归顺汉朝，北匈奴不时袭扰汉边境。89年，窦宪率军征讨北匈奴，出塞三千余里，直到燕然山，大败匈奴，并由中郎将班固刻石勒功，以作纪念。从此，"燕然勒功"同"封狼居胥"一样，成为后世名将向往的不世功勋。2017年8月，中国内蒙古大学与蒙古国成吉思汗大学合作考察，在蒙古国戈壁省发现了窦宪大破北匈奴后所立的摩崖石刻。经过认真辨识，确认此石刻即《封燕然山铭》。

91年，北匈奴单于率残部西逃，打败并占领了乌孙国，出没于天山南北。119年，北匈奴攻陷伊吾，杀死汉将索班。123年，为破除北匈奴对西域的威胁，敦煌太守张珰上书汉安帝出击匈奴，但没被采纳。为对付北匈奴，东汉朝廷命班勇屯兵柳中，于124年、126年两次击败北匈奴，西域局势开始稳定。班勇离职后，北匈奴势力又重新抬头，敦煌太守裴岑于137年率军于巴里坤击毙北匈奴王。151年，新呼衍王率三千余骑进攻伊吾，伊吾司马毛恺遣吏兵五百人迎敌，全军覆没，北匈奴遂占伊吾屯城。我国正史对北匈奴西迁的记载至此画上休止符。

匈人西迁如席卷

290年，一股游牧民族突然出现，攻占了顿河以东、里海以北的阿兰国，杀死国王。之后，他们实力不断壮大，把目标对准了顿河以西的草原。经过惨烈征战，他们打败了东哥特人和西哥特人，占据了南俄罗斯大草原。他们自称"匈"，人们称之为"匈人"。

匈人以南俄罗斯大草原为基地继续征伐，渡过了多瑙河，不断骚扰罗马帝国；384年，进攻美索不达米亚，攻占爱德沙城；396年，侵入萨珊波斯帝国。最终，匈人建立了以匈牙利平原为中心的匈人帝国，卢加单于作为统治者，带领匈人一步步走向强大。

强大后的匈人逼迫东罗马帝国每年向其进贡大批黄金，在边境互市。卢加单于去世后，他的两个侄儿阿提拉和布列达共同继承王位，刚即位就对东罗马帝国发起战争并获得胜利。后来布列达遇刺身亡，阿提拉获得了匈人帝国的全部统治权。

阿提拉率领军队两次入侵巴尔干半岛，包围君士坦丁堡，远征至高卢的奥尔良地区。后来，阿提拉挥师西罗马帝国，于452年攻陷其首都拉文纳，赶走皇帝瓦伦丁尼安三世。在阿提拉的领导下，匈人帝国达到极盛，版图东起咸海，西至大西洋海岸，南起多瑙河，北至波罗的海。在西欧，阿提拉被视为残暴及掠夺的象征，人称"上帝之鞭"。

453年，阿提拉在新婚之夜暴毙。随后，他的儿子艾拉克、丹克兹克和艾内克为争夺继承权互相攻伐，匈人帝国四分五裂。454年，东哥特、吉皮底人组成联军，打败匈人。从此，匈人被迫退回到南俄罗斯草原。461年，阿提拉的一个儿子想重振匈人帝国，进攻东哥特人，遭到失败。468年，他又发动了对东罗马帝国的战争，结果战死沙场，匈人帝国从欧洲历史中逐渐淡出。

9世纪初，多瑙河流域出现了一支自称是阿提拉后裔的马扎尔人，高举着匈人旗帜，辗转来到匈牙利平原，征服了当地的日耳曼人，于1000年正式建立了匈牙利王国。

众说纷纭疑云显

西方人首先提出：匈牙利人是迁徙到欧洲的匈奴人后裔。

早在中世纪，方济各会修士、法国人卢白鲁克的著作《东行记》中记载："扎格克河（今乌拉尔河）发源于北方巴斯柯梯尔国，古代匈奴人即来自此国，后变为匈牙利人也。"

15世纪，约翰德·杜兹洛撰写历代匈牙利国王历史时提出："匈牙利人乃是匈人后裔。"而同时期的安东尼·本菲尼尤斯在撰写匈牙利历史时，也持此观点。

18世纪，法国东方学家德揆尼在其著作《匈人突厥蒙古人及其他西方鞑靼人的通史》中提出："匈牙利人乃是匈人后裔。匈人就是中国历史上的匈奴人后裔。"英国历史学家吉朋的《罗马帝国衰亡史》采信这一说法，并将其扩展到整个学术界。

19世纪，这一说法经清末外交家洪钧传入中国，并引起了著名学者梁启超、章太炎等人关注，章太炎在《匈奴始迁欧洲考》中认为"匈奴为汉所驱，皆转入欧洲"。章太炎认为："今天的匈牙利人就是我国古时的匈奴后裔。已经考证出匈奴在东汉后期西迁，一支到了乌孙，一支到了大秦（罗马），到大秦的就是现在的匈牙利人。"匈奴和匈人同族论成为中国学术界的主流论断。学者何震亚从语言、历史、风俗习惯等多方面，对匈牙利人和匈奴人进行了比较研究，证明章太炎的推论是正确的。

研究发现，匈牙利人和匈奴人的确在语言、风俗、饮食等方面有相似之处。在语言上，据统计，有八百多个匈语词汇与亚洲北方语族相似。如匈奴人称父亲为阿爸，匈牙利人则称作 Apa；匈奴人称母亲为唉起，匈牙利人则称作 Anga；匈奴称儿子为歌给，匈牙利人则唤作 Gyerk 等。此外，匈牙利人的姓名排列与中国人名相似，这样的排序只在东亚各国和匈牙利存在。

在风俗上，据历史记载，匈奴单于每天早拜太阳、晚祭月亮，而匈牙利皇帝也有祭拜日月的习俗。匈牙利人面向北坐为尊，以左为上，致敬时要脱帽，也和匈奴相同。阿提拉的棺材分为金、银、铁三层，和匈奴单于的下葬方法也一致。

在名字由来上，匈牙利的"匈"是种族名，"牙利"是地名，"匈牙利"的意思实际上是"匈人居住的地方"，而"匈奴"这一称呼是地处中原的汉人最先叫的。在古代，汉人对周围民族一般都采用"蔑称"，例如"夷""狄""戎""蛮""奴"等，"匈奴"很可能就叫作"匈"。

在饮食上，中国人比西方人口味重，很多人出国吃不惯西餐，但这种困扰在匈牙利会减少很多，因其饮食与中国北方颇为相似。

但对匈牙利人是匈奴人后裔这一说法，也有不同意见。英国学者伯利认为，德揆尼和吉朋的说法"是凭借幻想，而不是根据历史事实"。虽然建立匈牙利的马扎尔人是黄色人种，但他们出现时，阿提拉的匈人王朝已经消失了数百年，这中间的历史是一片空白。

中国社科院研究员、历史学家余太山认为，打败西罗马帝国的人在西方史料中叫 Huns，也就是"匈人"，但是不是曾经活动于中国北方的匈奴人则很难说。因为东方匈奴的消亡与欧洲匈人的兴盛，时间上差了好几百年。而且，北匈奴西迁事件，缺少文献记载。

余太山指出，从拜占庭学者关于欧洲"匈人"的记载来看，他们是地地道道的黄种人：矮鼻子、小眼睛、没有胡子。而活跃于中国北方的匈奴却不是黄种人，中国古代文献提到匈奴人时，说他们又高又大、阔脸宽鼻，和汉人完全不同。如中国南北朝"五胡乱华"时期，建立后赵的羯族曾是匈奴一部，冉闵灭后赵时，史载"高鼻多须者"尽被杀。

2001年，考古学家在蒙古国发现了一座迄今为止最大的匈奴墓群，面积超过两千五百平方米，包括一个主墓和三十个陪葬墓。如此大的墓葬，只有匈奴大单于才有资格拥有。学者根据陪葬品及史料记载，推测墓主是复株累单于（王昭君第二任丈夫）或者乌珠留单于。通过对墓主遗骨DNA检测发现，墓主人的父系基因属于雅利安人（古印欧人种的一支）基因。有学者据此认为，活跃于中国北方的匈奴人是白色（印欧）人种，而非黄色（蒙古）人种，所以匈人不是匈奴人后裔。

抽丝剥茧溯本源

《史记·匈奴列传》记载："匈奴，其先祖夏后氏之苗裔也，曰淳维。唐虞以上有山戎、猃狁、荤粥，居于北蛮，随畜牧而转移。"可见，匈奴属于华夏民族的一支，是黄种人。那么，为什么会有匈奴人"高鼻多须"的记载，又怎么解释大墓群的墓主父系是印欧人呢？

其实这很容易理解。匈奴是游牧民族，逐水草而居，活动范围东起东北亚，西至中欧，横亘整个欧亚大陆北方，征服了无数民族。因此匈奴属于北亚黄色人种与印欧白色人种的混血人种，是由多个民族融合而成。匈奴不像满人那样重视血脉纯正，他们鼓励不同种族通婚，如匈奴和汉朝就有很多婚配的例子：张骞出使西域被扣留时，单于就送给其一名匈奴女子为妻，并生子；苏武被扣匈奴时，也曾娶匈奴女为妻，并生子；昭君出塞和亲，育有一子两女等。

所以现代学者普遍认为，匈奴部落联盟中既包括许多高加索白种人，同时也有很多黄种人。总体而言，南匈奴更接近黄种人，北匈奴更接近白种人，不能简单地给他们贴上"印欧人"或"蒙古人"的标签。

考古发现也为匈牙利人是匈奴后裔的观点提供了强有力的证据。1943年，考古工作者在蒙古北部峡谷的一处墓地挖掘出匈奴尸骸九十多具。21世纪初，三名法国学者对这些遗骸进行了DNA测试。结果表明，匈奴父系血统组成主要包括Q、N3和C三个类型。Q型是印欧白种人；N3型是黄种人，在今天芬兰和匈牙利有很大比例；C型是棕种北亚人，在今天蒙古人中高分布。接着，他们又对古匈牙利贵族遗骸进行DNA测试，结果显示古匈牙利贵族都是N3型。这充分证明，匈牙利人源于古代匈奴人中的黄色人种。至于黄种匈奴人是华夏民族的哪一支，还有待讨论。

至于匈奴西迁缺乏历史记载问题，这并不能作为否定匈奴西迁的证据，更不能作为判断匈奴是否西迁的唯一证据。匈奴人在中国消失与匈人在欧洲出现，中间仅相隔一百四十年，而且在地理上蒙古高原与东欧平原连成一体，没有什么屏障能够阻止剽悍的游牧民族西迁。

其实，对于自己民族的由来，没有人比匈牙利人更关心，也没有人比匈牙利人研究得更深入。19世纪前，匈牙利人都坚信自己是匈奴人后裔，并以此为荣。匈人首领阿拉提就曾炫耀自己是匈奴人的后裔。

19世纪，匈牙利诗人裴多菲在一首诗中曾这样写道："我们那遥远的祖先，你们是怎么从亚洲走过漫长的道路，来到多瑙河边建立起国家的！"很多匈牙利学者也都认为自己的国家与匈奴后裔有着密切的关系，著名的匈牙利学者克勒什·乔莫·山多尔还特地前往中国寻根。

近代以来，特别是19世纪末到20世纪初，经过德皇威廉二世的鼓吹，"黄祸论"兴起，"匈奴人"在欧洲人心目中逐渐变成"邪恶"和"黄祸"的代名词。加上德国和奥匈帝国是"一战"盟友，这对匈牙利人的传统认知造成了负面影响。

但融进一个民族血液里的东西是难以改变的。2004年，两千五百名匈牙利人要求政府承认他们是匈奴族。2012年，匈牙利总理欧尔班说："毫无疑问，匈牙利民族来自东方，我们的祖先来自亚洲。欧洲人认为我们是匈奴人的后代，虽然没有明确的史料证明，但我们相信这是真的。"

十二、匈牙利人是匈奴人的后裔吗

【延伸阅读】

催命判官

汉武帝时期,国力强盛,头号劲敌匈奴被赶往漠北一带。汉宣帝时,匈奴五单于争立,实力不济的呼韩邪单于主动提出入关朝拜。公元前49年,汉宣帝隆重接见了呼韩邪一行。不料呼韩邪刚走,汉宣帝就病倒了,公元前48年病逝,年仅四十二岁。

之后,刘奭即位,是为汉元帝。公元前33年,呼韩邪再次朝拜汉王朝,并请求和亲。这次呼韩邪不仅带走了丰厚的财物,还"带走"两个人:一个是四大美女之一的王昭君,另一个就是汉元帝。几个月后,汉元帝驾崩,年仅四十一岁。

一晃三十多年过去,到了汉哀帝年间。汉哀帝是汉元帝的孙子。公元前2年,呼韩邪的儿子乌珠留请求觐见汉哀帝。

有人谏言,汉宣帝和汉元帝驾崩,就是因为匈奴人以觐见的名义暗中使用了邪术诅咒,陛下最好别见。本就有病的汉哀帝深以为然。不料著名大儒扬雄上书说:"匈奴归附是自古少有的大事喜事,若不接见有损大国威仪,且激化汉匈矛盾,国将无安宁之日。"汉哀帝便准许单于入朝。公元前1年,匈奴单于如约而至,而几个月后,汉哀帝竟像配合演出一样,驾崩了,时年二十五岁。

十三、敦煌莫高窟之谜

【题记】敦煌位于中国西北腹地,是茫茫沙海中的一片绿洲。汉武帝收河西、张骞通西域后,敦煌成为璀璨的丝路明珠和东西方文明的交汇点,开启了千年的繁荣,在唐朝达到鼎盛。"安史之乱"后,丝路阻塞,敦煌走向凋零。1900年,莫高窟藏经洞被发现,敦煌再次汇聚了世界的目光。敦煌和莫高窟经历了怎样的沧桑巨变?莫高窟藏经洞里究竟藏着什么稀世珍宝和待解的秘密?藏经洞无价之宝的流失有多少令人不堪回首而又啼笑皆非的故事?

汉武挥鞭驱匈奴

敦煌位于河西走廊的最西端,再往西,就是茫茫戈壁和浩瀚的塔克拉玛干沙漠。历史上,敦煌以西直到中亚的广阔地域被统称为西域。

河西走廊是连接中原和西域的唯一通道。汉武帝时,河西走廊为匈奴占据,成为袭扰中原的根据地。而西域诸国臣服于匈奴,成为其战略大后方。欲驱逐匈奴,必夺取河西走廊,控制西域。

公元前121年,十九岁的霍去病被汉武帝封为骠骑将军,率领一万精兵出击匈奴。他以闪电般的速度在千里大漠往来奔袭,以摧枯拉朽之势,在六天内摧毁匈奴五个部落,歼敌一万,俘虏不计其数,而且缴获了匈奴人的祭天金人,从此匈奴谈汉色变。同年夏天,霍去病再度出击,跨过千里戈壁,直捣匈奴老巢。单于仓皇西逃,霍去病越过焉支山,一直追了一千多里,直到河西走廊最西端才勒住缰绳。此役擒获单于的妻子、王子以及官员等一百多人,匈奴浑邪王率四万余众归汉。从此,水草丰美的河西地区被纳入汉帝国版图,曾经不可一世的匈奴被迫遁入寒冷的漠北。

汉武帝为了奖励霍去病,专门在长安为他修建了一座豪华府第,霍去病却拒绝了,说出了一句令后世无数报国男儿热血沸腾的名言:"匈奴未灭,何以家为?"

河西大捷十年后,汉武帝在霍去病当年驻马之处置郡,并赋予它一个盛大辉煌的名字:敦煌。为拱卫敦煌这个通往西域的门户,在其西南、西北方向又分别设置了阳关、玉门关。"劝君更尽一杯酒,西出阳关无故人""羌笛何须怨杨柳,春风不度玉门关",指的就是这两个地方。

河西走廊从此被汉王朝牢牢控制,这对东西方交流具有划时代意义。随着丝绸之路开通,中国与西方第一次建立起直接联系。从此,敦煌开始步入辉煌。

白马驮经入东土

敦煌置郡六十多年后的一天,罗马共和国终身独裁官凯撒身着华丽长袍出现在新落成的剧院里,全场的注意力顿时被他身上光彩夺目的丝绸所吸引。来自遥远东方的丝绸,一夜之间俘虏了所有罗马贵族。贵族们的狂热,让丝绸的价格一路飙升,在当时的罗马,十二两黄金才能购得九两丝绸。

除丝绸外,中国的茶叶和瓷器,也成为域外各国最时尚的奢侈品。商人们渡海洋,跨草原,越雪山,穿沙漠,往来穿梭,络绎不绝,他们的足迹,被称为丝绸之路。条条丝路,最终都汇聚在敦煌这一"咽喉锁钥"之地。到了东汉,敦煌已成为"华戎所交"的大都会,而且是统辖西域的军政中心。

西方向往东方的财富,东方则仰慕西方的神话。64年的一天,东汉明帝夜宿南宫，梦见一个身高六丈、头顶放光的金人自西方而来，在宫殿间飞旋。次日早朝，汉明帝将此梦告诉大臣，令他们解梦。太史傅毅奏道："西方有神，称为佛，就像您梦到的那样。"汉明帝听罢大喜，立即派遣中郎将蔡愔等十八人出使西域寻佛。三年后，蔡愔在大月氏遇到了高僧迦叶摩腾和竺法兰，便邀请他们赴东土传法。二人欣然应邀，以白马驮着佛像和经卷，抵达洛阳。这一年，被认为是佛教传入中原之年。汉明帝为两位高僧在洛阳修建了佛寺，为纪念白马驮经，将该寺命名为白马寺，这是我国第一座佛寺。二僧合译的《四十二章经》，成为我国第一部汉译佛经。

二僧中的竺法兰，颇为神奇，至洛阳不久便会说汉语。据《搜神记》记载，公元前119年，汉武帝挖昆明池时，池底发现了黑墨，不知何物，便召问东方朔，东方朔说："我亦不知，可问西域来人。"近二百年过去了，西汉更迭为东汉，西域高僧终于翩翩而来，犹记此事的大臣询问其事，竺法兰说："世界终尽，劫火洞烧，此灰就是见证。"因为有奇人东方朔预言在前，时人均对竺法兰的说法深信不疑，因而信佛的人越来越多。

到五胡十六国时，由于中原战乱不息，下至朝不保夕的普通百姓，上至杀人如麻的乱世枭雄，都需要寻找心灵安慰，于是佛教蔚然成风。

连绵不断的战火，使大批中原汉人逃入河西走廊。河西成了世外桃源，迎来一个繁盛的时代。河西的凉州（今甘肃武威），北魏时与邺城并称两大经济中心。而作为西域东进中原第一站的敦煌，迅速成为河西的佛教中心。

366年的一天傍晚，一位名叫乐僔的云游僧人来到敦煌东南不远处的三危山下，忽然看见山崖上光芒四射，如现万佛，刹那间受到感召，便在崖下的岩壁上凿出一个洞窟，定居修行。这个洞窟，就是莫高窟的第一窟。此后，法良禅师等又继续在此建洞修禅。这些洞窟，被称为"漠高窟"，意为"沙漠高处的佛窟"。后世因"漠"与"莫"通用，便改称为"莫高窟"。还有一种说法是，佛家有言，修建佛窟功德无量，因此"莫高窟"的意思是：积德莫高于开凿佛窟。这更像一条公益推广。但不管怎样，自乐僔开先河，开窟之风渐盛，王公权贵乃至世俗大户都趋之若鹜。此风始于前秦，兴于北魏，盛于唐朝，终于元朝，共开凿洞窟七百三十五个，内有彩色佛像两千多尊，俗称

"千佛洞"。

河西的繁荣在武则天时期达到极盛，凉州、洛阳、扬州并称唐朝的三大经济中心。敦煌作为中原通往西域的门户、中西文化的交汇点，成为繁华一时的贸易中心。来往商人为祈求生意兴隆、旅途平安，需要搞些隆重的祈祷捐纳仪式，开窟之风大盛，现存石窟中约有一半是这一时期开凿的。

千年繁华入一窟

所有的繁华随着"安史之乱"戛然而止。镇守陇右和安西的军队回援关中，河西走廊空虚，吐蕃乘虚而入，切断了敦煌与中原的联系。衰落的大唐无力营救孤悬大漠之中的敦煌，守军坚持了二十多年，被迫投降。这些被大唐遗弃的子民虽然被迫穿上胡服，但每到祭祀祖先时，都要"衣中国之服"，向东而拜，号啕大哭一场，再把汉服脱下，偷偷藏起来。"朝廷尚念之乎？兵何日来？"敦煌百姓无一日不翘首等待。这一等，就是半个多世纪。

绵绵不绝的思念最终在敦煌陷落六十年后掀起巨浪。848年，由敦煌义士张议潮率领的一支起义军高举"回归大唐"的旗帜，赶走了吐蕃人，随后又以敦煌为大本营，一步步收复河西走廊。他们自称"归义军"，并派出十路信使，将敦煌光复的喜讯告知朝廷。张议潮还委托兄长亲赴长安，将河陇十一州地图进献唐宣宗，请求归唐。

然而，从巅峰跌落的唐王朝再也无力恢复昔日的荣光，河西走廊虽然名义上重新归属大唐，但唐王朝无力为河西提供实际支撑，河西军民只能靠自己的力量在恶劣环境中求生，顽强坚持了近二百年。尽管世易时移，王朝更替，他们始终东奉中原，忠心不改。

敦煌，这座因东西方贸易而兴起的节点城市，丝路通则繁荣，丝路阻则衰败。吐蕃兴起时，丝路已经不畅，西夏崛起后，丝路则几乎断绝。同时因气候变化，西域衰败，原来经过该地的商贸在两宋时很多转道海上丝绸之路和南方丝绸之路；而广大无边的蒙古帝国建立后，北方又兴起了草原丝绸之路，传统丝路彻底走向消亡，敦煌的"盛大辉煌"成为回忆。宋以后，敦煌一直被称为沙洲——沙漠中的绿洲，既贴切又悲凉。到了幅员"远迈汉唐"的大明王朝时，西域对中原已经没有多少实际价值，反而成为沉重的经济负担。于是嘉靖主动将国界东移三百公里至嘉峪关，敦煌被彻底废弃了。这片被沙漠包围的小小绿洲，成为边塞游牧之地。

也许预感到终有一天敦煌也会消失在浩瀚的沙海，敦煌人在繁荣时代就醉心于用绘画记载佛教故事和生活场景。每一个佛窟的开凿，都要请民间画师绘上精美的壁画，以表达对佛祖的虔诚。后世重新装饰佛窟，常常绘新画覆盖旧画，一代代下来，有的洞窟壁画有数层之多。绘画是全世界都懂的语言，敦煌"华戎之交、世界都会"的独特优势，使莫高窟成为美术的殿堂和宝库，世界各地不同风格流派的画师们，都在这里留下了不朽的作品。这些精心绘制的壁画，随着丝路断绝、敦煌被弃，被尘封在一个个石窟深处。

寂寞萧条阳关北，黄沙白草任风吹。敦煌的繁华随着历史的烽烟消失在茫茫大漠深处，只有一排排洞窟和无言的雕像见证着历史的荣衰。

云游道士守佛窟

1897年，一个名叫王圆箓的道士云游到莫高窟。此时的莫高窟荒凉破败，底层被黄沙掩埋，上层的栈道也毁于战火，只有几个毫无生气的穷和尚栖身于此。王道士便挑了个洞窟住下来，每日清理积沙，供奉香火，收受布施，与那几个和尚井水不犯河水。他省吃俭用，四处募捐，香火逐渐旺盛起来。时间一长，他竟成了莫高窟的管理者。

为了清理洞窟积沙，王道士雇了一个叫杨果的伙计。1900年夏，杨果在第16洞窟忙碌一番后小憩，抽了一袋烟，在甬道墙壁上磕烟锅时，觉得墙是空的，用一根草棍插进墙上的缝隙，探不到底，便疑有密室，立即报告王道士。当天深夜，王道士和伙计铲去墙上的壁画和泥皮，发现了一个封住的门，把门凿开，发现了一个几米见方的侧洞。王道士钻进洞内，被里面的景象惊呆了：只见洞内整整齐齐堆满了白布包着的包裹和各种文物！他打开包裹，里面都是经卷、历代印本和画卷。这就是震惊世界的敦煌莫高窟藏经洞！洞中所藏经卷、字画、文书以及刺绣等足有五万卷之多，其记载的内容从晋至宋，跨越八百年之久，堪称稀世珍宝。

王道士感觉事关重大，便找当地乡绅商量。大家认为这是祖先传下来的珍贵之物，应当好好保存。王道士决定找官府帮助，于是取了两卷经文，徒步五十里，赶往敦煌县城求见县令严泽，希望官府能够重视。可惜严老爷不学无术，认为这些佛经毫无价值，王道士失望而归。

1902年，敦煌来了一位新知县汪宗翰。汪知县是位进士，对金石学很有研究。王道士打听到汪知县是他湖北老乡，便立即动身，向汪知县报告了藏经洞的情况。汪知县当即带人到莫高窟察看，拣了几卷经文带走，指示王道士看好藏经洞。回到县衙后，汪宗翰给甘肃省学政叶昌炽写信，报告此事。叶昌炽接到报告后，向汪宗翰要了部分经卷，看过之后认为十分重要，就给甘肃藩台写信，要求拨专项经费，加以保护。

王道士左等右等没有结果，决定继续"上访"。他从藏经洞中挑拣了两箱经卷，赶着毛驴奔赴肃州（今甘肃酒泉）找道台廷栋。他风餐露宿，踽踽独行，穿越沙漠和戈壁，冒着狼吃匪抢的危险，行程八百多里，才到达肃州。廷大人接见了他，翻了翻经卷，不屑地说："字还没我写得好！"就随手丢到一边。但念及王道士一路辛苦，也给甘肃藩台写了封信，汇报了情况，建议拨出经费，把藏经洞的经卷运到省城兰州保管。

甘肃藩台先后收到学政和道台的公函，不好不管。但敦煌距兰州两千多里，他一算，把敦煌经卷运到兰州要花五千两银子，便犯了难，拖了一年多才给敦煌县令汪宗翰下令：检点经卷，就地保存。这和汪知县给王道士的指示完全一样。王道士没办法，就斗胆给慈禧太后写信求助。然而，风雨飘摇的大清皇室，哪顾得上这等"小事"。王道士的企盼如泥牛入海，杳无音信。虽然迟迟得不到朝廷的回复，王道士却也尽职尽责，将经卷基本保管得好好的。

清政府对这些稀世珍宝不上心，列强中上心的人可多的是。最先闻讯而来的，是英国人斯坦因。

中华奇珍遭劫数

斯坦因原为匈牙利犹太人,后加入英国籍,他对中亚和新疆地区颇有兴趣。

1906年,斯坦因得到英国政府资助,到新疆考察。他偶然得知敦煌发现藏经洞的消息,便立即前往。1907年3月,斯坦因来到莫高窟,碰巧王道士外出化缘未归。他便返回敦煌县城,雇了一批工人,考察并盗掘了敦煌西北的长城烽燧遗址,获得大量汉代简牍。

5月,斯坦因返回莫高窟。此时,王道士也已化缘归来。王道士对这个外国人戒心很强,拒绝了他参观藏经洞的要求。斯坦因不死心,在接触中发现王道士对宗教很虔诚,就和翻译蒋孝琬编了个故事,说自己是玄奘的忠实信徒,此次是追寻着玄奘的足迹,从印度横越峻岭荒漠,历经千难万险才来到敦煌的;还对王道士一番恭维,说十分敬佩他的虔诚,表示愿意资助他修建道观。这番话打动了王道士。官府的不作为,修道观的理想,化缘的辛苦,金钱的诱惑,终于冲破了王道士的思想防线。他收了斯坦因二百两银子,让斯坦因带走了精心挑选的二十四箱写本和五箱艺术品。对这笔交易,斯坦因在其1921年出版的《西域:中亚和中国西部考古报告》里写道:"当我今天回过头来检视我用四锭马蹄银换来的无价之宝时,这笔交易简直有点不可思议。"10月,斯坦因派蒋师爷又秘密去了一次莫高窟,从王道士手中得到二百三十捆文书。

尝到了甜头,王道士私卖莫高窟文物的行为一发不可收。1908年7月,闻讯而来的法国汉学家伯希和到达敦煌。他漂亮的中国话迷住了王道士。8月,伯希和进入藏经洞,"惊得呆若木鸡"。他用整整三个星期,以每天一千卷的速度,翻看了所有经卷和绘画,最后以五百两白银买走了六千六百卷精心挑选的经卷和二百多幅唐代绘画,运回法国。

1909年,日本人大谷光瑞组织探险队,到敦煌掠取了大量经卷,仅大谷大学就收藏七千多件。

同年，伯希和在北京向一些中国学者出示了几本敦煌珍本，立即引起关注。他们向清朝学部上书，要求当地政府马上清点藏经洞文献，运送进京。经过多番努力，第二年，清政府终于同意拨款六千两白银，责成甘肃布政使何彦升将藏经洞剩余经卷运往北京。而此时，距王道士发现藏经洞，已经过去了十年！五万多卷经卷只剩下一万余卷了。

敦煌县令派人来到莫高窟，把这些经卷装上大车，用席子一盖，运往县衙。县令见宝起意，将一部分经卷窃为己有。此后每到一处，便被地方官偷去一些，到了北京，只剩下八千多卷了，全部入藏京师图书馆。但悲剧并未到此结束，负责保管这些经卷的学部官员，也加入了偷窃的行列，更加恶劣的是，偷窃之后为了凑数，他们把很多完整的经卷一裁数段，简直暴殄天物。

王道士并没有把藏经洞所有的珍宝交给官府，他知道这些东西值钱，早就偷偷把大量经卷秘藏各处。1911年10月，日本人吉川小一郎和桔瑞超又从王道士手中买走写经四百多卷，精美唐代彩塑两尊。1914年，斯坦因花了五百两银子又从王道士手中买走六百多卷经卷。这样，斯坦因共买走敦煌经卷和其他文物一万一千多件，是获得藏经洞珍宝最多的人。这些珍宝大多收藏在大英博物馆，而斯坦因也被公认为国际敦煌学的鼻祖。这是英国人的骄傲，却是中国人的悲哀。

1914年至1915年，俄国人鄂登堡买得写经三千件以上，另有丝织艺术精品一百五十余方，壁画五百余幅。

最终，藏经洞里的中华无价之宝散失到全世界十三个国家、几十个机构、无数人手中。

不可思议的是，当时西方人来到中国带走文物的时候，都持有中国官方开具的许可证，并且一路受到官兵的保护。最让人啼笑皆非的，自然非王道士莫属，他没有将赃款用于挥霍，而是全部用在了自己的梦想上：修建莫高窟道观。

除了藏经洞文物遭到瓜分，敦煌壁画和塑像也遭受了巨大损失和破坏，所有唐宋时期的壁画均已被盗。王道士为打通部分洞窟，毁坏了不少壁画。1922年，莫高窟曾关押了数百名沙俄士兵，他们在洞窟中烟熏火燎，破坏不小。1923年，伯希和与哈佛大学的兰登·华尔纳用特制胶布粘取了大批珍贵壁画，对有些壁画甚至只揭取其中一个局部，对这些壁画造成了严重的损害。

1935年秋的一天，留学巴黎的青年画家常书鸿在一个旧书摊上偶然看到伯希和编辑的画册《敦煌图录》，方知在祖国还有这样一座艺术宝库存在！他毅然放弃了优越的生活回到祖国，经多方努力，成立了"敦煌艺术研究所"，并担任首任所长。1943年，常书鸿抵达敦煌莫高窟，从此再未离开一步。五十年中，他经历妻离子散、家破人亡的种种不幸，无怨无悔，把全部心血都倾注于保护和研究敦煌文化上。他也因此被誉为莫高窟的"守护神"和中国的"人间国宝"。

1962年，受常书鸿精神的感召，上海长大的北京姑娘樊锦诗从北大毕业后来到莫高窟，从此守着茫茫大漠万里黄沙，为莫高窟奉献了所有青春年华，为保护和发掘敦煌文化做出了不可磨灭的贡献，被誉为"敦煌女儿"。

经过几代人的薪火相传，敦煌莫高窟这一文化宝库重新焕发出迷人的光彩。1982年，大型历史歌舞剧《丝路花雨》上演，在世界引起巨大轰动。千年璀璨文明再现，仿佛重回繁盛汉唐，令人恍若隔世。

千古之谜待解出

藏经洞究竟封闭于何时？因何而封？那些珍贵的经卷文物又是何人所藏？这些问题构成了"藏经洞之谜"，吸引着每一个来到莫高窟的人。

首先试图解开这个谜的是伯希和。他认为，敦煌经卷包含各种文字，唯独没有西夏文，据此推断，藏经洞应是敦煌被西夏人占领之前封闭的，时间是1036年以前。很多中国学者赞成这一观点。但这个观点有明显疑点，首先，西夏文是李元昊1036年发明的，而一种文字的发明到广泛应用有个过程，绝非一朝一夕之间。而且敦煌的人口主要是汉人，党项人的西夏文不易流行。从已经发现的碑文看，敦煌降夏三十年之后，西夏文还没有流行。再说，西夏是信奉佛教的民族，莫高窟没有理由听说西夏人要打过来就吓得埋藏佛家经典。因此，藏经洞封闭于1036年的说法，难以成立。

有学者遍查敦煌经卷载明的时间,发现最晚是 1002 年,便推断藏经洞应该封闭于此后不久。1006 年,西北地区发生了一件大事,就是信奉伊斯兰教的黑汗王朝灭了于阗国,并大肆灭佛。部分于阗人逃到敦煌,带来了黑汗王朝要进攻敦煌的消息,引起了莫高窟僧人的恐慌,他们把佛家经典封存起来,砌上墙,绘上壁画,然后再也没有打开。

但有学者在敦煌经卷中发现了一张养生方子,方子里记载了一味中药:山药。山药原来叫薯蓣,唐朝时为了避唐代宗李豫的讳,改称薯药。到北宋时,为了避宋英宗赵曙的讳,又改称山药。这说明,藏经洞的封闭时间应在宋英宗即位之后,即 1063 年之后。这足以否定藏经洞封闭于 1002 年或 1036 年之前的说法。

于是又有学者提出,莫高窟最有可能封闭的时间,应是北宋绍圣年间。当时黑汗王朝准备攻打西夏,而敦煌首当其冲。莫高窟的僧人们恐惧万分,便将经卷、佛像、文书等重要资料封闭于石窟之中,以避战火。

以上各种说法统称避难说。但有学者指出,避难说有一个重大漏洞,就是藏经洞内没有《大藏经》和其他珍贵经卷,大多是残卷断篇,夹有不少疑伪经,甚至还有不少错抄的废卷、涂鸦杂写、作废的文书与过时的契约等。而早在 1014 年左右,割据敦煌的曹氏政权曾向大宋朝廷进献马匹、玛瑙等物,同时请求朝廷赏赐一批茶叶和药品,并颁赐一部金字《大藏经》。朝廷答应了曹家的请求,赐其金字《大藏经》一部和锦帙包裹、金字题头的《大般若经》一部。如果是避难,这些珍贵的经典应该藏于洞中。这些学者提出,藏经洞实为废旧物品堆放室。

但是这种说法也有问题:既然是废旧物品堆放室,为什么最初发现藏经洞的时候,这些"废旧"经典都用白布包裹得严严实实、整整齐齐码放在一起呢?这显然无法解释。

后来有学者提出收藏说。持这种说法的学者认为,1000 年左右,折页式的经卷从中原传到敦煌,因阅读、携带方便,受到僧侣们的青睐。于是他们将旧式卷轴式佛经以及许多杂物一并置于石室收藏起来,并将石窟永久封闭并绘上壁画。这一说法能解释前面提出的诸多问题,被认为是最合理的一种假说。

但真相是否如此，就只能交给时间解答了。

【延伸阅读】

敦煌壁画故事

敦煌壁画是世界艺术瑰宝，内容极为丰富，从多方面反映了古代社会生活，是极其珍贵的形象史料，因而被国际学术界誉为"墙上的图书馆"，在篇幅浩繁的壁画中，以佛教故事尤为引人入胜。

月光王施头。月光王乐善好施，驰誉各国。有一小国国王心生妒忌，想要加害月光王，便以重赏招募婆罗门，许诺只要能得到月光王之头，便"分国半治，以女妻之"。有一个叫劳度叉的婆罗门应募，向月光王乞头，月光王答应了。劳度叉持刀要砍，被树神用神力阻止。月光王便向树神说："我于此树下曾经把自己的头砍去了九百九十九次，施此一次，即满千数。"于是引颈施头。

须达那太子乐施。叶波国太子须达那乐善好施，有求必应。敌国仇家收买婆罗门八人，向他乞讨国中百战百胜的六牙白象，须达那慷慨施与。大臣入宫禀报国王，国王震怒，将须达那驱逐出国。须达那携妻儿坐车出走，一路上遇人乞讨，将马、车、衣物施尽。他们历经千辛万苦，到遥远的檀特山中隐居。后来又有一个婆罗门来要他的两个儿子，须达那趁妻子不在，用绳索将儿子捆绑起来交给婆罗门，妻子归来痛不欲生。后来婆罗门将孩子带到叶波国出卖，被国王知道，将孙儿赎回，并迎太子回国。

善事太子入海求珠。国王有二子，一个叫善事，一个叫恶事。善事见民众为衣食而杀生害命，便以王宫财物布施穷人。国库将空，他决定入海求宝珠。恶事与他同行。善事取到宝珠后，恶事夺走宝珠，刺瞎善事双眼。善事得牛王和牧人相救，伤愈后流落异国，沿街弹琴乞食为生，后被梨师跋国王用作守园人。国王女儿在园中遇见善事，心生爱慕，遂结为夫妇。善事最终双目复明，还归故国。

十四、《兰亭集序》下落之谜

【题记】 书圣王羲之的《兰亭集序》是公认的"中国行书第一帖","贵越群品,古今莫二"。它是无意中造出的神品,问世以后却神秘消失,二百年里无声无息;它突然现身乱世,与王羲之后人相遇,上演了得而复失、失而复得的传奇;它历经曲折,十几度易手,最终为唐太宗所得;它受到前所未有的推崇,却无法避免陪葬的命运。昭陵被盗,《兰亭集序》下落不明。一千多年过去了,《兰亭集序》是否还存于世间?

兰亭妙笔如有神

王羲之出身东晋顶级豪门——琅琊王氏。王氏家族素有"华夏首望"之称,"旧时王谢堂前燕,飞入寻常百姓家"中的"王",指的就是琅琊王氏。东晋初年,王氏一族达到极盛,王敦任大将军,其堂弟王导任宰相,朝中官员逾六成来自王氏家族,世称"王与马,共天下"。

王羲之是王敦和王导的侄子,从小好学,七岁就擅长书法。他十二岁时,晋愍帝到北郊祭祀,让他把祝词写在木板上,再派工匠雕刻。工匠把木板剔了一层又一层,发现墨迹透入木板有三分之深,不禁惊叹道:"王羲之的笔力,竟然入木三分啊!"

几年后，王羲之已长成玉树临风的青年，才情冠绝群伦，行为放旷不羁。太尉郗鉴有个女儿，年方二八，才貌双全，尚未婚配。郗鉴听说王氏子弟个个相貌英俊，才华过人，便向王导提出结亲。王导当即同意："我家子弟多，您到家里来挑吧，挑中谁都行。"郗鉴大喜，第二天命心腹管家带着礼物来到王家。管家逐一见过王府子弟后，回禀郗鉴："王府年轻公子二十余人，个个都不错，听说您选婿，都很矜持庄重，唯独东床上有位公子，露着肚皮若无其事。"郗鉴说："我要选的就是这样的人！走，快领我去看。"郗鉴来到王府，见此人既放达又文雅，才貌出众，当场择为快婿。此人就是王羲之。"东床快婿"的典故，即来源于此。

王羲之出身豪门，又是太尉的乘龙快婿，仕途自然坦荡无比，二十二岁就做了秘书郎，后历任参军、长史、宁远将军、江州刺史等职，人品、官品备受当世推崇。但王羲之对权力没有多少热情，朝中公卿多次举荐他为侍中（相当于宰相）、吏部尚书，他都推辞不受，在朋友劝说下才勉强担任了护军将军，后任右军将军、会稽内史，所以后世都称之"王右军"。王羲之终身追求自由放旷的生活，到风景秀美的会稽任职后，终于得偿所愿，开启了人生中最惬意的一段时光。

353年4月22日，天朗气清，惠风和畅。王羲之邀集孙绰、谢安、支道林等豪门望族、名人雅士四十余人，在会稽山阴的兰亭溪畔，举行了一场隆重的诗酒会。与会者列坐在一段"之"字形的溪水边，将酒觞放在水上，任其漂流，停在谁的前面，谁就当场作诗，作不出来罚酒三杯，这就是"曲水流觞"的故事。兰亭会是继五十七年前石崇在金谷园别墅召集"金谷诗会"之后，晋代文人雅士的第二次大型聚会，为一时之盛事。聚会结束后，得诗三十七首，有人提议，将诗成集，由王羲之作序。王羲之欣然同意，乘着几分醉意，提起鼠须笔，在蚕茧纸上笔走龙蛇，片刻之间，便写出了《兰亭集序》。该序记述了聚会的欢乐情景，描写了兰亭山水之美，抒发了人生苦短的感慨，是中国文学史上的名篇。

然而，真正令《兰亭集序》名传千古的，是王羲之的书法。《兰亭集序》全篇三百余字，字字精妙绝伦，其中的二十个"之"字，神态各异，无一雷同。如果说王羲之展示"之"字的二十种写法是故意炫耀其神鬼莫测的笔法，那么他大胆采用"行书"这一标新立异的写法，更是对书法艺术的重大革命，在当时堪称惊世骇俗！《兰亭集序》是王羲之行书的巅峰之作，后人评价"如清风出袖，明月入怀"，"雄秀之气，出于天然，古今以为师法"。历代书法家都推《兰亭集序》为"天下第一行书"，视之为绝世奇珍，千古名作。

不过美中不足的是，这是一份草稿，有几处涂改，还有几个错别字，字面略显凌乱。据说王羲之第二天醒来后，反复誊写了上百遍，都没有草稿好，不由感叹道："昨日是有神助啊！"因此，《兰亭集序》又被称为"神品"。

乱世古墓暂藏身

《兰亭集序》问世两年后，王羲之辞官，彻底放飞自我。几年间泛舟沧海，遍登名山，尽情游玩，他开心地说："我将游乐而死。"然而由于长期服食自制丹药，他的健康受到严重损害。辞官后第六年，两个可爱的孙女又先后不幸夭折，更使他遭受了巨大的精神创伤，不久他就去世了，享年五十九岁。

王羲之死后留下的大量书帖，成为人们争相收藏的书法珍品。但这些书帖却命运多舛，在他死后不到二百年里，就遭遇了两次人为大毁灭。

东晋末期，桓玄操纵朝政，权倾一时。桓玄擅长书法，对名家字画具有强烈的占有欲，只要见到名家藏品，就不择手段据为己有。对王羲之的书法作品，桓玄更是爱不释手，大量收藏。403年，桓玄篡位，把晋朝皇室收藏的书画全部收入囊中。但桓玄很快失败，仓皇逃命之际，把所收藏的王羲之真迹一万五千帖悉数投进长江！这是王羲之书法的第一次大毁灭。

梁武帝萧衍酷爱王羲之书法，在位四十七年间不遗余力搜集王羲之字帖，连同王献之的，共得到七百六十卷。554年，梁朝灭亡前夕，梁元帝丧心病狂地把十四万卷珍稀图书连同二王真迹堆在一起，付之一炬；还将收藏的吴越宝剑，都在石柱上砍毁，他一边砍一边狂叫："既然我落到了这个地步，就让文武之道统统完蛋吧！"这是王羲之书法的第二次大毁灭。

幸运的是，《兰亭集序》躲过了这两次浩劫。至于原因，流行的说法是王羲之对《兰亭集序》十分珍爱，把它收藏起来，世人不得见，并让子孙代代相传，最后传到七世孙王法极手上，但此说疑问颇多。于是有人提出另一个说法：王羲之死后二百年间，《兰亭集序》一直作为殉葬品，和一个名叫郗昙的人长眠地下。

郗昙是何许人也？他是王羲之的小舅子、太尉郗鉴之子，当年兰亭会的参与者之一，目睹王羲之写下《兰亭集序》。郗昙与姐夫关系密切，而且是他的粉丝，收藏了大量王羲之书法真迹。据推测，《兰亭集序》很可能被他讨了去。360年，王羲之亲自修书，请求郗昙把女儿嫁给自己的小儿子王献之，以了却最后一桩心愿。郗昙爽快答应了，两家当年即办了喜事。一年后，郗昙去世，《兰亭集序》成了他的陪葬品，从此在世间消失，也因此幸运地躲过了那两次乱世大劫。

那么，《兰亭集序》又是如何重见天日的呢？

重见天日遇后人

560年，陈朝北征的军队路过丹徒，盗掘了郗昙的陵墓，《兰亭集序》连同墓中陪葬的大量王羲之真迹落入这些军人之手。但盗墓者很快遭到查处，查没的王羲之真迹全部收入陈文帝的内府，《兰亭集序》首进帝王家。

陈文帝的次子陈伯茂当时年仅八岁，被封为始兴王。他聪敏好学，深得陈文帝喜爱。陈伯茂特别喜欢书法，于是陈文帝就把郗昙墓出土的王羲之书帖赐给他。陈伯茂的书法进步很快，特别是草书，颇具王书神韵。

561年，陈伯茂出任东扬州刺史。他素闻永欣寺的智永禅师书法精湛，被誉为"草书天下第一"，便带着王羲之书法珍品和自己的临摹之作前往求教，一来二去，如同忘年之交。陈伯茂每次拜访智永都要带来新的王羲之真迹，智永每次见到王羲之真迹都会露出异样的表情。陈伯茂一走，他便开始没日没夜地揣摩，废寝忘食，沉醉其中，不能自拔。陈伯茂只知道智永是书法高人，哪里知道他还是王羲之第七世孙，原名王法极！

智永与陈伯茂相处数年，一直没有暴露自己的身世。陈伯茂最后一次来到永欣寺，给智永带来了《兰亭集序》。和以往一样，陈伯茂走时，留下《兰亭集序》让智永揣摩。陈伯茂这次回去不久，陈朝发生政变，他被叔叔陈顼害死。陈顼后来当了皇帝，就是陈宣帝。几年后，智永也许是怕受牵连，主动把《兰亭集序》献给了陈宣帝。

《兰亭集序》得而复失，智永食不甘味，夜不能寐。他千方百计想接触皇室，以寻机再次见到祖先真迹。但陈宣帝时，佛教地位已大不如前，且皇帝皇子也没有喜欢书法的，智永很少有机会接近皇室。

岁月如梭。二十年后，智永终于等来了机会。589年，杨广灭陈，《兰亭集序》落入其手。杨广很喜欢书法，也很尊崇佛教，与智永、智果师徒颇有交往。他曾对智永说："大师书法得到了王羲之的肉，而您的徒弟智果得到了王羲之的骨。"由于喜欢智果的书法，杨广胁迫他做了"御用书法家"。

有趣的是杨广目不识珠，欣赏不了《兰亭集序》，给了智永师徒可乘之机。智果从小在永欣寺出家，跟随智永数十年，深知师傅夙愿。于是，他找了个机会向杨广提出，想借《兰亭集序》进行拓印，以便学习提高。杨广想都没想就答应了。智果将《兰亭集序》拓印之后，真迹交给了师傅。

祖先真迹终于再次回到自己手里，已经耄耋之年的智永又激动又担心，相当长的一段时间里惴惴不安，生怕杨广随时会把《兰亭集序》要回去。而杨广大概忘了这件事，直到死也没有向智果提及。

616年，杨广携带大批珍宝逃往扬州，其中包括很多王羲之真迹。没想到船在江中沉没，王羲之真迹再次遭到灭顶之灾，所余无几。这是王羲之书法真迹的第三次劫难。

杨广被宇文化及勒死后，幸存的王羲之真迹都归宇文化及所有。后来宇文化及为窦建德所破，这些真迹就遗失殆尽了。这是王羲之真迹的第四次劫难。《兰亭集序》幸亏已入佛门，再次躲过一劫。

智永虽然用计拿回了《兰亭集序》，但还是百密一疏。师徒俩假戏真做拓印的摹本流入民间，为《兰亭集序》再次易手埋下了隐患。

608年，智永去世，享年九十九岁，《兰亭集序》陪伴他度过了人生最后的二十年。因早年遁入空门，没有子嗣，而智果已死，智永将《兰亭集序》传给了弟子辨才。辨才对《兰亭集序》非常珍视，专门在房梁上掏了一个暗龛收藏，有空就拿出来临摹，临摹完就放回去。如此过了三十年，一直到唐朝贞观十年，风平浪静，岁月静好。

但让辨才无论如何也想不到的是，一个在二十年前就发现《兰亭集序》摹本、一直念兹在兹、苦苦追寻《兰亭集序》踪迹的大人物终于还是找上门来了，此人就是唐太宗李世民。

辨才中计空遗恨

雄才大略的李世民十分喜爱书法，尤其喜爱王羲之的笔墨。他在做秦王时，偶然得到《兰亭集序》摹本，从此迷上王羲之的书法不能自拔，不惜重金到处求购王羲之书帖，每得一真迹，便视若珍宝，一有空就临摹揣度。

李世民即位后，加大了收集王羲之真迹的力度。一时间，各地的收藏潮水般涌向京城，真假难辨。为此他专门成立了以褚遂良为"组长"，虞世南、欧阳询等为成员的"史上最强专家组"，对这些书帖进行鉴定。由于赝品甚多，专家组在辨别真伪时常常争得面红耳赤。

遗憾的是，《兰亭集序》真迹始终没有觅得，这令唐太宗常常食不甘味。他派人多方打探，终于探知《兰亭集序》在越州永欣寺辨才那里，便立即召见辨才。辨才推说："确实在师傅那里见过，但自师傅过世后，数经丧乱，不知遗失何处。"唐太宗自然不信，三番五次威逼利诱，而辨才始终一口咬定"就是丢了"。唐太宗无可奈何，便召集几个心腹大臣商议："《兰亭集序》真迹肯定就在他那儿，须派一个有谋略的人把它弄来。"宰相房玄龄举荐了多才多艺又足智多谋的监察御史萧翼。萧翼向唐太宗要了几件"二王"真迹，径奔越州而去。

十四、《兰亭集序》下落之谜

萧翼扮成潦倒书生，选在傍晚时分来到永欣寺，假装观看壁画，盘桓很久。辨才看他气度不凡，过去问道："施主是哪里人？"萧翼施礼后说："弟子是北方人，来这里是为了收些蚕种回去卖，不想在此宝刹幸遇禅师。"辨才看他谈吐文雅，很高兴，请他进入禅房。两人谈棋论琴，说文讲史，相谈甚欢，让辨才有相见恨晚之感，当晚两人通宵对谈。之后，萧翼隔三岔五就去看望辨才，二人俨然忘年之交。

一日，萧翼拿出梁元帝真迹《职贡图》给辨才看，辨才大为惊叹。萧翼假装不经意地说："这不算什么，我祖上还传下来有二王真迹，我自幼学习，常常带在身边。"辨才说："明天拿来让我看看。"第二天，萧翼带着那几纸二王真迹依约而来。辨才仔细看过后说："真倒是真的，但不是最好的。贫僧有一真迹，非比寻常。"翼问："何帖？"辨才答："《兰亭集序》。"萧翼假装不信，笑着说："数经乱离，真迹岂在，定是赝品！"辨才说："这是吾师智永禅师亲授于我，必不会假。你明日过来看！"

第二天，萧翼按时前来，辨才将《兰亭集序》真迹取出。萧翼仔细看过后，确认是真品，却故意指出其中几处疑点，坚持说它是赝品，还把他带来的几件真帖和《兰亭集序》放在一起，让辨才慢慢对比。这一下，辨才对萧翼完全没了戒心，他大概也认为《兰亭集序》可能有问题，就没把《兰亭集序》收起来，而是同萧翼拿来的几件墨宝一起放在书案上，随时比照研究。之后萧翼又来了数次，一切如常。

一天，辨才外出做客，萧翼趁机来到寺里，谎称前日有书帖遗忘在了方丈室。看门和尚和他已经很熟，不加思索就开了门。萧翼收起《兰亭集序》，不慌不忙走出寺院，立即飞奔至驿站，对驿长说："我是御史，奉诏来此，快叫你们都督来见。"越州都督闻讯赶到，萧翼宣读了圣旨，让他立即派人召辨才来见。辨才此时还在朋友家，便跟着官差来见御史，发现竟然是萧翼，顿时大惊失色。萧翼对辨才说："我奉旨来取《兰亭集序》，现在已经拿到了，特地和大师道别！"辨才一听，当场昏倒在地。

萧翼回到长安复命，唐太宗大喜，重赏萧翼和举荐他的房玄龄；而辨才犯欺君之罪，本应处罚，念其年事已高，不再追究，还赐他谷物三千石。辨才受此打击,终日懊恼不已,一年后便去世了。

昭陵被盗踪难寻

唐太宗得到《兰亭集序》后,爱不释手,视为御宝,每日心追手摹,不知疲倦。房玄龄等人撰写《晋书》,写了《王羲之传》,李世民读后觉得意犹未尽,亲自作《王羲之传论》。他评价王羲之的师祖钟繇"体则古而不今",王献之"疏瘦如枯树",萧子云"无筋无骨无丈夫之气"……而对王羲之,则只有四个字"尽善尽美"。《兰亭集序》从此被尊为"千古一帖"。因此有人说,是唐太宗成就了《兰亭集序》和王羲之。

上有所好,下必甚焉。当时大唐文化兴盛,全社会兴起了一股学习书法的热潮。皇子和众臣中喜爱书法者甚众,颇有造诣者亦不在少数,都以一睹《兰亭集序》真容为幸,一有机会就向唐太宗提出"一瞻"的"非分要求",常令他为难。为雨露均沾,同时弘扬书法艺术,唐太宗命冯承素、赵模、诸葛贞、韩道政等人拓印了十本《兰亭集序》,分赐诸王子和重臣,还让欧阳询、褚遂良、虞世南等名手大量摹写。《兰亭集序》因此大行天下,声誉日隆。欧阳询在《用笔论》中评王羲之:"冠绝古今,唯王右军一人而已。"李嗣真《书品后》云:"右军可谓书之圣也。"明确称王羲之为"书圣"。

在书法史上,吹捧某一人的现象屡见不鲜。唐高宗时,大臣许敬宗看过高宗的手书后说:"王羲之多力而少妍,王献之多妍而少力。圣上的墨迹,兼有二王之绝,实古今书圣。"许敬宗马屁拍得震天响,历史却不买账,很少有人把唐高宗视为书法家。因此,与其说王羲之是被唐太宗"捧"起来的,莫如说王羲之书法的魅力折服了唐太宗和当时的书法群伦。

649 年,唐太宗病笃,临终前对太子李治说:"我想向你求一样东西,你忠诚纯孝,不会违背我的意愿吧?"李治哽咽流涕,附耳上前,聆听遗命。太宗说:"我想要的是《兰亭集序》,让我把它带走吧!"于是,《兰亭集序》第二次做了陪葬品,葬入昭陵。诗人陆游因此感慨:"茧纸藏昭陵,千载不复见。"

五代时，土匪出身的温韬任耀州节度使，任职八年间，他疯狂盗掘辖区内的唐朝皇陵，除了李治和武则天合葬的乾陵外，其余十七座皇陵均被盗掘一空。史载温韬进入昭陵内部时，陪葬的钟繇、王羲之真迹，尚且"纸墨如新"，这些稀世珍宝全都落入温韬之手。昭陵被盗后，正赶上五代十国数十年乱世，《兰亭集序》音讯全无。人们普遍认为，《兰亭集序》已经不存于世间。

言人人殊难辨真

北宋靖康年间，忽然传来了《兰亭集序》的消息。诗人张芸叟说，有人得到《兰亭集序》真迹，要到朝廷进献，但走到半路，京城被金人攻破，后来就没有消息了……人们燃起的希望，瞬间就冷却了。

由于史料没有专门提到《兰亭集序》的下落，所以关于《兰亭集序》的命运，有各种猜测，如今比较流行的有以下几种：

幸存昭陵说。温韬盗掘唐皇陵后，列了一份"盗墓清单"，详记出土宝物，但清单上没有提及《兰亭集序》。唐太宗一生最爱《兰亭集序》，必然特别加以保护，《兰亭集序》因而可能幸免于难，仍然藏在昭陵隐秘之处。

温韬毁弃说。温韬盗贼出身，没有文化，盗得《兰亭集序》后，把装裱的金银绸缎扯下来，而把《兰亭集序》随手毁弃。

李治调包说。李治酷爱书法，因此没有遵从唐太宗遗命将《兰亭集序》真本陪葬，而是用摹本将其调包，真本在自己死后陪葬。

1984年，西安市西大街梁家牌楼拆除旧房时，发现了四幅元代碑刻拓片，其中有两篇跋文为宋代蔡挺所写。跋文说，相传《兰亭集序》在陪葬前，为李世民的姐妹用伪本调换，真迹留存人间！

李世民有姐妹十八人，究竟是何人调包，蔡挺并未说明。如果此说为真，可以推测，如此重大事件，如此顶级国宝，在高宗和武则天两朝长达五十六年的时间里，特别是检举成风的武则天时期，是不可能不泄露半点消息的。所以

《兰亭集序》最终落入高宗或武则天之手、最后葬入乾陵的可能性是存在的。

乾陵是唯一未被盗掘的唐皇陵，充满神奇色彩。唐朝末年，黄巢攻占长安，动用四十万大军挖掘乾陵，在梁山主峰西侧挖出一条四十余米深的大沟，也没找到墓道口，只好悻然作罢，至今该沟尚存，被称为"黄巢沟"。五代时，温韬疯狂盗掘唐朝皇陵，昭陵等十七陵惨遭毒手，唯独乾陵，三次挖掘时都遇暴风骤雨，最后不得不放弃。民国初年，军阀混战，盗掘古墓成风。国民军将领孙连仲以保护乾陵为幌子，率部驻扎乾陵，又以实弹演习为掩护，出动一个师的兵力盗掘乾陵，用炸药炸了许多处地方，却没能找到墓道口。

1958年，当地几个农民放炮炸石，无意间炸出墓道口。1960年，陕西省成立了"乾陵发掘委员会"，将《乾陵发掘计划》上报中央。周恩来总理批示："此事可以留给后人来完成。"后来，国务院发出通知，叫停了全国帝王陵墓的发掘。

《兰亭集序》如果真在乾陵，必然采用了当时最好的防护技术，或许真的有重见天日的一天，但这只是"如果"。厦门大学教授傅小凡给出了一个残酷的判断：《兰亭集序》写在蚕茧纸上，蚕茧纸怕潮、怕虫，难以长久保存。其问世至今已历一千六百多年，就算保存得再好，只怕也早已化为灰尘。

不管最终结果如何，我们都期待着谜底早日揭开。

【延伸阅读】

王羲之智护春联

"永嘉之乱"后，北方豪族纷纷南迁，史称"衣冠南渡"。王羲之一家也从山东琅琊移居浙江绍兴。

有一年腊月二十九，王羲之写了一副春联。由于他的字已经名闻天下，春联刚一贴出，就被人揭走了。王羲之无奈，又写了一副。谁知天明一看，又被人揭走了。已是除夕，左邻右舍都贴上了春联，唯独自家门上空空如也。无奈之下，王羲之想出一计，又写了一副春联，只让家人贴出去半截，上联是"福无双至"，下联是"祸不单行"。大过年的，贴出如此不吉利的对联，邻居和路人看了直摇头，谁也不想沾上晦气，春联一夜平安无事。

　　初一早晨天刚亮，王羲之将下半段补上，上联成了"福无双至今朝至"，下联成了"祸不单行昨夜行"。围观的邻里一看，齐声喝彩，拍掌称妙。

十五、唐僧西天取的什么经

【题记】公元7世纪，一位大唐僧人踏上了丝绸之路，前往遥远的西方寻求佛法。十七年间，一百多个国家，五万多里行程，在异国他乡，他被奉为先知。因为他，大唐声誉远播万里。他翻译佛经七十余部，一千多卷。他离世时大唐皇帝悲痛不已，百万人哭送。他就是中国佛教三大翻译家之一、被尊称为"三藏法师"的玄奘。

九百多年后，历史逐渐变成了传奇，传奇慢慢变成了神话。经过吴承恩艺术加工，孙悟空成为故事的核心，而唐僧已经面目全非。唐僧到底取的什么经，这背后还有哪些鲜为人知的故事？

踏孤旅绝域求生

公元前6世纪，释迦牟尼在古印度创立了佛教。西汉末年，佛教传入中国。

600年，玄奘诞生于洛阳，俗家名陈祎，高祖和曾祖做过北魏太守，祖父曾出任国子博士，父亲陈惠尽管只是隋朝一个县令，但对儒家经典颇有研究，幼年陈祎受到了良好的儒学熏陶。童年的快乐转瞬即逝，陈祎五岁时母亲去世，十岁时父亲病亡，他跟随二哥陈素来到洛阳的净土寺，从此踏入佛门。

612年，年仅十三岁的陈祎被破格剃度出家，法号玄奘，世称唐僧。此时的洛阳寺院林立，僧侣如云。因有良好的儒学功底，仅仅五六年时间，玄奘的才华就传遍了整个洛阳。

618年，玄奘为躲战乱来到了长安，但当时长安的寺院破败不堪，痴迷于佛法的玄奘选择南下游学。此后七年间，玄奘的足迹踏遍了大半个中国。他孜孜不倦地研究佛教典籍，访问大德高僧，试图彻底读懂佛法。然而，疑惑开始困扰玄奘，佛的本质是什么？佛教典籍中没有确切答案，也没有一个高僧的解释令他信服。

625年，玄奘结束游学回到长安。此时，历经磨难的长安已经恢复秩序，大唐帝国在李氏家族的统治下逐渐崛起。

一个偶然的机会，玄奘遇到一位来自古印度的高僧波颇。他告诉玄奘，古印度有一个叫那烂陀的寺院，是研究佛法的最高学府。那里有一位叫戒贤的高僧，通晓一切佛法经论，是当世的佛学大师。古印度僧人的话语，像一盏黑夜中的明灯，照亮了玄奘迷惘的心灵。他决定前往古印度，到佛教的发源地寻求佛法的真谛。

627年，玄奘上书唐太宗李世民，请求西行求法，但未能获准成行。这年秋，二十八岁的玄奘决心"冒越宪章"，混在百姓中离开了长安。

风餐露宿一个月后，玄奘抵达河西走廊的门户凉州。但凉州城戒备森严，玄奘无法西行，只能在此设立道场，一边讲经，一边等待机会。最后，在当地佛教领袖的帮助下，玄奘偷偷出了凉州城，此后隐姓埋名，昼伏夜行，沿着河西走廊，一路来到瓜州。在同是佛教信徒的瓜州太守李昌帮助下，玄奘顺利出境。

西出瓜州后，面对茫茫戈壁，一筹莫展的玄奘急需一个可靠的向导，一个有意皈依佛门的胡人石槃陀就成了他的徒弟。如今在瓜州古城附近的东千佛洞，仍保留有一幅《唐僧取经图》壁画：明月高照，祥云环绕，观音端坐金刚宝座，旅行者模样的唐僧正在虔诚膜拜，身后的徒弟手遮额头，形貌酷似一只猴子。九百年后，神话经典《西游记》面世，一些学者认为，石槃陀就是《西游记》中孙悟空的原型。

玄奘在石槃陀的建议下买了一匹老马，两人踏上了西行之路。他们通过戒备森严的玉门关，穿越荒无人烟的戈壁，来到了绵延八百余里的莫贺延碛。真正的考验还没有开始，石槃陀就退缩了，留下玄奘孤身一人走向无边无际的大漠。莫贺延碛以凶险闻名，上无飞鸟，下无走兽，亦无水草，玄奘必须独自越过这片死亡之地。

　　刚进入大漠不久，玄奘不小心打翻了皮囊，救命之水荡然无存，绝望的他只好掉头东归。但走了十多里后，他停下脚步，决定继续西行。接下来的四天五夜，玄奘滴水未进，白天休息，晚上赶路，终于在距离死亡只有一步之遥时，识途的老马带着他来到了一个池塘，池水甘甜，清澈如镜。老马救了玄奘。

　　两天后，玄奘抵达第一个西域小国伊吾，在一座佛寺，玄奘一眼看到的老僧竟然是一个汉人，异域他乡，能够见到故乡人，刚刚与死神擦肩而过的玄奘对生命的感激无以言表。从伊吾开始，丝绸之路开始分道，北道主要是草原，而中道和南道都要经过大漠，刚刚从沙漠中九死一生的玄奘决定沿北道西行。

好兄弟凌山亡命

　　玄奘来到高昌后，令他大感意外的是，高昌国王麴文泰亲自到城门口迎接，态度极为友好。原来，玄奘在凉州讲经一月有余，显赫的声名已经传到高昌。在这个尊崇佛法的绿洲国家，一个高僧对民众的影响力无法估量。当这个大唐高僧穿越大漠来到西域时，高昌国王希望玄奘能够留下来，成为佛教领袖。

　　但玄奘一心求佛，无意留在高昌。麴文泰的挽留最终变成了威胁，而绝食成了玄奘唯一的选择。三天后，玄奘的修养和舍身求法的决心，打动了麴文泰。一个国王，一个僧人，在佛祖面前结拜为兄弟。高昌王表示愿尽最大力量支持玄奘西行，玄奘也答应在高昌讲经一个月，从古印度求法归来，再在高昌讲经三年。高昌举国欢送玄奘。麴文泰为玄奘准备了三十套不同的衣服，一百两黄金，三万银钱，五百匹绫绢，以供往返二十年之用，两人洒泪而别。到高昌之前，玄奘只身一人，从高昌开始，他拥有了一支规模不小的队伍，三十匹马，二十五个随从，还有四个被玄奘剃度的徒弟。不仅如此，麴文泰还为沿途二十四位国王准备了厚礼，拜托他们关照玄奘。

从高昌往西，就是焉耆。《大唐西域记》记载，焉耆国群山环抱，道路险要，国纲不振，法纪不彰。《大唐西域记》是玄奘口述自己的西行见闻，由辩机撰写而成，描述了百余个国家的风土人情，其中包括亲历的国家和没有到达但听闻过的国家。玄奘的记载就是从焉耆国开始的。焉耆和高昌相邻，两国为争夺对过往商队的收税权经常争斗，所以玄奘在这里不受欢迎，只停留了一个晚上便迅速穿过这片强盗出没的地方。

从焉耆向西，玄奘抵达了著名的龟兹国。丝绸之路开通后，汉帝国曾在此设置西域都护府统辖天山南北。由于雪路未开，玄奘在龟兹停留了两个月，一边讲经说法，一边等待春天到来。从龟兹往西，是古代的葱岭，巍峨的昆仑山和天山在这里交汇，玄奘准备在一个叫凌山的地方穿越葱岭。凌山在葱岭的北端，险峻陡峭，直插云霄，冰雪终年不化，积而为凌。

春天终于来临，大地复苏，冰雪消融，玄奘离开龟兹向凌山进发。雪峰与天空相连，蹊径崎岖，风雪杂飞，有人因体力不支而倒下，有人不慎跌落深谷，更多人面临着寒冷的威胁继续前进。为了翻越凌山，玄奘的队伍付出了惨重代价。一周之后，队伍方始出山，进入西突厥人控制的中亚大草原。但三十人中将近一半葬身凌山，其中包括玄奘的两个徒弟。

不畏险万里朝圣

628年夏，玄奘来到中亚第一个城市碎叶。碎叶是中亚草原霸主西突厥人的军事和政治中心，突厥叶护可汗召见了玄奘。

为了牵制共同的对手东突厥人，西突厥和大唐的关系一直非常友好。玄奘不仅是大唐僧人，而且是高昌王的王弟，身份显贵，礼物厚重，可汗对他非常热情，选派了一位曾经到过长安、通晓多国语言的军人护送他们。沿着古老的丝绸之路，他们来到了赭石国。在一个小孤城里，三百多户人家都是中国人，他们被突厥掳掠到此，衣着虽与突厥人相同，但语言和行为仍保持着汉人的传统。

出了赭石国，玄奘一路南行先后经过飒秣建国、结霜那、铁门关，来到活国。活国属于西突厥的势力范围，其统治者是叶护可汗的长子恒度，恒度的夫人是高昌王的妹妹。然而玄奘到时，高昌王的妹妹已经去世，留下一个未成年的儿子。恒度又娶了一位年轻的妻子，但这个女人竟与恒度的一个成年儿子串通，毒死了恒度。活国处于动荡之中，玄奘停留了一个多月便离开了。

离开活国，玄奘开始放慢脚步。他一边讲经说法，一边礼拜圣迹。在离开长安整一年后，玄奘终于来到了心目中的圣地古印度。这时，玄奘身边只剩下两个徒弟，可汗派给玄奘的护卫们返回了北方草原。

渡过印度河不久，玄奘来到闻名于世的犍陀罗国。犍陀罗是印度次大陆北方门户，希腊文化、罗马文化、波斯文化以及草原文化在这里交汇。但真正使犍陀罗达到鼎盛的是大月氏人，他们以犍陀罗为中心，不仅创建了辉煌一时的贵霜帝国，而且缔造了名垂千古的佛教艺术。5世纪，来自欧亚大草原的匈人征服了犍陀罗，不信佛教的游牧民族给这个城市带来了毁灭性的打击。玄奘来到时，犍陀罗的佛教已经衰落，寺院荒芜，佛塔倒塌，僧人流离失所。

离开了令人伤感的犍陀罗，玄奘向东南而行，进入迦湿弥罗。在迦湿弥罗，佛教仍然很昌盛。这里是佛教历史上第四次结集佛典的地方。古时，书写很艰难，佛教经典大都通过诵读相传，为了确保佛学能够正确流传，每隔一段时间高僧们都要汇聚到一起，共同诵读经典，发现谬误，确定真谛。迦湿弥罗因此保存有非常完备的佛教经典，这正是玄奘梦寐以求的至宝。

629年秋，饱读佛经的玄奘离开迦湿弥罗继续南下。当他穿行在古印度北方的时候，韬光养晦的唐太宗发动了对东突厥的战争。630年，东突厥可汗被俘，大唐北方边界从此高枕无忧。唐太宗被包括突厥人在内的游牧民族尊称为天可汗，大唐帝国声名远播。

631年春，玄奘终于看见了恒河，烟波浩渺，波浪翻滚，离那烂陀越来越近了。

历生死西天取经

玄奘沿恒河而下时，被一伙强盗劫持。这是一群特殊的强盗，信仰一个叫突伽的女神。据说，突伽女神住在白雪皑皑的喜马拉雅山上，她的宫殿就是恒河的源头。在强盗们看来，这个异邦的僧人俊美端庄，非常符合女神的口味。生命即将结束，玄奘开始默默祈祷。这时，突然黑风四起，折树飞沙，河流涌浪，舫船翻覆。强盗以为得罪了天神，不得不放了玄奘。

西行路上，玄奘经历了无数的挫折和磨难，此次事件充满了传奇色彩，与《西游记》中的许多虚构情节很接近。在《西游记》中，妖魔鬼怪为吃到唐僧肉长生不老，费尽了心思，但最终都被神通广大的孙悟空化解。

631年秋，经过整整四年，玄奘终于抵达西行的目的地——那烂陀，那烂陀的意思是"不知疲倦地施舍"。由于历代君王的慷慨捐助，这所寺院经过数百年修建，不仅规模宏大，而且华美壮丽。

那烂陀住持是年过百岁的戒贤法师，他出身王族，德行高尚，是一代宗师巨匠。戒贤法师一直患有痛风病，每次发作，关节像火烧刀割一样，病痛足足折磨了他二十几年。后来到了无法忍受的地步，他打算用绝食来了结生命。一天夜里，戒贤法师做了个梦，文殊菩萨指点说："东土大唐会有一个僧人前来跟从你学习佛法，你一定要等他，让《瑜伽师地论》发扬光大，你身上的病痛就会慢慢好转。"冥冥之中，他等来了一位来自大唐的徒弟。那烂陀举行了盛大的欢迎仪式，鼓声回荡在天空，宣布一个中国僧人的到来。

孤独的童年，迷惘的青春，玄奘一直在寻找佛陀的明灯。此时的玄奘沉浸在无边的喜悦之中，这是三十二岁的他一生中最为幸福的一刻。

在那烂陀，能够解读二十部经论的有一千多人，三十部的五百多人，五十部的包括玄奘在内十人，唯有戒贤法师穷览一切经卷，是所有人的导师。

那烂陀每日开设一百多个讲坛，所有弟子兢兢业业，不愿浪费一寸光阴，也不敢违反戒律。在这里，学问高于一切。初来乍到的玄奘受到了极高的礼遇，每天可以享用一百二十枚瞻步罗果、二十颗槟榔、二十颗豆蔻、一两龙脑香，酥乳随要随取。不仅如此，还有两个仆人伺候日常起居，出行也可以乘坐大象。在戒贤法师的眼里，玄奘不是一个普通的"留学生"，而是得道高僧。

632年春，戒贤法师专门为玄奘开讲《瑜伽师地论》。戒贤法师殚精竭虑，用了十五个月的时间才讲完这部长达四万颂的经书。《瑜伽师地论》很深奥，玄奘从头到尾研读了三遍。除了通览佛教经典，玄奘还专心于古印度的逻辑学和语言学，对于梵文，更是字斟句酌。

求学那烂陀期间，玄奘的生活平淡而充实，这里是他的精神家园。五年时间一晃而过，玄奘完成了使命，但这个中国"留学生"希望走得更远，看得更多，决定再次游学。

在其后的三年里，玄奘走遍了古印度。在《大唐西域记》中，他记载了一个奇葩的国家："在西南方向的大洋上有个西女国，岛上清一色是女人，东罗马帝国的君主，每年派男子上岛与妇女交合，假如生下男婴，就抛弃于荒野。"据说这些异国奇闻直接启发了吴承恩的想象，《西游记》中女儿国的奇妙故事即来源于此。

640年春，玄奘返回那烂陀。西行求法的初衷已经实现，他渴望返回大唐。此时，帝国的骑兵开始向西挺进。

享美誉感动太宗

641年春夏之交，玄奘踏上了归国之路。据《三藏法师传》记载，他在过印度河时，发生了一场灾难，渡船行驶到河流中央，忽然风起浪涌，渡船几乎覆没，看守经书的人落入河中，经众人一起解救才得以脱险，而五十本经书和奇花异果的种子则掉进了水里。《西游记》中，唐僧西天取经遭受九九八十一难，"渡河经书落水"就是最后一难。

玄奘又一次踏上了丝绸之路，与当年孤身一人离开长安时不同，这次玄奘有了一支规模不小的队伍——他需要带回大量的经书和佛像。有当地国王的大力支持，玄奘本来可以乘船从海路返回大唐，既可以减少旅途劳顿，又可以节省很多时间，但他选择了陆路，因为，他和高昌国王还有一个约定，他要履行诺言。

翻过葱岭，到达蝎盘陀国，一个意外的消息震惊了玄奘，并且改变了他的行程。一位高昌商人告诉玄奘，高昌王麴文泰早已去世，高昌国在大唐和突厥之间选择了后者，被大唐所灭。

高昌国已灭，兄弟之约已成过往，玄奘决定沿丝绸之路南线返回大唐。643年冬，玄奘抵达西域著名的佛国于阗，受到了热情接待，但他内心并不安宁，他必须取得大唐皇帝的谅解。玄奘给唐太宗写信道："十七年前，我为求佛法私自出国，浩浩流沙，巍巍雪岭，中间经历五万余里，虽然危难重重，但仰仗陛下的天威，所幸没有遇到太大的阻碍。"玄奘坦然承认了错误，又将取经的功劳归于唐太宗，希望能够得到谅解。

在于阗等待的日子里，玄奘备受煎熬。半年后，大唐特使终于带来了唐太宗的旨意。玄奘没有想到，唐太宗不但没有降罪，而且为他安排好了归国行程。

644年夏，玄奘离开于阗向长安进发。队伍沿着塔克拉玛干沙漠南部的边缘前行，这一带曾经诞生过一个又一个充满传奇色彩的绿洲小国。最后经过楼兰时只见城池荒芜，人烟断绝，唯剩废墟。

过了楼兰故地之后，生命的迹象开始出现。东归的队伍穿过胡杨林，到达大唐地界，敦煌就在前边，前来迎接的大唐官吏已经奔驰在路上。

645年初，玄奘终于回到了久别的长安。消息传遍全城，闻讯而来的百姓蜂拥而至。第二天，宰相房玄龄亲自主持，为他举行了盛大的欢迎仪式。此次归来，玄奘带回了大量的经典和佛教圣物，包括《涅槃经》《菩萨经》《华严经》《大般若经》《金刚经》等在内的佛经，以及佛舍利和佛像，这是一笔难以估量的财富。

功德圆佛法祖庭

唐太宗在洛阳召见玄奘。初次见到身形高大、眉目疏朗、气质儒雅的玄奘，唐太宗对他非常欣赏，答应支持他的事业，但唐太宗更关心西域和葱岭以西的风土人情，他希望玄奘能写一本书，将西行的见闻记录下来。

645年，玄奘在弘福寺奉旨译经。当时由于佛教典籍缺失，再加上翻译过程中的曲解，对于佛法的争论日益激烈，玄奘渴望立即将带回来的梵文经卷翻译成汉文，解决佛法混乱的问题。可想而知，这个任务是何等的艰巨。《瑜伽师地论》梵文有四万颂，汉译佛经一般把一颂翻译成四句，仅仅这一部经典，就有十六万句，至少一百多万汉字，玄奘从古印度带回典籍六百余部，翻译任务之艰巨实在难以想象。

玄奘白天翻译经卷，晚上为皇帝写书。夜已经很深了，长安城早已进入梦乡，玄奘开始口述西行的历程，他最得意的弟子辩机在一旁记录。清晨，玄奘又很早到达翻译现场，他网罗了一批最优秀的高僧，根据各自不同的禀赋，担当相应的工作。这里有精通梵文的人，也有汉文专家，有人负责润色，有人专职记录，有人正义，有人正字，还有一些来自朝廷的要员逐字监阅。

646年，玄奘终于完成了唐太宗交付的任务。他详细记录了西行十七年的行程，百余个国家，从历史到地理，从都城大小到风俗礼仪，内容极其细密翔实。这就是十二卷的《大唐西域记》，一部被学者公认的稀世奇书。

随后，玄奘奉上刚刚完成的《大唐西域记》觐见唐太宗，唐太宗大加赞赏。对唐太宗而言，《大唐西域记》来得正是时候，帝国的军队即将西征，这本记载详细的书籍是最好的指南。

648年，玄奘应诏赶往距离长安二百多里的避暑胜地玉华宫。在那里，唐太宗建议玄奘还俗入世，辅佐朝廷。执着的玄奘无意仕途，没有答应，他奉上刚翻译完成的《瑜伽师地论》请唐太宗作序。太宗欣然答应，又赐给玄奘价值百金的袈裟。

《大唐三藏圣教序》由唐太宗亲笔书写，共七百八十一字。这个将大唐带入盛世的帝王，用极其华丽的文字，高度评价了玄奘西行取经的壮举，也充分肯定了玄奘的佛经翻译事业。佛教在大唐走向极盛，唐太宗敕封玄奘为佛门领袖。

这一年，继高昌和焉耆之后，龟兹和于阗归附大唐，在汉帝国之后四百多年，整个西域重归中国版图。

同年，太子李治追念母亲文德皇后长孙氏，修建了一所大型寺院慈恩寺，玄奘被唐太宗委任为住持。然而一件令玄奘意想不到的事情发生了，他最器重的徒弟、笔录《大唐西域记》的辩机，竟然和唐太宗的女儿、宰相房玄龄的儿媳高阳公主私通，不谙世事的他最终被腰斩。僧人的品德开始遭受质疑，这一事件给玄奘带来了沉重的打击。

649年，雄才大略的唐太宗病逝，太子李治继承帝位。652年，玄奘请求在大慈恩寺营建一座佛塔，用来保存他取自古印度的佛经、佛像和舍利。

在那烂陀附近，玄奘曾经看到一个叫亘娑的佛塔，亘娑的意思是大雁，相传佛祖曾化身大雁，从天坠落而死，该塔即告诫世人不要杀生。玄奘以亘娑塔为蓝本设计了一座佛龛，命名为大雁塔。佛塔的正面，立有两座石碑，分别雕刻着先皇和当今皇帝的文章，碑文是当朝宰相褚遂良的手笔。

大雁塔落成的第二年，古印度僧人来到长安，给玄奘带来了戒贤法师圆寂的消息，玄奘不胜感伤。夜以继日地翻译经卷，在寺院与朝廷之间往来奔波，过度的操劳使玄奘的身体每况愈下，旧病复发，几乎丧命。

657年，大病初愈的玄奘跟随唐高宗来到洛阳。经多方打听，他才找到父母的坟墓。玄奘迁葬了父母，完成了在俗世的最后心愿。在洛阳停留期间，玄奘请求唐高宗恩准他去僻静的少林寺翻译经卷，唐高宗没有答应。在他的心目中，玄奘是不可或缺的，他不希望玄奘离得太远。

659年冬，六十岁的玄奘来到了玉华寺，开始翻译篇幅最长的《大般若经》。四年过去了，六百卷终于全部翻译完成。玄奘平静地告诉弟子们，归期将至。664年，玄奘安详地离开了人世，根据玄奘的遗愿，他的遗体被安葬在长安东边的白鹿原。从皇室到百姓，从佛门到俗世，长安附近五百里内送葬者达一百多万人。

据说，唐高宗常因从皇宫的高处望见玄奘墓而伤心。五年后，高宗皇帝下诏将玄奘的遗体迁葬于长安南边的樊川，并建了舍利塔。塔的两侧，埋葬着他的两大弟子窥基和圆侧。窥基是名将尉迟敬德的侄子，圆侧是朝鲜半岛新罗国王的孙子，他们是玄奘衣钵的传人。

后来，玄奘墓遭到劫掠，顶骨舍利几经辗转，散布到全国各地。1942年，日本侵略军从南京抢走玄奘的部分顶骨舍利。1957年，中国政府赠送给印度一小块玄奘顶骨舍利，被保存在玄奘曾经留学的那烂陀。

玄奘留给世界的或许还有更重要的东西：对理想执着追求，对信念始终如一。

【延伸阅读】

释迦牟尼到底是哪里人

一直以来，很多人都以为佛教起源于印度，佛祖释迦牟尼是印度人，其实这是一种误解。之所以有此误解，是因为他们把古印度当成了现在的印度。"古印度"并不是一个国家，而是同一个文化的名称。"古印度"和今天的印度完全是两个概念。

释迦牟尼出生在古印度的迦毗罗卫国，也就是现在的尼泊尔境内，所以释迦牟尼是尼泊尔人。"释迦"指的是释迦族，"牟尼"的意思是圣人。佛祖的名字，就是"释迦族之圣"的意思。释迦牟尼长大后抛弃荣华富贵，在一棵菩提树下顿悟创立了佛教。释迦牟尼最初的传教对象是他身边的五个侍从，都是释迦族人，随后在故乡进行传教，发展了很多教众，后来才带领众人去古印度其他地方传教。所以，佛教的发源地也是在尼泊尔，而非现在的印度。印度只是释迦牟尼的传教地。从信仰上看，现在的印度以印度教为主，信佛的人还不到1%。而且佛教和印度教的教义并不相同，历史上两教相处并不融洽。现代印度主流社会更是将佛教视为外来文化，采取了排斥的态度。

2018年，尼泊尔著名学者阿木汉松经过多年研究后，发表重磅论文，得出重大历史结论：尼泊尔在上古时代属于华夏民族统治区，尼泊尔人自古以来就是华夏民族的一部分，和现代印度人根本就不是一个人种。即使到现在，大部分尼泊尔人也认为自己是华夏民族的一支。大量古老的佛经文献中都有关于华夏中原文化的记载，间接佐证了佛陀与华夏民族的血脉关系。阿木汉松指出，只有正视这一历史事实，才能进一步发扬光大释迦牟尼所创立的佛教文化。

美国著名学者卡明斯基和日本学者井松根一认为阿木汉松的研究结论具有特别重大的意义，足以说明为什么中国自古以来便是佛教文化最重要、最繁荣、最博大精深的国度。

十六、乾陵无字碑之谜

【题记】中国封建社会历经两千多年，有近五百位皇帝。帝陵历历可数，而一座帝陵中埋葬着一对夫妻皇帝的仅乾陵一例。乾陵是唐高宗李治和他的皇后武则天的合葬陵寝，陵前并立着两块巨大的石碑，西侧的一块叫"述圣纪碑"，刻着约六千字的碑文，是武则天为李治而立；东侧的一块不刻一字，就是"天下第一奇"的无字碑。那么，武则天究竟是个什么样的人？无字碑的真相到底如何呢？

十年深宫日月长

624年，大唐开国元勋武士彟的继室杨氏怀了二胎。杨氏特别希望这一胎是个儿子，准备的都是男孩的衣服，但令她失望的是，又生了一个女孩。武士彟倒不在意，给她取名武则天，并安慰杨氏说："就当男孩养吧！"才貌双全的杨氏出身隋朝皇家宗室，祖父、父母都是隋朝重臣。隋灭唐兴，杨氏家族与唐王朝关系密切。杨氏嫁给武士彟时已经四十多岁，媒人是唐高祖李渊。

628年，神算袁天罡造访武府，一见杨氏便吃惊地说："夫人的骨相，定能生贵子！"杨氏便请他给武士彟前妻所生的两个儿子武元庆、武元爽看相，他说："官可三品。"杨氏又唤出武则天的姐姐武顺，袁天罡说："此女显贵，但是克夫。"最后，保姆抱出一身男孩打扮的武则天，袁天罡一看大惊："这孩子龙瞳凤颈，将来显贵至极！如果是个女孩的话，将来必为天下之主！"武士彟一听，惊得下巴都快掉了，赶紧吩咐家人绝不可谈论此事。

635年，时任荆州都督的武士彟逝世，两个儿子武元庆、武元爽和两个侄子武惟良、武怀运都不容杨氏，杨氏无奈带着三个女儿离开武家，搬到长安投靠亲戚，之后又来到了洛阳。

637年底，唐太宗李世民巡幸洛阳宫，听说武则天容貌美丽，举止得体，便召她入宫。杨氏舍不得女儿，伤心哭泣。年仅十四岁的武则天说："侍奉圣明天子，岂知非福？为何要哭哭啼啼、作儿女之态？"自幼饱读诗书、博通经史的武则天一入宫就被封为五品才人，陪侍在李世民左右。因她长得妩媚动人，李世民对她十分喜爱，赐号"武媚"（后世讹称武媚娘）。不久，天显异象，太白星经常在白天出现。太史令李淳风占卜说："这是女皇登基的预兆。"李世民心中不安。

一日，李世民得到一匹西域宝马，叫作狮子骢，性子暴烈，没人能驯服它。武则天当时侍奉在侧，对李世民说："我能制服它，但需要三件东西：一是铁鞭，二是铁棍，三是匕首。先用铁鞭抽它，如果不服，就用铁棍敲它的脑袋，还不服，就用匕首割断它的喉管。"李世民笑道："若照你说的做，朕的良驹岂不被你驯死了？"武则天答道："良驹应该成为君王的坐骑，如果不能驯服，留它何用？"这番话出自一个十几岁的才人之口，令人震惊。李世民盛赞武则天有志气，但他想到"女王登基"的预言，心生戒备，从此便不再宠幸她。

一晃十年过去了，武则天仍然是个才人。这时，民间流传一本叫《秘记》的预言书，称"唐三世之后，女主武王取代李氏拥有天下"。李世民听说后，准备杀掉所有嫌疑人。一天，他宴请诸将，行酒令时，为助兴要求大家讲各自小名。负责守卫玄武门的左武卫将军、武连县公李君羡是武安人，自称小名"五娘子"——竟然占了四个"武"，而且还是"女"的，与预言相合！李世民闻之一惊，假装调笑道："你如此雄健勇猛，谁想竟有个女名！"不久，御史参奏李君羡"与妖人交通，谋不轨"，唐太宗下诏将李君羡满门抄斩。

649年，李世民驾崩，太子李治继位，即唐高宗。依例，所有未生育的后宫嫔妃都须入感业寺为尼，武则天在列。但她早已暗中与李治有了私情，虽青丝削去，然情丝不断。

第二年，李世民忌日，李治到感业寺进香。两人相见，互诉相思，武则天哭得梨花带雨，激起了李治的无比爱怜。因无子而担心失宠的王皇后看到了这浓情的一幕，心生一计，主动向李治提出将武则天纳入宫中，以打击情敌萧淑妃，巩固自己的地位。她的建议正中李治下怀，李治龙心大悦，当即嘉奖王皇后大度明理。

一朝封后露锋芒

651年，李治服孝期满，武则天带孕入宫，不久便生下皇子李弘，备受恩宠。武则天初入宫时，对王皇后恭敬顺从，王皇后也多次在李治面前夸赞她的才智与人品，武则天益发得宠。

第二年，武则天升为二品昭仪。此时，后宫形势已变成"三国演义"，王皇后依然无子心急如焚，萧淑妃逐渐失宠心生怨恨，武昭仪风生水起尽收人心。王、萧开始联合对付武则天，但李治一概左耳进右耳出，只听不信。同年，王皇后在舅舅、宰相柳奭的策划下，认养了李治的庶长子李忠，并由李治的舅舅、顾命大臣、首席宰相长孙无忌出面，成功说服李治将李忠立为太子。

654年，武则天产下长女安定公主。在公主满月之际，王皇后前来探望，开心地逗弄小公主。王皇后离开后，公主暴卒。武则天向李治哭诉，历数王皇后的不是，认定是王皇后下的毒手。当时，关陇贵族势力庞大，控制朝堂，李治早已对此不满，而王皇后是关陇贵族势力的代表，李治便想借此事"废王立武"。

为了争取支持，李治偕武则天亲临长孙无忌家，赏赐金宝缯帛十车，又任命长孙无忌的三个庶子为朝散大夫，并以皇后无子来暗示长孙无忌。长孙无忌受了赏,却假装不明白皇帝的意思,顾左右而言他,李治和武则天怏怏而归。武则天又请礼部尚书许敬宗登门劝说,结果遭到长孙无忌的严厉斥责。武则天的母亲杨氏也多次到长孙府请求,长孙无忌始终不松口。

后宫斗争愈演愈烈,655年,李治拜祭唐太宗昭陵,武则天为了获得更多的支持,不顾随时可能临产的风险,坚持参加具有重要象征意义的祭拜仪式。行至途中,武则天果然生产,虽险象环生,还是顺利生下了皇子,并参加了祭拜。

不久,中书舍人李义府正式上奏,公开提出"废王立武",李治很高兴,重赏了他。许敬宗乘机鼓噪说:"庄稼汉多收十斛麦子,就想换老婆,何况天子欲立皇后,与别人何干?"部分大臣见机行事,也都转而支持立武则天为后。然而,四个顾命大臣三个反对"废王立武",特别是宰相褚遂良反对最强烈,他说:"如果一定要换皇后,也应在全国世家望族里挑选,何必非武氏不可?武氏侍奉过先帝,众所周知,天下人的耳目,怎么遮掩?千秋万代之后,人们又将怎样评价陛下?"李治既尴尬又恼怒,命人将他拖出去。

事已至此,双方各不相让,局面陷入胶着。李治私下征求顾命大臣、英国公李绩的意见,李绩原本回避废后之事,但此时他说:"此陛下家事,何必问外人?"这句话一锤定音!

不久,王皇后和萧淑妃串通道士施展厌胜之术加害武则天的事情败露。同年,李治下诏,将王皇后和萧淑妃废为庶人,囚于别院;她们的父母、兄弟等也被削爵免官,流放岭南。几天后,李治又下诏,将武则天立为皇后,同时,将褚遂良远贬潭州,不久又贬至爱州(今属越南)。

656年,李治废黜太子李忠,立武则天长子李弘为太子。659年,许敬宗奏长孙无忌谋反,李治也不审问,便下诏削去长孙无忌的官职和封邑,流放黔州,将他的儿子罢官除名,流放岭南。不久,长孙无忌被逼自缢,家产被抄没,近支亲属都被流放岭南为奴。至此,围绕"废王立武"的朝堂之争终于落下帷幕,李治和武则天联手铲除了所有政治对手,结束了百余年来关陇士族集团主导政局的局面。

日月同辉耀大唐

660年底,李治患头风之疾,头晕目眩,常常无法处理朝政,由于太子年幼,分权给宰相又不放心,他便让武则天参与处理国家大事。此时的武则天一改立后前"屈身忍辱,奉顺上意"的柔软性格,"专作威福,上欲有所为,动为后所制"。

664年,宦官王伏胜举报武则天行厌胜之术,李治欲借机将武则天废黜,便密召宰相上官仪商议。上官仪道:"皇后专横,海内失望,应废黜以顺人心。"李治便命他起草废后诏书。然而诏书还没有写好,皇帝身边的人就飞报了武则天。武则天立即面见李治,含泪陈诉多年的感情,历数为国家作出的贡献,然后凛然质问道:"我到底犯了什么罪?"李治说:"这不是我的意思,都是上官仪的主意。"

不久,许敬宗参劾上官仪勾结废太子李忠,图谋叛逆。上官仪父子、王伏胜被处死,家产抄没,李忠被赐死。上官仪的家眷都被收入后宫为奴,包括襁褓中的孙女上官婉儿。

这次事件后,武则天的地位坚如磐石。李治风疾日重,几乎无法处理政务,每次上朝,就让武则天垂帘于后,公开听政并作出裁决,史称"二圣临朝"。

663年,唐朝、新罗联军在白江口大败日本、百济联军,此后八百年,倭人不敢跨海言兵。668年,唐、新联军攻克平壤,高句丽政权灭亡,朝鲜半岛至此全部臣服于唐王朝,"二圣"完成了唐太宗未曾完成的伟业,唐版图达到最大,东起朝鲜半岛,西邻咸海,北到贝加尔湖,南至越南横山,一直维持了三十二年。

672年,武则天赞助两万贯脂粉钱,命人根据自己的相貌在洛阳龙门石窟雕刻了卢舍那大佛。工程历时三年九个月,大佛至今仍受人瞻仰。674年秋,李治称天皇,武则天称天后,堪称日月同辉。

675年初,武则天一口气建言十二件事,归纳起来就是:富国强民,善用人才，官员加薪，尊重妇女。李治悉数采纳，下诏颁布施行，武则天进一步赢得了官员和百姓的拥戴。

4月，体弱多病的太子李弘病逝，二十一岁的二皇子李贤被立为太子，留守长安监国。李贤聪明能干，深得人心。676年，李治亲笔下诏表扬李贤：皇太子自留守监国以来时间不长，但留心政务，抚爱百姓，非常尽心……好善正直，是国家的希望，赏赐绢帛五百段。

如果李贤顺利接班，那么武则天必然要退居后宫，这是她不能接受的，于是母子关系紧张起来。当时，术士明崇俨深得李治信赖，曾对李治说："从面相上看，太子并不是继承大统的最佳人选，武后第三子李显相貌和太宗最像。"过了一段时间又说："武后第四子李旦的面相最尊贵，将来要做皇帝。"与此同时，有流言称李贤不是武后亲生，而是武后的姐姐韩国夫人与高宗的儿子。李贤为此忧虑恐惧。武则天送《少阳政范》和《孝子传》给李贤，暗指他不孝，还亲自写信斥责他的过失，令李贤越发感到不安。

679年，明崇俨被刺杀，朝廷迟迟抓不到凶手。第二年，李贤的男宠赵道生违法被抓，供认是太子命他刺杀了明崇俨。御林军冲进太子府，搜出数百具铠甲。经调查，太子谋反证据确凿。李治一向喜爱李贤，想要宽恕他，武则天却说："为人子心怀谋逆，应该大义灭亲，不能赦免。"于是，李贤被废为庶人，流放巴州。收缴的铠甲公开焚毁，以儆天下。随后李显被立为太子。

684年初，李治临终遗诏：太子李显于柩前即位，军国大事有不能裁决者，由天后决定。李治驾崩后，武则天亲自撰写祭文，情真意切，祈愿死后和李治合葬。

酷哉千古一女皇

李显即位后，尊武则天为皇太后，裴炎受遗诏辅政，但政事皆取决于武则天。李显试图组建自己的集团，把岳父韦玄贞由普州参军提拔为豫州刺史，并想要擢升为侍中。宰相裴炎反对，李显生气地说："朕即使把天下都给岳父，又有何不可？还在乎一个侍中吗？"武则天得知后大怒，将李显废黜为庐陵王，转而立第四子李旦为帝，是为唐睿宗。六十岁的武则天临朝称制，独揽朝政。

为绝后患，武则天命左金吾卫将军丘神绩前往巴州搜查李贤住宅，丘神绩逼迫李贤自杀。武则天得知儿子死讯后，在洛阳举哀，并将丘神绩贬斥，但不久又将他官复原职。

10月，徐敬业等以扶持李显为口号，在扬州举兵反武，十几天就聚合了十万部众。骆宾王写檄文历数武则天累累罪行，文章气势磅礴，文采斐然，把她骂得狗血淋头。檄文传到洛阳，武则天命女官当众宣读，不仅不生气，反而问："这是谁写的？"答曰："骆宾王。"武则天说："这么优秀的人才，宰相怎么没有发现？"把宰相吓出一身冷汗。武则天发兵三十万征讨徐敬业，不到三个月就平定了叛乱。

武则天意识到，反对自己的人仍然很多，便于686年2月下诏还政于李旦，想以此化解天下怨气。李旦知道母亲并非真心交权，死活不肯接受，坚持让母亲继续执政，于是武则天继续临朝称制。

4月，武则天下令制造四个铜匦（铜制的小箱子），置于洛阳宫城前，广纳天下建议，不拘一格选人才。这一史无前例的举措为武则天赢得了广泛的支持，大量人才入朝为官，支持她的力量变得空前强大。

同时，武则天大兴告密之风，规定任何人均可告密。凡告密之人，驿站应为其提供车马和饮食，即使是农夫樵人，有时武则天也会亲自接见。所告之事，如果属实，就可破格升官；如所告不实，也不问罪。于是索元礼、周兴、来俊臣、侯思止等一大批告密者飞黄腾达，成为掌管国家刑律的酷吏。

告密之风兴起的第一年，武则天就下诏处死南安王李颖等宗室十二人，又鞭杀已故太子李贤的两个儿子。688年，李冲、李贞父子先后起兵，随即被镇压。武则天借机株连，逼迫韩王、鲁王、黄国公、东莞郡公、常乐公主等自杀，他们的亲信也都被杀。经过血腥清洗，李唐宗室几乎被杀戮殆尽，反对者逐渐销声匿迹。

同年，武则天命面首薛怀义率人于洛阳建造的明堂落成，号称"万象神宫",雄伟壮丽,"去都百余里外,遥望见之"。百姓渴望入内参观,武则天便下令开放"万象神宫"九日,而且对所有来参观的百姓赐予酒食,此举令举国称颂。

689年,武则天改名为"曌",取"日月当空"之意。君临天下之心,昭然于世。690年,侍御史傅游艺率关中百姓九百余人到神都洛阳,上表奏请武则天改国号为周,赐皇帝李旦姓武,武则天未准。于是百官、宗戚、四夷首领、沙门、道士及远近百姓共六万余人再次上表请愿,李旦亦自请武姓,武则天仍未允准。12日,群臣奏称"凤集上阳宫,赤雀见朝堂",武则天亲率百官前往观看,果然见万鸟聚集。天命难违,武则天决定"顺天应人"。16日,武则天大赦天下,改唐为周,改元天授,号称"圣神皇帝",以李旦为太子,赐姓武。这一年,武则天六十六岁。

第二年,李君羡的族人入朝喊冤。武则天也认为自己才是"女主武王",李君羡当了替死鬼,于是追复李君羡的官爵,依礼改葬。

692年,武则天派大将王孝杰与阿史那忠大破吐蕃,收复龟兹、疏勒、于阗、碎叶等安西四镇,设安西都护府于龟兹。武则天又力排众议,对安西四镇增兵三万,把丝绸之路牢牢控制在大唐手里,并使长安成为世界上第一个人口过百万的大城市,为缔造盛唐辉煌奠定了坚实基础。

无字之碑如迷藏

705年,武则天在上阳宫的仙居殿病逝,享年八十二岁。死前,她一遍遍默诵着在感业寺时写给李治的情诗《如意娘》。遗诏省去帝号,称"则天大圣皇后",并赦免王皇后、萧淑妃二族以及褚遂良、韩瑗、柳奭三人的亲属,一生恩怨,随风而逝。

武则天死后,墓前立了一块无字碑。围绕这块碑,有许多未解之谜:这块碑是何人所立?何时所立?为何无字?是根本没打算刻字,还是想刻而没有刻字?抑或是撰好了碑文没来得及刻字?……由于历史资料的缺失,一千多年来，这些问题都难以得到确切的解答，人们只能分析和猜测。

目前比较流行的，大致有这么几种说法。

功德广大，无法表述。武则天女主临朝，雄才大略，刚毅果决，在位期间，重用人才，打击门阀，平定叛乱，收复安西，威服四海，经济发展，人民安居，前承贞观之治，奠定盛唐之基。这等功德，用任何语言描述都觉苍白，故立无字碑以颂其德。

罪恶深重，无颜自表。武则天鸩醉王、萧，害死兄姐，篡唐立周，任用酷吏，杀戮宗族，秽乱后宫，可谓罪大恶极，实在无法粉饰，哪里好意思给自己歌功颂德？故立无字碑，表示羞愧。有学者指出，此说忽略了一个基本事实，就是史料中没有一个字记载她"自惭"。她为父亲武士彟立碑，为乱伦的母亲立碑，更为自己铸造了一根高耸入云的"大周万国颂德天枢"，哪里有半点"自惭"的意思？况且，若真自惭，必然低调，又怎会立碑？

身后乱局，无奈烂尾。这一观点认为，此碑是武则天的儿子中宗李显所立，但由于朝局不稳，碑文难以定稿，延宕无期，最终烂尾。李显当皇帝才两个月就被母亲所废，战战兢兢活了二十多年才重新继承皇位，对母亲又怕又恨，根本没有心情去歌颂她的功德。而且武则天篡唐称帝，该怎么称呼她呢？如果歌颂母亲的功德，那么将通过"神龙政变"扶持自己上位的各方势力置于何地？但如果不写，不仅不合孝道，当时把持朝政的武三思又怎会答应？不想写、没法写甚至不能写但又不得不写，可想而知，这种情况下碑文必然难产。近年来专家对无字碑进行了仔细研究，发现碑的正面布满了小格子，共有三千三百多个，显然是刻字用的。这说明，碑文已经撰好，共三千三百多字。但是为什么没刻上去呢？专家推测，武则天逝世后，政局发生了长达六年的持续动荡，先后七次政变，换了四个皇帝，直到李隆基继位才稳定下来。李隆基毁了武则天所立的"颂德天枢"，努力消除大周的一切痕迹，又哪里有心情给奶奶刻碑呢？于是刻碑的事儿就烂尾了。

千秋功罪，任人评说。这种说法是郭沫若首先提出的，得到了广泛认可。郭沫若在《我怎样写武则天》一文中提出，无字碑是根据武后的遗言"自己功过让后人评价"而立的。1960年，他在给翦伯赞的信中又提道：没字碑，乃武后自己的碑。据云武后自己说，自己的功过让后人评价。

【延伸阅读】

太平公主

太平公主是唐高宗李治与皇后武则天的小女儿，极受父母宠爱。她长相可爱迷人，曾被吐蕃国王看中，派人携重礼提亲，被唐高宗以公主已"出家"为借口回绝。

681年，太平公主下嫁薛绍，婚后美满幸福。688年，薛绍受其兄谋反罪牵连，被杖责一百，饿死狱中。武则天为了安慰女儿，将其封户加到千余户。

后来，太平公主下嫁武攸暨。她对这桩政治婚姻十分不满。武攸暨死后，太平公主开始放飞自我，追逐权力。705年，她因协助宰相张柬之发动"神龙政变"有功，受封"镇国太平公主"。

唐隆政变后，太平公主权倾朝野，与太子李隆基的矛盾日益尖锐，逐渐到了水火不容的地步。712年，李旦将皇位禅让于李隆基，太平公主的末日到了。李隆基擒杀了她的所有党羽，并将她赐死家中。太平公主的一生很不太平。她虽不乏心机和才干，也曾纵横捭阖得意一时，但终未能像其母一样位极九五。

十七、四大美女结局之谜

【题记】"匹夫无罪,怀璧其罪。"天生丽质不为过,被人利用空无奈。美女,有时作为美的象征被人们讴歌,有时却作为红颜祸水为人们挞伐。世人公认的中国古代四大美女:明艳动人的西施、倾国倾城的王昭君、楚楚可人的貂蝉、风姿绰约的杨贵妃,她们分别以"沉鱼""落雁""闭月""羞花"之美闻名于世。那么,绝世美貌带给她们怎样的命运?她们最后的结局如何?

西施救国沉绿波

公元前494年,吴越在夫椒交战,越国大败。越王勾践当了俘虏,在吴国做了两年奴隶,受尽屈辱才被放回越国。勾践回国后,卧薪尝胆,发誓报仇雪恨。越国大夫范蠡曾陪勾践一起在吴国做奴隶,深知吴王夫差好色,便献上"美人计"。

大夫文种奉命在全国搜罗美女,美丽的浣纱女西施被选中。西施,本名施夷光,是苎萝村(今浙江诸暨苎萝村)人。据说她在溪边浣纱时,身姿曼妙,水面嬉戏的鱼儿见到她,竟忘了游水,纷纷沉到了水底。因此,人们以"沉鱼"形容西施之美。

西施经过三年训练,被送到吴国,立即受到夫差的宠爱。夫差在姑苏城里建造春宵宫，修筑大池，池中设青龙舟，日日与西施玩乐。西施擅长跳响屐舞，夫差就专门为她筑响屐廊，在数百个大缸上铺木板，板下悬铃。西施穿着木屐，裙子上系着小铃铛在上面起舞。铃声倩影，摄人心魄，让夫差如痴如醉。从此夫差沉溺女色，荒废朝政，还听信谗言杀了忠臣伍子胥，吴国一天天衰落下去。

公元前473年，励精图治的勾践打败并俘虏了夫差。吴国灭亡后，西施下落不明。关于西施的结局，常见的有以下几个说法。

说法一：溺杀说。战国时期的《墨子·亲士》最早提到了西施的结局："西施之沉，其美也。"西施因美貌被沉入水中溺死。墨子约生于公元前480年，与西施几乎同时代，因此这个说法有相当的可信度。东汉赵晔所撰的《吴越春秋》也记载："吴亡后，越浮西施于江，令随鸱夷以终。"鸱夷就是牛皮囊，字面的意思是把西施装进牛皮囊，丢进江中，任其漂流，最后皮囊进水沉没，西施溺死。

西施被溺死还有两个版本，其一是被范蠡沉湖。元代《范蠡沉西施》、明代《倒浣纱》以及明末清初徐石麒的杂剧《浮西施》都这样描述：范蠡奉命伐吴大获全胜，担心西施归越又会迷惑越王，就把西施沉入湖中了。其二是被勾践夫人沉江。明冯梦龙的历史小说《东周列国志》这样描写："勾践班师回越，携西施以归。越夫人潜使人引出，负以大石，沉于江中。"这两个版本中西施的死因，可称为"红颜祸水论"。

此外，西施的死因还有"殉葬论"和"兔死狗烹论"两个推测。明代学者杨慎认为，溺死西施是为了给伍子胥殉葬。因为伍子胥是忠臣，受到西施等人谗害而被迫自杀，死后被夫差"盛以鸱夷革"沉江，故"鸱夷"后来也指代伍子胥，"令随鸱夷以终"这句话亦可理解成为伍子胥洗冤报仇。但是，西施毕竟是越国的功臣，是为了执行勾践的灭吴计划赴吴的，勾践让功臣殉敌，于理难通。所以有人猜测，勾践杀死西施的真实原因应该和赐死文种一样，是兔死狗烹。勾践心理层面的原因是，他在吴国做奴隶服侍夫差时，受尽屈辱，还尝过夫差的大便，因此落下了口臭的恶疾。勾践对这些"事迹"讳莫如深，而范蠡、文种和西施都是知情者，所以为其不容。

说法二：泛湖说。晚唐陆广微《吴地记》引《越绝书》云："西施亡吴国后，复归范蠡，同泛五湖而去。"《越绝书》主要记述了吴越争霸，被誉为"中国地方志鼻祖"，其作者《隋书·经籍志》认为是子贡，《四库全书》则认定是东汉的袁康和吴平。《越绝书》在宋代遗失了五篇，现存篇目中没有范蠡携西施同泛五湖的记载，但学界普遍认为，《吴地记》的引述是可靠的。从有关史料看，范蠡率军俘虏了夫差，西施也极可能落在他手上。范蠡知道勾践对他心生猜忌，主动提出隐退，勾践不允，范蠡就不辞而别，连妻子孩子都没有带走。勾践考虑一番后，没有杀死范蠡的妻子和孩子，还封给他们一块土地。从范蠡的智谋看，他抛下妻儿、带走西施很可能是故意的，是为了保护他们。事情过后，就悄悄派人把他们接走了。此外，灭吴后，勾践没有追究西施下落也是完全有可能的，因为西施早已成了弃子，此时已经没有任何价值；而且她在吴国待了近二十年，年老色衰，没有必要对她格外关注。

宋代的《鹤林玉露》也认为西施的结局是跟范蠡一起走了，但是对于范蠡带走西施的原因，这本书认为是范蠡怕她今后迷惑越王，让越国重蹈吴国的覆辙。

泛湖说流传很广，后来被过度演绎。比如说范蠡和西施早有私情，甚至还生了孩子。《吴地记》记载：嘉兴县南一百里，有语儿亭。勾践令范蠡送西施献夫差，西施于路上与范蠡私通，三年始达于吴，遂生一子，至此亭，能语，因名语儿亭。清朝学者王士祯在《居易录》中对"语儿亭"之说大光其火："吴越毗邻，如果范蠡送美女三年才到边境，勾践难道是泥塑木雕吗？"

晚清《安徽通志》记载："越大夫范蠡墓在涡阳东南范蠡村。"但随着时间推移，如今演绎成了范蠡西施隐居该地，还把范蠡墓当作二人合葬墓。

说法三：殉情说。近年来一些历史小说比较喜欢采用这一说法。此说法的逻辑是：西施受夫差宠爱多年，日久生情，逐渐淡忘了自己的间谍身份。到了吴国灭亡、夫差自裁之时，西施便选择了殉情。这一说法被认为最合乎女性心理，为众多女性读者所接受。不过，此说法缺乏史料支撑。

昭君青冢傍黄河

王嫱，字昭君，生于公元前54年，西汉南郡秭归人。她天生丽质，聪慧异常；琴棋书画，无所不精。公元前36年，汉元帝遍选天下美女，王昭君美名在外，是秭归的首选。

常言道，一入宫门深似海。才貌双全的王昭君入宫三年，居然连皇帝的面都没见到。之所以如此，竟然是因为得罪了宫廷画师毛延寿。

当时，皇帝因秀女众多见不过来，便让画师给每一位秀女画像，看像召幸。为了得到皇帝的召幸，秀女们通过各种渠道贿赂画师毛延寿，希望能把自己画得美一些。然而，王昭君却不屑于给毛延寿送礼，于是毛延寿给王昭君画像时，故意在她的眼睛下点了一颗丧夫痣，王昭君因此未入皇帝法眼，长期湮没后宫。

公元前33年，匈奴呼韩邪单于觐见，表示愿意做汉朝的女婿。汉元帝大喜，为了增进与呼韩邪的关系，决定在后宫挑选一位未被宠幸的女子和亲，以示汉匈为兄弟。王昭君听到消息，主动自荐和藩。汉元帝闻报，当即下诏王昭君赴匈和亲，择日成行。临行前，汉元帝召见王昭君，一见面就被昭君的美丽惊呆了：如此美人，我怎么没有发现呢？一席问答，更觉昭君才智过人，整个后宫无人可及。汉元帝顿生悔意，但又不能失信于单于，只能忍痛割爱。

送走王昭君后，汉元帝立即翻看美人画册，一眼便看出王昭君画像的眼睛下面多了一颗丧夫痣，这颗痣使王昭君的容貌黯然失色。汉元帝大怒，当即下令处死毛延寿。

王昭君告别故土，登程北去。一路上马嘶雁鸣，撕心裂肺。她心潮起伏，拨动琴弦，弹起悲壮凄凉的《出塞曲》。高飞的大雁看到王昭君的美貌，忘记了扇动翅膀，竟然跌落在地。从此，人们以"落雁"形容昭君之美。

王昭君受到匈奴热烈欢迎，被封为"宁胡阏氏"，相当于皇后。呼韩邪单于和她相敬如宾，情深意笃，共同生活了两年。王昭君生下一子，被封为右日逐王。

公元前31年，呼韩邪单于去世，长子复株累继位。王昭君向汉廷上书求归，汉成帝敕令"从胡俗"。所谓"胡俗"，就是收继婚制，指女子在丈夫死后，要改嫁给丈夫的兄弟或子侄（亲生子除外）。王昭君无奈，只得再嫁复株累单于。

王昭君和复株累单于共同生活了十一年，育有二女。公元前20年，复株累单于去世。已经三十五岁的王昭君思乡情切，再次传书汉廷，请求归汉，然而被汉朝廷再次拒绝。王昭君出塞和亲十三载，汉匈在同一片苍穹下和睦共处，她却因为政治原因，故土难回。王昭君终日遥望故乡，郁郁成疾，不到两年就去世了。关于王昭君的去世还有一种说法，复株累单于死后，她请求归汉未被允许，并被命嫁给前夫的儿子，多年的积怨太深，无法排遣，她服毒而死。

匈奴把王昭君厚葬在归绥（今呼和浩特市）南郊，墓依大青山，侧傍黄河水，后人称之为"青冢"。265年，司马炎称帝，建立西晋，追尊司马昭为文帝，为避司马昭的讳，王昭君被改称王明君，史称明妃。

历史的长河带走多少人间悲喜，昭君出塞的故事千年流传不衰。王安石叹道："汉恩自浅胡恩深，人生乐在相知心。可怜青冢已芜没，尚有哀弦留至今。"自昭君和亲后，汉匈两族团结和睦，"边城晏闭，牛马布野，三世无犬吠之警，黎庶亡干戈之役"。历史学家翦伯赞赞道："汉武雄图载史篇，长城万里遍烽烟。何如一曲琵琶好，鸣镝无声五十年。"

貂蝉隐居锦江侧

东汉末年，太师董卓专权，政治腐败，民不聊生。董卓将一代猛将吕布收为义子，震慑朝野。司徒王允看在眼里，急在心上，整天为国事忧心。王允府上有一歌姬，名叫貂蝉，年方二八，才貌俱佳。见主人忧心，便在后花园拜月祈祷，愿为主人分忧。貂蝉的美貌让月亮感到自惭形秽，随着一阵清风躲到云彩里去了，故后世称貂蝉有"闭月"之美。貂蝉拜月的情景恰被王允看到，王允很是感动,将她收为义女。

为了除掉董卓,匡扶汉室,王允设下连环计,貂蝉毅然同意以身饲虎。

一天,王允宴请吕布。当吕布喝得醉醺醺时,貂蝉从内室款款而出,吕布立刻被其美貌吸引。王允趁机表示愿意把貂蝉许配给吕布,并假意说:"我欲留将军在家过夜,可将军是董太师的义子心腹,这样会被太师猜忌。"无奈,吕布依依不舍地离开了王府。过了两天,王允又请董卓到家中赴宴,故意让貂蝉敬酒,好色的董卓当场迷上了貂蝉,称赞貂蝉"真神仙中人也"。见董卓上钩,王允当场就把貂蝉献给了董卓。第二天王允告诉吕布,貂蝉被董卓霸占,吕布大怒。

不久后的一天,趁董卓上朝,吕布跑到董卓宅邸私会貂蝉,貂蝉向吕布哭诉对他的相思之情。二人正在卿卿我我之时,被回来的董卓撞个正着。董卓大怒,抓起吕布的方天画戟向吕布刺去,幸亏吕布身手敏捷,飞身逃走。在王允的怂恿下,吕布与董卓反目成仇,斩杀"义父",夺回了貂蝉。

董卓被杀后,吕布与曹操争雄,兵败后在白门楼殒命,貂蝉从此下落不明。由于三国正史中没有关于貂蝉的记载,有人据此认为貂蝉很可能是虚构的人物,应该算是"二次元美女"。到了元代,杂剧中开始出现貂蝉。后来《三国演义》问世,貂蝉才家喻户晓。清代,有人提出《开元占经》的注释中提到《汉书通志》记载,曹操为了迷惑董卓,曾献给董卓"刁蝉"。但无法断定这里的"刁蝉"是物品(貂蝉原指貂尾和附蝉,是古代大臣帽子上的装饰品)还是美女,而且《汉书通志》已经亡佚,无以考证。

但貂蝉的故事已经深入人心,其结局也一直受到坊间关注。有人分析:吕布兵败被俘是遭人出卖,破城之时没有发生惨烈的战斗,所以貂蝉死于乱军之中的可能性很小,极有可能落入曹操之手。《三国演义》奉刘汉为正朔,貂蝉的故事戛然而止,合理的推测是,貂蝉一定是被刘备一方某一"正面人物"收留了。这个人物,很可能是关羽。

据《三国志》记载,曹刘联军在围攻下邳时,关羽曾以妻子没有生育为由,向曹操请求破城之后,纳吕布手下秦宜禄的前妻杜氏(刚被秦所休)为妾,曹操答应了。但破城之后,曹操见杜氏貌美,竟出尔反尔,自己纳了杜氏。灭吕布之后，一代奸雄曹操将貂蝉许与关羽，作为补偿，兼行笼络，完全是有可能的。再者，貂蝉是深明大义的烈女，刘备在白门楼力主杀死吕布，对貂蝉有杀夫之仇，将貂蝉许给关羽，同时能起到离间刘、关关系的作用，可谓一石三鸟。

循着以上逻辑，后世文人云中建阁，任意虚构，貂蝉的结局演变出"惨死"和"善终"两大系列。"惨死系列"至少包含了四个不同的版本。

第一个版本是昆剧《斩貂》：吕布在白门楼殒命，貂蝉被张飞转送给了关羽。但关羽认为她水性杨花、朝三暮四，将来难免为他人所玷污，拒绝接受这位污点美女。为保全其名节，关羽传貂蝉入帐，拔剑痛斩美人于灯下。

第二个版本是另一出元杂剧《关大王月夜斩貂蝉》：貂蝉仰慕关羽英雄气概，主动亲近。关羽敬重貂蝉，本不想杀她，想以刀斩貂蝉的影子以代其身，不料误杀貂蝉。民间因此戏称貂蝉"生于露，死于影"。

第三个版本出自明剧《关公与貂蝉》：貂蝉向关羽痛说内心冤屈，详述其施展美人计为汉室除害的经历，赢得关羽的爱慕，但关羽决计为复兴汉室奋斗一生，貂蝉怀着满腔柔情自刎，以死明志。

第四个版本讲的是貂蝉在刘、关、张三人庇护下逃走，削发为尼，曹操派人追捕，为避免桃园结义的三兄弟自相残杀，貂蝉毅然触剑身亡，一缕幽怨的香魂，追随国家大义而去。

"善终系列"也有四个主要版本。

第一个版本是貂蝉出家为尼，以佚名方式写下杂剧《锦云堂暗定连环计》，向世人言明自己的牺牲和贡献，最后在尼姑庵里寿终正寝。

第二个版本则称刘、关、张三人一起护送貂蝉回到其故乡木耳村，貂蝉终身守节未嫁，终于熬成了一个贞烈老妪，被乡人建庙祭奠。为谋生和丰富群众文艺生活，貂蝉还组织戏班演出，她所搭建的戏台，成为远近闻名的一个文化景点。

第三个版本是貂蝉被刘、关、张三人所救，并与吕布的儿女一起远走他乡，改名易姓，过上了平静幸福的生活。她偶尔也会放下家务，倚窗回忆和吕布在一起的时光。与此类似的一个版本讲的是吕布死时，貂蝉已有身孕，吕布的心腹武斌为保吕布血脉,将貂蝉扮成婢女悄悄带回老家隐姓埋名。后来,两人日久生情,遂以夫妻相称,幸福终老。

第四个版本来自1994年央视版《三国演义》:貂蝉在吕布杀死董卓后完成使命,悄然离去,消失在历史的烽烟中。

1971年5月的一天,成都铁路局某工程队在成都北郊修路时,挖出了两块墓碑。据成都市三十八中的退休历史教师林耀青称,他当年曾目睹此碑,碑文记载墓葬地址为"华阳县集贤乡永宁里黄土坡……"碑上刻着"夫人乃貂蝉之长女也,随先夫人入蜀"以及"貂蝉,王允歌伎也,是因董卓猖獗,为国捐躯……"等字样。目前这两块石碑下落不明。《三国演义》学会理事、四川省行政学院胡邦炜教授称这一消息"石破天惊",他认为这证明历史上确有貂蝉其人。四川省文史馆研究员、《文史杂志》编审李殿元说:"貂蝉流落四川不是没有可能。如果她是吕布妻妾,吕布被杀后,她不可能在中原再待下去,最大可能就是找个隐蔽的地方隐姓埋名。当时的四川应是最理想的地方。"

由此可见,貂蝉在吕布被杀后,随刘、关、张等中的某位辗转来到蜀地,终老于此的可能性最大。

贵妃遥吟长恨歌

寿王李瑁是唐玄宗的第十八子,他在咸宜公主的婚礼上结识了杨玉环,对其一见钟情。随后李瑁被赐婚,杨玉环被册立为寿王妃,婚后二人生活幸福甜美。

武惠妃死后,唐玄宗在一个偶然场合见到了杨玉环,惊为天人。为了得到杨玉环,他颇费了一番周折:先是打着孝道的旗号,说要为母亲窦太后荐福,诏令杨玉环出家做道士,并赐道号"太真",住进太真宫。然后将大臣韦昭训的女儿许配给李瑁,并立为王妃,以此绝杨玉环退路。五年后,杨玉环守戒期满,唐玄宗便下诏让杨玉环还俗,并接入宫中,册封为贵妃。

杨玉环一入宫便深得唐玄宗宠幸,可谓是"后宫佳丽三千人,三千宠爱在一身"。两人曾指天盟誓："在天愿作比翼鸟，在地愿为连理枝。"但隆宠之下，偶尔也会闹些别扭。京剧名段《贵妃醉酒》讲述：一日，唐玄宗与杨贵妃约定在百花亭饮酒赏花。杨贵妃按时赴约，唐玄宗却迟迟不至。忽然太监来报，皇帝已移幸江妃宫。杨贵妃哀怨自伤，借酒浇愁，乘醉来到花丛中，百花看见美如仙子的杨贵妃，无不羞涩闭合。因此，世人便以"羞花"喻杨贵妃之美。

755年，安史之乱爆发。次年7月，长安失守，唐玄宗逃往四川，走到马嵬驿（今陕西兴平县西北）时，军队哗变，六军不发。禁军首领陈玄礼杀死杨贵妃的哥哥杨国忠后，认为"贼本尚在"，请求处死杨贵妃，以绝后患。"君王掩面救不得"，杨贵妃殒命马嵬坡。

然而，后世一直有人对杨玉环命丧马嵬驿提出异议。唐人陈鸿的传奇小说《长恨歌传》暗示，杨贵妃是"空死"——也就是说没有死。有人还通过翻阅史籍得出以下观点：第一，没勒死。执行死刑的高力士念及旧情，手下留情。第二，验尸官没敢验明正身。验尸官陈玄礼一到行刑现场就拜倒在地请罪，并没有仔细查验杨贵妃的遗体。第三，有人相助。当时逃难的总负责人是寿王李瑁，毕竟是旧时夫妻，恩情还在，李瑁出手相助也是有可能的。20世纪20年代，著名学者俞平伯也提出了相似的说法。他认为杨玉环并未缢死马嵬驿，很可能用了调包之计。安史之乱平定后，唐玄宗回朝改葬杨贵妃时，竟然没有找到她的尸首。

关于杨贵妃的最终下落，流传最广的是流亡日本。相传，当年在马嵬坡，侍女替杨玉环而死，杨玉环则被秘密护送逃往日本，从一个叫"唐渡口"的地方上岸，被安置在旁边一个古老的寺院——二尊院。二尊院里保存有两本古书：《二尊院由来书》和《杨贵妃传》，是该寺第五十五任住持惠学所编，里面记载着杨贵妃如何被救、如何在寺院疗伤以及如何在寺院死去。而且，二尊院里还有"杨贵妃之墓"，呈五轮塔模样，墓朝西方，含眺望家乡之意。

1984年，一篇译自日本的《中国传来的故事》说，杨玉环并未缢死于马嵬驿，而是在陈玄礼、高力士帮助下，金蝉脱壳，保全了性命，逃往日本，安度余生。

2002年，日本著名影星山口百惠在接受采访时，宣称自己是杨贵妃的后代，一时舆论大哗。有学者经过深入调查发现，浙江省三门湾畔的入海口有一个以杨姓为主的村庄，名为溪头杨，是山口百惠祖上的发源地。也就是说，山口百惠是杨姓的后代。要说当年杨贵妃及族人流落到此，也有可能。

杨玉环的命运终局给后人带来无限的遐想。种种传说其实反映了世人对这段"盛唐艳事"的态度，既有对唐玄宗荒淫误国的批判，也有对这位美丽女子命运的同情。

【延伸阅读】

四大美女的由来

中国古代"四大美女"是指沉鱼、落雁、闭月、羞花的西施、王昭君、貂蝉和杨贵妃。

其实，关于中国古代美女，不同朝代也有不同的说法。先秦说的是毛嫱、西施、丽姬和郑旦；唐朝说的是戚夫人、王昭君、潘淑妃、杨玉环和绿珠；宋代说的是王昭君、赵飞燕、班昭和绿珠；元代说的是卓文君、王昭君、赵飞燕和绿珠；清乾隆时说的是西施、虞姬、王昭君、绿珠和红拂女。

今版"四大美女"西施、王昭君、貂蝉和杨贵妃首次集体亮相，是在清代嘉庆年间华广生辑录的小曲合集《白雪遗音》中。其中，貂蝉是第一次出现，王昭君则自始至终都在"四大美女"之列，足见世人对她的推崇。晚清素阁主人的《四大美人艳史》详细讲述了这四位美女的故事，才算把"四大美女"的地位确定下来。

十八、《清明上河图》之谜

【题记】《清明上河图》是一幅举世闻名的风俗画卷,以其丰富的思想内涵、独特的审美视角、现实主义的表现手法,被奉为中国乃至世界绘画史上的经典之作。有关画的名称、涵义等,历来众说纷纭。有的人说画作已经佚失掉一半,也有人说现在的样貌就是完整的作品;画作呈现的地点,大多数人认为是北宋都城汴京,但又确定不了具体在汴京哪儿。那么,这幅有着"天下第一画"之称的旷世名作到底隐藏着哪些秘密?

风俗长卷绝妙作

《清明上河图》堪称中国美术史上的稀世珍品,上有跋文十四款、钤章九十六方,这在我国乃至世界绘画史上都是独一无二的。

《清明上河图》真实记录了北宋徽宗宣和年间汴京的繁华景象。画中所绘城郭、市桥、屋庐之远近高下,草木、牲畜之大小出没,以及居者、行者、舟车之往还先后,皆曲尽其仪态而莫可数记。人物大者不到三厘米,小者如豆粒,仔细品察,个个形神毕备,毫纤俱现,极富情趣。据说,当年宋徽宗见到此画,立即被其征服,称这幅长卷为"绝妙作品"。

《清明上河图》全画可分为三个部分:第一部分展现的是汴京郊外的景

物；第二部分主要描绘的是土桥及汴河两岸的繁忙景象；第三部分则描绘了汴京市区的街景。

关于《清明上河图》中的人数，历来说法不一。据著名历史学家白寿彝《中国通史》记述，全卷所绘人物五百余位。而著名工艺美术家汤友常以"数米法"考证原画，认为画上绘有八百一十五人。另据日本作家斋藤谦所撰《拙堂文话》统计，《清明上河图》上共有各色人物一千六百四十三人，比古典小说《三国演义》、《红楼梦》、《水浒传》中任何一部描绘的都要多。

除人物外，图中还有各种牲畜六十多匹，木船二十多艘，房屋楼阁三十多栋，车、轿二十多辆（乘）。如此丰富多彩的内容，为历代古画所罕见。各色人物从事着各种活动，不仅人物衣着不同，神情气质也各异，其间充满着戏剧性的情节冲突，令观者看罢饶有回味。

《清明上河图》以其丰富的思想内涵、独特的审美视角、现实主义的表现手法，成为中国乃至世界绘画史上的经典之作，同时也为后人提供了北宋商业、民俗、建筑、交通、手工业等方面的第一手资料，具有重要历史文献价值。《简明不列颠百科全书》在"张择端"这一词条内对《清明上河图》的评价是："一幅具有重要历史价值的风俗长卷"。

《清明上河图》是中国美术史上的稀世珍品，其中三个版本最精：一是"宋本"，即宋代张择端的原作，现藏于北京故宫博物院。二是"明本"，即"吴门四家"之一、明代著名画家仇英的仿本，现藏于沈阳故宫博物院。三是"清院本"，由清宫画院陈枚、孙祜、金昆、戴洪、程志道五位画家合作画成，现存于台北故宫博物院。

流传世间历坎坷

作为享誉古今中外的传世杰作，宋本《清明上河图》在问世后的八百多年里，曾被无数收藏家和鉴赏家把玩欣赏，是后世帝王权贵强取豪夺的目标。它曾多次出入皇宫，辗转飘零，几经战火，历经劫难，演绎出许多传奇故事。

张择端完成《清明上河图》后，首先将它呈给了宋徽宗。宋徽宗酷爱此画，用他著名的"瘦金体"在图上亲笔题写了"清明上河图"五个字，并钤上双龙小印。然而，此部分现已不复存在。这有两种可能：一是作品流传年代太久，经无数人之手把玩欣赏，开头部分破损了，后人重新装裱时干脆把这一段裁掉；二是可能因宋徽宗题记及双龙小印值钱，有人故意将此部分裁截下来，单做一幅另卖高价，这种事在历史上屡见不鲜。

1126年，金兵大举进攻北宋，很快占领了都城汴梁。1127年，宋徽宗、宋钦宗父子被金兵掳走。北宋朝廷精心收藏的历代名人字画也成为金军的战利品，《清明上河图》第一次离开皇宫，流落到民间。

蒙古人灭金吞宋、建立元朝后，统治者到处搜刮珍宝，《清明上河图》再次进入宫廷。

元至正年间，宫内一位装裱匠趁装裱《清明上河图》之机，用了一个调包计，把真本偷换出宫，卖给了一位权贵，《清明上河图》第二次被弄出皇宫。之后，《清明上河图》被元朝人陈彦廉、杨准，明朝人朱鹤坡、徐溥、李东阳等相继收藏。

明嘉靖年间，内阁首辅严嵩权倾朝野，他派出爪牙四处打探《清明上河图》的下落。史料中没有记载严嵩找画的过程，不过，民间有很多传说，尤以明太仆少卿李日华《味水轩日记》中《枕中秘》的记载流传最广。

据《枕中秘》记载，1524年，《清明上河图》到了前兵部尚书陆完手里。时隔不久，陆完遭人陷害，被贬到福建并死在那里。陆夫人王氏知道《清明上河图》是丈夫最珍爱的物品，就把它缝进一只枕头里，秘密收藏。陆夫人有一个侄子王震斋，擅长绘画，更喜欢名人书画，便挖空心思向陆夫人央求借看《清明上河图》。反复恳请后，陆夫人勉强同意，但只许他在阁楼上欣赏，不许他带笔砚临摹，也不许将此事透给别人。王震斋欣然从命，看了十余次，后来竟仅凭记忆临摹出一幅十分逼真的画来。

获悉严嵩正四处搜寻《清明上河图》，右副都御史王忬便花八百两纹银从王震斋手中购得赝品，献给严嵩。严府装裱匠汤臣认出画是假货，向王忬敲诈四十两银子，但王忬不予理会。汤臣恼羞成怒，在严嵩设宴时，将赝品上的做旧颜色用水冲掉，状告王忬献假画，私藏真品。这令严嵩颜面尽失，对王忬心生愤恨。恰在此时，蒙古大军进犯中原，王忬被任命为兵部侍郎、蓟辽总督，出征御敌，结果大败而回。严嵩趁机借题发挥，指示党羽弹劾王忬，结果王忬获罪被杀。最终，严嵩还是得到了《清明上河图》。后来，严嵩官场失势，被抄家产中就有此画。此次进入明朝内府，乃是《清明上河图》第三次进入皇宫。

明万历年间，《清明上河图》落入司礼监掌印太监冯保手里。1578年，冯保在《清明上河图》卷后题跋："余侍御之暇，尝阅图籍，见宋时张择端《清明上河图》……虽隋珠和璧，不足云贵，诚稀世之珍欤，宜珍藏之。"由这段跋文推测，此画不像是皇帝赏赐给冯保的，而可能是冯保利用职权之便偷出皇宫的。若真是赏赐得来，冯保定会在题跋中大做文章，炫耀一番。

《清明上河图》在冯保手里待了多久不得而知，但在抄没冯保家产时，并没有这件作品。此后百余年，《清明上河图》下落不明，其间究竟几易其主，无人知晓。

清乾隆年间，这幅画再次露面。这次收藏《清明上河图》的是浙江桐乡人陆费墀，此人曾任《四库全书》总校官。陆费墀得画后，也在画上钤印题跋。临终前，他将画转给了朋友毕沅。毕沅是清代著名经史学家，其弟毕泷是著名的收藏鉴赏家。得到《清明上河图》后，兄弟俩经常一同欣赏。毕沅死后，湖广各地起义反清。清廷认为毕沅任湖广总督期间，"教匪初起失察贻误，滥用军费"，将毕家世职革去，满门抄斩，《清明上河图》第四次进入皇宫。

此后，《清明上河图》在清宫里度过了一百多年的平静岁月。虽然中间历经了1860年英法联军以及1900年八国联军两次入侵，但《清明上河图》都侥幸逃过了劫难。

1922年，末代皇帝溥仪以"赏赐"其弟溥杰的名义，秘密把宫内收藏的古书和名人字画分六批运至天津，张择端的《清明上河图》赫然在列。

1932年，溥仪在日本人扶植下建立伪满洲国，《清明上河图》又被带到长春，存在伪满皇宫东院图书楼。

1945年8月，抗战胜利前夕，溥仪乘飞机逃往大栗子沟，伪满皇宫因失火而一片狼藉。混乱之中，不少人趁机进宫"抢洋捞"，大批珍宝因此流散民间，其中就有《清明上河图》。

后来，解放军干部张克威通过当地干部收集到伪满皇宫流散出去的珍贵字画十余卷，其中就有《清明上河图》。1947年，张克威调到东北行政委员会工作，带来这十余幅卷轴交给了东北革命根据地的负责人之一林枫。《清明上河图》经林枫之手进了东北博物馆（今辽宁博物馆前身）。

1951年，书画鉴定专家杨仁恺接手清点文物工作。当杨仁恺打开一卷残破的画卷时，顿时惊呆了：长卷气势恢弘，虽然没有作者的签名和题目，然而历代名人的题跋丰富、翔实，收藏印章纷繁复杂，仅末代皇帝溥仪的印章就有三枚之多。杨仁恺将这幅画卷的照片发表于东北博物馆编印的《国宝沉浮录》，立即引起国内外专家学者高度关注。时任国家文物局局长的郑振铎将画卷调往北京，经专家进一步鉴证，确认是千百年来闻名遐迩的《清明上河图》真迹。遗失多年的稀世国宝得以入藏北京故宫博物院。

画名涵义有异说

《清明上河图》名字的由来，历来有不同的说法。

一是时令说。明代李日华在《味水轩日记》中称，此图宋徽宗曾题诗，诗中有"如在上河春"一句，可见描绘的是初春的汴京。据宋代文献记载，人们在清明前后，家家禁断烟火，门上、轿上插柳条，然后纷纷出城扫墓踏青，直至日暮才回城。《清明上河图》中类似内容不少，如：有一队人马自郊外入城，女主人乘坐的轿子插满枝叶杂花，这是北宋汴京一带扫墓时乘轿的特有习俗；画中还有一家纸马店，有的行人手提小包，上写"百八"二字，有专家认为应为烧的纸钱……持"清明节"观点的有文物鉴定专家郑振铎、书画鉴定专家徐邦达等，郑振铎甚至指出画面所描绘的就是清明节这一天的情景。

但有学者指出,该画中有些景物的物候表现与"清明"明显不符,更像是余热未退的初秋时景。如:画中摊贩桌上有切开的西瓜,若是清明时节,河南一带哪来的西瓜?再如图中手执扇子的人物多达十余人,与汴京清明时节也明显不符。尤其是画中一些光着身子的孩子在大路两旁嬉戏,非常活泼自然,如是在清明时节,孩子们是不会裸着身子的。图中农家短篱内,长着果实像茄子一类的作物,似有秋熟的迹象。有的店家幡子上写着"新酒"字样,而新酒多是秋天上市。

支持"清明说"的学者回应说,当时有"博扇子者最多,以夏之迩近也"的情况,就是说在清明时节,人们只是以扇子为赌博之利物用以推销。至于西瓜,图中的块状物并非西瓜,因为北宋时期中原还不曾种植西瓜。关于新酒,《东京梦华录》中说:"中秋节前,诸店皆卖新酒。"而画中的几处酒店,只有一处旗子上写"新酒"。况且酒一年四季均可酿造,所以酒店随时可卖新酒。最明显的是,画中一百七十多棵树木,其中柳树都是细叶嫩芽,其他树木则是光秃秃的,正是清明前后的情景。中秋前后,所有树木都枝叶繁茂,绝不会是光秃秃的样子。图中郊外的路上,两位老者骑着毛驴,头戴风帽,与少数赤膊小孩恰成对比,说明老人尚觉春寒未尽,正是清明时节。

二是地名说。当时汴京内、外城及郊区,共划分一百三十余坊,而外城东郊区共分三坊,第一坊就是清明坊。图中所绘是汴京清明坊到虹桥汴河西岸这一段"上河"的景色,所以就以此街坊名为画名。

持"清明坊"观点的学者主要是宋史专家孔宪易。1981年,他在《美术》发表《清明上河图——"清明"质疑》一文,通过对木炭、石碌子、扇子、西瓜、服饰等考证研究,认为画的是秋景。清明意指"清明坊"。

持不同意见者认为,现存该画的起点是汴京郊外小道,并非是什么街坊。据《清明上河图记》载,那幅有徽宗御笔题签且加盖御玺的真迹,所绘内容幅度很大,系从汴河东水门外十余里的荒郊开始,一直画到城中宫苑,而不止清明坊到虹桥汴河西岸这点距离。清明坊不过是一个极小的地名,画家此作品是呈献给皇帝的重要礼品,不应选此小地名作为作品的名字。还有学者指出,从《东京梦华录》诸书来看,人们习惯上多用街巷名来称呼某个地区或某建筑物所在地，而不是用街坊名。所以，如用"清明坊"来命名此画，不说东京以外的人不明白其含义，就是东京城内的人也未必都能知晓。另外，对于此画所绘东京市容究竟属于哪个位置，争论也很大。有人认为是位于东京新城东水门内外到旧城东南部，有人认为全是东水门外的虹桥一带，也有人认为应位于旧城东角子门内外，或笼统认为是汴京城郊的汴河到城内街市。

三是颂词说。"清明"是对"太平盛世"的称颂之辞。张择端初绘此画于北宋徽宗宣和年间，当时社会虽然危机四伏，处于动乱前夕，但表面上依然歌舞升平，京城繁华，宫廷内外咸颂"清明"。

持不同观点者指出，虽然《清明上河图》展现了繁盛景象，但是图中也描绘了乞讨的乞丐、官衙门口坐着的懒散的士兵，这些与太平盛世相悖的景象又该如何解释？

实际上，不仅"清明"二字有诸多说法，"上河"的解释也是众说纷纭。据《东京梦华录》记载："汴河自西京洛口分水入京城，东去泗州入淮，运东南之粮。"根据这段文字，由西北向东南是下水，"上河"即汴河上逆水行舟之意。然而根据《清明上河图》上明代李东阳的题跋："上河者云，盖其世俗所尚，若今之上冢然，故其如此也。"一些学者提出"上河"即是"上坟"。不过，还有学者认为，"上河"不能作为动词解释，而应该作为专用名词解释。如果按名词解释，"上河"应该是指御河。

盛景之下危机多

《清明上河图》中往来如梭的舟船车马、熙熙攘攘的人群客商，称得上是盛世之景，但有学者认为商业繁荣的表面之下暗藏危机。

画中，路上一匹马受惊狂奔，三个马夫慌忙在后追赶，周围的人们顿时惊慌起来，一老人急忙招呼在路边玩耍的小孩避让，另一持杖老人慌忙闪躲，前面酒馆旁的黑驴被惊马吓得乱跳，店内的食客闻声张望。这是画中描绘的第一个险象伏笔。

十八、《清明上河图》之谜

汴京城中每一坊都有望火亭,亭上须有人眺望,亭下还有兵驻扎,一旦发现火情,可马上组织灭火。然而在画卷中,这仅有的一处望火楼形同虚设,厅内是歇脚的长凳,亭下开着酒馆,消防系统已经颓败。

在这幅图的中心位置,画家还记录下一场危机——一只客船险些撞上桥梁。图中拱桥两侧聚集大批人群,几个纤夫埋头拉纤,船工没有放下桅杆,导致桅杆即将撞上拱桥!险情至此,行人大声呼叫,船头上的船夫奋力用长杆顶住桥梁。百姓都捏着一把汗,桥上有人为防船工落水,抛出绳索。与此同时,桥上上演着另一场官员争道的闹剧,坐轿的文官与骑马的武官互不相让,轿夫与马夫各仗其主,争吵不休。桥上桥下的险情成为全卷高潮。

为了防备年荒和遏制商贾囤积居奇,北宋历朝注重在汴河沿岸建立营仓。但画中绘有两处卸船的场景,船主们指挥着装卸工卸粮到深巷私仓,所有粮船皆非官办,也无度量官到场监运。朝廷丢了国粮储运,潜在的官粮危机暴露无遗。

画中一递铺衙门前坐卧着九个兵卒,还摆放有两只公文箱,显然是公差在这里待命多时,已十分疲惫了。院子里卧着一匹白马,一个马夫手持缰绳,似乎在等待主人。应该是清早出行的官差,快到晌午仍迟迟不出,可见北宋官府效率之低下。

画中城门不是瓮城,夯土垒成的城墙,四处塌陷,上面也没有放任何城防工事,连射箭的城垛也没有。城门前后、城楼上下竟没有一兵一卒把守,门禁制度已经彻底涣散了。北宋后期,辽金两国的奸细暗访汴京,刺探军情是常态,而巧合的是骆驼队和胡人就画在不设防的城门口。可见,军事日渐衰败,国防渐趋废弛。

画中,城内第一座建筑便是税务机构,进城货物必须先验货交税。门口四个车夫运来一包纺织品,一个车夫进屋报税,门外验收官员指着麻包报出大数,引起车夫们不满,双方吵声之高,惊动了城楼上的更夫向下张望。宋徽宗时大办花石纲,税额激增,车夫与税官的纠纷,是当时官民关系紧张的缩影。

"正店"是官府授权酿造美酒的酒店,右侧的临街小屋原为军巡捕屋(相当于消防站),已改为军酒转运站,屋内灭火用具皆已废弃,屋前八只木桶原为消防存水之用,此时已变身酒桶。本应守卫城门的军卒却精神抖擞地出现在酒铺里。画卷中新酒、小酒、老酒等招牌多次出现，满城酒车络绎不绝，足见朝廷军事之弊及民间酒患之重。

《清明上河图》并非只是简单地描绘百姓风俗和日常生活，在商业繁荣的表象之下暗藏危机，是一幅带有忧患意识的"盛世危图"。北京故宫博物院研究员余辉认为："这些本不是赏心悦目的绘画内容，张择端却精心描绘，成为其作品深处丰富的潜台词。"

【延伸阅读】

《富春山居图》合璧展出

《富春山居图》是元代大画家黄公望倾力绘制的旷世名作，描绘了富春江两岸初秋的秀丽景色，笔墨清润，意境简远，布局疏密有致。而黄公望也以其在山水画上的成就名列"元四家"之首，成为明清山水画界共尊的宗师。

《富春山居图》始画于1347年，完成于1350年。明清之际，《富春山居图》为收藏家吴洪裕所得。1650年，吴洪裕病危，弥留之际欲将该画火焚殉葬。他的侄儿从火中抢出，此时长卷已有五尺被烧毁，余下部分又被烧成两段。前段长尺许，恰好有一山一水一丘一壑之景，被命名为《剩山图》。后段长约两丈，经过精心修复装裱，董其昌的题跋被从画尾移至画首。因跋中写明此画系黄公望为好友无用禅师所作，所以被称作《无用师卷》。前段《剩山图》曾流落民间，1956年被浙江省博物馆收藏；而后段《无用师卷》一度被清廷收藏，1946年随故宫文物一起辗转台湾，现藏于台北故宫博物院。

2011年6月1日，有识之士经过近十年努力，终于使这幅分隔两岸六十余年的《富春山居图》在台北合璧展出，参观人数超过五十万。一卷山水，两岸薪传；一朝合璧，意蕴深远。

十九、忽必烈何以两度折戟日本

【题记】13世纪的蒙古帝国，堪称冷兵器时代世界最强军事帝国，铁蹄踏遍欧亚，马鞭扬威世界，攻无不克，战无不胜，灭国四十，征服民族七百多个，强如花剌子模、波斯、基辅罗斯、匈牙利、黑衣大食等国纷纷落败、先后臣服。然而，不可一世的蒙古铁骑为何两度东征日本都铩羽而归？

横扫欧亚建大元

13世纪初，蒙古诸部于漠北崛起，逐渐脱离金政权的统治。1206年，铁木真被各部落推举为"成吉思汗"，建立大蒙古国。从此，蒙古草原结束了长期混战的局面。

1218年，成吉思汗派大将哲别率两万蒙军攻灭了丝绸之路上的西辽国，打响了西征的前哨战。

1219年，成吉思汗亲统约二十万大军兵分四路西征，屠寻思干城一百二十万人；1220年2月，攻占不花剌城，屠杀大批平民；10月，在烧死、射死投降的三万人后，将撒麻耳干城洗劫一空；1221年对玉龙杰赤、巴里黑城、莫夫城、塔里寒城、尼沙普尔城等多个中亚城市斩尽杀绝，仅玉龙杰赤一地就屠杀一百二十万人。蒙军兵锋所指，尸积如山，血流成河，一座座繁华之城从地球上消失。

1226年，成吉思汗集结大军，兵分两路，大举进攻西夏，蒙军攻城拔寨，所向披靡。11月开始围攻夏都中兴府。1227年，成吉思汗率大军直捣金国境内，6月到秦州清水县时患病（一说被西夏王妃所伤），临终遗训，待西夏王献城投降时，将他与中兴府内所有兵民统统杀掉，7月病亡。蒙军攻下中兴府时，立刻将西夏王和城中居民六十万全部诛灭，还将西夏王陵捣毁，绝其"龙脉"。至此，立国一百九十年的西夏王国名实俱亡。

成吉思汗死后，大汗位空缺两年内，由成吉思汗四子拖雷监摄国政。1229年，窝阔台继承汗位。1231年，窝阔台遣将绰儿马罕率大军再次征伐，灭掉花剌子模。同年，拖雷引兵攻掠四川，大肆屠杀成都居民。

1233年，窝阔台采取"联宋攻金"策略继续对金作战，攻下开封，迫使金哀宗出走蔡州。第二年，宋蒙两军包围了蔡州，金哀宗自尽。立国一百二十年的金朝灭亡。

1235年，窝阔台以术赤次子拔都为统帅，以速不台为前锋主将，率皇子贵由、皇侄蒙哥等出征钦察、斡罗思等国，史称"长子西征"。历时八年，先后征服里海布噶尔王国、斯拉夫各族，进而灭亡位于东欧大平原的基辅罗斯，而后击溃波兰和神圣罗马帝国联军，大败匈牙利，征服保加利亚，兵锋远达意大利半岛的威尼斯东北。

同年，蒙军在西起川陕、东至淮河下游的数千里战线上分兵三路进攻南宋，东路主攻江淮，中路主攻襄樊，西路主攻四川。四川作为三大战场中遭蒙军摧残最严重的地区，在蒙军疯狂屠川后，人口由一千三百万锐减至六十万，从此天府之国千里无人烟。

1252年，蒙哥命忽必烈率十万大军兵分三路南征大理国。一路上多位酋长归附，献计用革囊渡金沙江，蒙军遂用皮筏渡江，到达丽江，即历史上有名的"元跨革囊"。1254年，蒙军擒大理国君段兴智，存续三百余年的大理国灭亡。

1253年，蒙哥命其弟旭烈兀率十万大军第三次西征，先后灭亡木剌夷、阿拔斯王朝以及叙利亚。

1264年，凭着汉地强大的经济实力和汉人将领的支持，忽必烈击败弟弟阿里不哥，最终赢得汗位。1271年，忽必烈定国号为"大元"，以大都为首都。

1268年，忽必烈以阿术为主将、刘整为副将，率领蒙军和降蒙的南宋水师攻打襄樊（襄阳、樊城合称）。蒙军进攻重点是樊城，在用尽各种办法后，1273年，终于攻下樊城，守将范天顺、牛富自杀殉国，襄阳已孤立无援，守将吕文焕向元朝投降，历时六年的襄樊保卫战以襄樊失陷而告终，南宋门户洞开。忽必烈下令元兵自汉江入长江，沿长江东下，一路上南宋将领纷纷投降。

1276年，元军兵临临安城下，南宋谢太后和宋恭宗出城投降。

1279年，南宋与元军在崖山进行决战，大败后，左丞相陆秀夫誓死不做亡国奴，含泪背着小皇帝跳海殉国，其余的宋军和官员也纷纷投海成仁。至此，南宋彻底灭亡。

两征日本铩羽还

1265年，高丽人赵彝朝见忽必烈，介绍不少关于日本的情况。从那时起，忽必烈开始留意不远的东方还有这样一个神秘的岛国。次年，忽必烈命兵部侍郎黑的、礼部侍郎殷弘为国信正副使，持国书出使日本，希望与日本"通好"。忽必烈明确告诉日本，要向高丽等国学习，速来进贡，否则将派出蒙古铁骑攻打。这份带有威胁性质的国书几经周折，终于送到了日本天皇手中。忽必烈认为弹丸之国的日本只要收到国书，肯定会立即臣服。然而日本孤悬海外，信息不通，对这份恐吓性质的国书根本没当回事。忽必烈从没碰到过如此轻蔑自己的小国，愤怒之余，遂命高丽国建造大量战船，准备用武力敲开日本的国门。此时，蒙宋战争还在进行，忽必烈无暇东顾。

1268年，忽必烈又命郎赫德经高丽出使日本，没想到的是，竟然遭到日本拒绝入境的羞辱。1270年底，忽必烈派秘书监赵良弼第三次出使日本。为了显示军威，他派五投下军统领忽麻林、武德将军统领王国昌等人率领一部分蒙军进驻高丽，并在靠近日本海域的地方驻扎，为赵良弼出使日本助威。日本大宰府得知蒙军在高丽驻扎及信使赵良弼即将来日的消息后，立即上报天皇与幕府。这次，日本人坐不住了，开始积极备战。赵良弼一行抵达日本后，立即遭到日军围攻，后经波折，日本大宰府的少贰藤原经资见了赵良弼。藤原经资向赵良弼索要国书，赵良弼告诉他国书只能交给天皇或幕府将军亲看。忽必烈拟定的第三份"告日本天皇书"，口气已较前两次稍委婉，但日本认定元朝是侵略者，赵良弼落了个限期离境，灰溜溜地走了。日本的举动彻底激怒了忽必烈，一个弹丸之国竟敢如此无礼，况且，日本与元朝的敌对方南宋政权关系密切，民间交往频繁，这不是和大元帝国作对吗？

1273年6月，忽必烈出兵高丽，控制了日本与南宋间的海上交通要塞。1274年，在得知战船已经全部造好的消息后，忽必烈任命忻都为征东都元帅、洪茶丘和刘复亨为副帅，率军三万两千人进军日本。元军征日首战全歼对马岛的日军，日本虽然顽强抵抗，但一遭遇火炮轰击，手持大刀的日军将领顿时傻眼了。在此之前，日本从来不知世上还有火炮这种东西。元军在博多湾登陆后，连日奋战，上下皆感疲累，更令他们失望的是，日本根本不是传说中的"遍地黄金"，而是贫瘠海岛，腥风劣土。高丽将领劝忻都一鼓作气直杀大宰府，忻都不听，下令班师。一天晚上，海面突然起了风暴，狂风大作、巨浪滔天，元军几百艘舰船被拍击成了碎片。据记载，元军有一万三千人因此丧生，剩下的人只好狼狈回国。消息传至幕府，忧心忡忡的执权北条时宗喜出望外，连连叩头感谢上苍，嘴里不停地大呼："神风！神风！"忽必烈接到大量官兵死于台风的消息后，气得咬牙切齿，却也无可奈何。

1275年，忽必烈遣礼部侍郎杜世忠等人为使，再去日本"宣慰"。不料，元使一行千辛万苦到达日本后，北条时宗依仗上次"神助"的胜利，不再害怕大元帝国了，一挥手，竟把这群神色傲慢的元使砍了。

五年后，忽必烈才得知消息，非常恼火。1281年春，忽必烈再次集结大军，攻打日本。这一次人数更众，达十四万人，战舰更多，有四千多艘，浩浩荡荡向日本进发。然而这八年时间里，日本人也没闲着，在沿海登陆点筑起了高高的城墙。元军一到，根本无法登陆，只能依靠人员优势进行强攻，大部队则待在舰船上。高丽水手觉察到风暴即将来临，试图把船开往外海躲避危险，但他们的努力失败了。台风袭击了九州沿岸。"烟飞云不敛，雷雨如暗夜"，四万北方战士中有三分之一被狂风消灭了，而十万江南军在试图逃脱时更有一大半葬身大海。被困在海滩上的元军或被屠杀，或被俘虏，或葬身大海。日本对被俘元军依次甄别，凡是蒙古人、高丽人、北方汉人，皆就地杀头，只留下几千南宋新附军，日本认为这些江南人是"唐人"，可充当奴隶。元军将领收拾残军回国，却隐瞒了大败的实情。不久，被俘为奴的江南汉人于阗逃回国内，尽报实情，忽必烈这才得知十多万大军已绝命于波涛狂浪之中。

惨败原因如谜团

忽必烈两次征日均遭惨败，日本两次化险为夷，究其原因，除广为人知的台风因素外，还应从以下几个方面来综合分析。

一是备战方面。第一次征日时，南宋尚未灭亡，蒙古人仅控制了北方地区，而且正集结重兵准备南下灭宋，所以用来进攻日本的军队只有三万两千人，且蒙古人不擅长海战。更主要的是，忽必烈当时还没有把弹丸之地的岛国当回事。待到第二次征日时，元军将领请求忽必烈为远征军配备足够的战马、火器，忽必烈竟以海战不需此类装备为由予以回绝。元军两次入侵都不是突然袭击，日本事先都得到可靠消息，特别是第二次入侵，日本人早早侦知了元军的动向，作了充分的战争准备。幕府在九州征用民夫，于元军最可能登陆的海岸构筑了一道石墙，用以阻碍元军骑兵。各地精锐武士云集于此，严阵以待，以逸待劳。

二是战术方面。按照日本人的说法，蒙古人的战斗力并不像想象的那样强大。战争开始后，日本人采取了贴身近战的战术，使蒙古人的弓箭和抛石机优势尽失。本来，蒙古兵吃苦耐劳，必要时他们甚至可以靠吃生马肉、喝马血维持生命，且作战机动性很强，一般只带很少的粮草，吃穿问题主要通过掠夺来解决。蒙古人偏偏无法发挥自己的特长，一直未能突入内地居民区，自然无法获得补给。

三是单兵装备方面。对日作战,蒙古第一次遇到了短武器优于自己的对手。据说元军士兵的刀剑与日本刀一碰即断。日本人装备的优势不仅在于战刀,还在于武士的铁甲,只要距离稍远,蒙古弓箭就无力穿透日本武士的盔甲。

四是战斗力方面。元朝实行"四等人制",军队也不例外。征日军中,蒙古军处于最高等级,装备精、待遇好、地位高,优越感非常强烈,对低等级军人傲慢无礼,对由南宋新附军"南人"构成的江南军尤其如此。甚至连忽必烈都说:"范文虎,新降者也,汝等必轻之。"对征日统帅,忽必烈也未慎重考虑,以致将帅之间无法协调统一。将帅失和的军队,其凝聚力和战斗力可见一斑。日本人尚武,武士自小接受严格的军事训练。蒙古人的记载中也称日本人骁勇善战、擅长单打独斗。此时日本政局稳定,北条时宗对镰仓幕府和各藩的控制远胜以往,因此日本能够动用更多的人力物力。加之日本对外来势力有强烈的排斥心理,所以对元军的到来,整个日本是同仇敌忾、拼死战斗。

五是战船方面。1981年,美国考古学家兰德尔·佐佐木对打捞上来的七百多块元军战舰残骸进行了分析,发现战舰设计上的缺陷、拙劣的做工以及所用的劣质材料等有可能是元朝舰队覆灭的原因。很多蒙古战舰龙骨上的铆钉过于密集,甚至在同一个地方有五六个铆钉。征日的船只是元廷以命令方式摊派给高丽王和原南宋地区的。为了如期完成强征任务,原南宋水师的战船、长江内河航运的商船、从事远洋贸易的海船、用于捕捞作业的渔船都成了征集对象,舰船五花八门。为准备第一次征日,忽必烈命高丽王造舰九百艘,要求六个月内完工。造船技术本就落后,又要在如此短的时间内完成如此浩大的工程量,高丽被迫赶进度、降质量,大量的"豆腐渣"船应运而生,后果可想而知。

神风余波远未完

历史上,日本一直觊觎朝鲜半岛和中国,从唐朝开始就不断发动对朝鲜的入侵,企图以朝鲜半岛为跳板,入侵中国。

十九、忽必烈何以两度折戟日本

663年，唐将刘仁轨指挥唐朝、新罗联军一万三千人、战船百余艘与倭国（日本）、百济联军四万两千人、战船千余艘，在百济白江口发生激战，日军大败，战船全部被焚毁，上千人被杀或溺亡。此后，日本改变了策略，先后19次派人到大唐学习，并和唐朝建立了良好的关系。

但自从两次战胜强大的元朝，日本滋生出不可一世的狂傲心理，这对后世的影响是深远的。明万历年间，刚刚统一日本的丰臣秀吉便出兵朝鲜，放言要征服中国乃至印度，虽遭失败，其不自量力的狂妄却并未收敛。18世纪前后的佐藤信渊、19世纪前后的山县有朋等人逐步细化对华侵略扩张的战略构想。到了清朝末年，日本疯狂对外扩张的思想登峰造极，侵略行为变成了常态，成为亚洲甚至世界战争的策源地。

琉球群岛是太平洋西部的一个岛屿群，自东北往西南延伸约一千一百公里，面积三千余平方公里。中国与琉球王国的宗藩关系有五百多年的历史，自明初以来，琉球历代国王都接受中国册封，每年都向中国进贡。但1875年5月日本强令琉球国王停止对清政府朝贡，并派军队驻扎琉球；为强行抹去中琉之间"宗藩关系"的痕迹，6月又强令琉球改用日本年号。最终在英、法等列强的调解下，清政府与日本签订了丧权辱国的《北京专约》，承认琉球是日本属国，日本侵台是"保民义举"，清政府赔偿日本五十万两白银。1879年4月4日，日本以武力吞并了琉球，改为冲绳县。琉球成为日本对外扩张的第一个牺牲品，我国东海屏障尽失，对国家安全影响深远。

1894年，日本发动甲午战争，强迫清政府签订了《马关条约》，使日本在20世纪初成为新兴的帝国主义国家；1900年，八国联军侵华后，逼迫清政府签订《辛丑条约》，日本获得在中国驻军权利；1904年，日、俄为争夺在中国东北的势力范围爆发战争，日本战胜后跨入列强行列；1914年，第一次世界大战爆发，日本侵占整个山东地区；1915年，日本向袁世凯提出了灭亡中国的"二十一条"，由参与西方列强侵华转为独霸中国；1919年，日本组建关东军，侵占旅顺、大连地区及南满铁路沿线，成为在中国拥有最大殖民势力的帝国主义国家；1931年，日本发动了九一八事变，不到半年占领了中国东北全部地区；1932年，日本扶持溥仪建立"伪满洲国"；1937年7月，日本悍然发动了全面侵华战争。

1941年12月,日军偷袭美国夏威夷珍珠港,太平洋战争爆发,日本向美、英、法等同盟国开战,波及国家多达三十七个,涉及人口超过十五亿,交战双方动员兵力在六千万以上,伤亡和损失更是难以估计。战争末期,日本寄希望于"神风"再次带给他们国运,建立了一支特别部队——神风特攻队,又称神风敢死队。秉承"一人一机换一舰"的理念,向美军舰队发动自杀式攻击,然而历史终究没有重演,曾经拯救日本的"神风",这一次并没有眷顾日本法西斯。他们侵略扩张的野心也伴随着神风特攻队飞机的残骸,化作海底藻屑,成为历史尘埃。

【延伸阅读】

两征安南

两征日本惨败后,忽必烈仍不愿放弃征服日本的念头。1283年,他下令备战,计划于1286年三征日本。1285年,传来了元军远征安南(今越南中北部)惨败的消息,忽必烈大怒,当即决定发兵报复,于是下诏停止远征日本。可以说,这回是安南人救了日本。

其实早在1257年,蒙古大将兀良合台就曾攻克安南王都,但由于蒙军不适应当地气候,最后不得不撤走。忽必烈称汗建元后,安南国王陈光昺被迫称臣,接受元朝统治。陈光昺死后,他的儿子陈日烜继位,开始反元。1284年,忽必烈派王子脱欢、大将李恒率军进攻安南。1285年,元军击溃安南军主力,占领安南王都,并乘胜追击安南军残部。然而就在此时瘟疫开始流行,士兵死伤日增;加上山多林密,地形复杂,后勤不济,元军只得撤兵。安南军乘势追袭,元军大败。

1287年,忽必烈不听大臣劝谏,调集大军七万,二征安南。元军以脱欢为总指挥,分三路并进。安南军采取诱敌深入的策略,坚壁清野,以小部队频繁袭扰，同时在海上截击元军运粮船队。元军粮船缺乏护航，损失巨大，不得已沉米于海，退回琼州。而元军主力由于长驱直入，粮食供应出现困难。天气转热后，又遇疫病流行，陷入进退两难的困境，无奈之下只得退兵。陈日烜举倾国之兵三十万对元军展开围追堵截，元军且战且退，溃不成军，大部被俘。对这次惨败，忽必烈大为恼怒，责命脱欢改镇扬州，终身不许入朝。陈日烜也担心元军再次入侵，将元军俘虏悉数释放，并进献金人代自己赎罪。

1290年，陈日烜去世。1293年，忽必烈命刘国杰等率水陆大军三征安南。然而大军出发后不久，忽必烈就病死了。铁木耳即位，下诏罢征安南。忽必烈的征伐戛然而止。

二十、元朝亡于贾鲁治河吗

【题记】 1279 年,忽必烈征服南宋。此时大元疆域"北逾阴山,西极流沙,东尽辽左,南越海表,汉唐极盛之际不及焉"。但如此强大的帝国,为何不过数十年就急剧腐烂了呢?剽悍凌厉的蒙古骑兵,为什么忽然变得不堪一击了呢?一次黄河决堤,怎么就将元帝国彻底冲垮了呢?贾鲁治河,功垂千载,为什么有人说它导致了元朝的灭亡呢?

兴衰皆因忽里台

当代作家姜戎在其著名小说《狼图腾》里把蒙古帝国的崛起归结为蒙古人学习了狼的智慧,形成了自己的狼文化:坚忍狡诈,冷酷残忍,强者为王,纪律严明,勇敢无畏,团队精神。

毫无疑问,铁木真是狼文化的典型代表。他做过的最令人震惊的事,不是战无不胜和血腥屠城,而是十二岁时射死了自己的弟弟。铁木真十一岁那年,父亲被仇家害死,一家妇孺九人被赶出部落,流落在环境恶劣的肯特山区。在母亲的推举下,未成年的他成了一家之主,带着弟弟妹妹们渔猎采摘,顽强地生存下来。但是同父异母的弟弟别克帖儿仗着身强力壮,不仅不服铁木真,还经常欺负弟弟妹妹,抢夺兄弟的猎物。愤怒的铁木真亲手射死了别克帖儿,维

二十、元朝亡于贾鲁治河吗

护了家族的秩序。在狼的世界里,头狼具有绝对权威。尚未成年的铁木真,已将狼性深深融入血液里。

经过二十多年征战,铁木真终于统一了蒙古草原,建立大蒙古国。令人不解的是,他没有自称大汗,而是召开忽里台,经民主推举成为"成吉思汗";而且规定,以后历任大汗都必须经忽里台推举。所谓忽里台,就是部落联盟大会。这是一种民主机制,参加忽里台的人,主要是黄金家族成员,也包括部分勋贵。成吉思汗想通过这种机制,确保"黄金家族"最优秀的子孙继承汗位。而优秀与否的标准,一是看前任大汗的遗愿,二是看本人的军功。

这一制度有利有弊。一方面,它选出了窝阔台这样的有为之君,灭掉了金国,并发动第二次西征,把版图扩展到中欧;选出了被欧洲人惊恐地称为"上帝之鞭"的蒙哥,发动第三次西征灭掉了阿拉伯帝国,把蒙古帝国的疆域推进到地中海之滨。另一方面,它也选出了贵由这样的平庸之辈。贵由之所以当选,是因为大部分宗王都被他的母亲、窝阔台的皇后乃马真收买了。她大概是中国历史上最早懂得"钞票就是选票"的女人。宗王贵胄们,在公正和利益之间,毫不犹豫地选择了利益。忽里台制度的初衷虽好,却毁于人性。

受狼文化影响,历任大汗当选后,都会对失败的一方进行无情打击甚至血腥清洗,以建立"狼王"的绝对权威,而根本不考虑同祖同宗,也丝毫不念及兄弟情分,除非对方公开表示臣服。这使得黄金家族内讧不断。窝阔台害死拖雷,拖雷的儿子蒙哥即位后,就把窝阔台的子孙清洗殆尽。

蒙哥死后,蒙古帝国扩张的步伐基本上停了下来。各汗国对外失去了统一的目标,内斗接踵而至,分裂遂成定局。到忽必烈时代,大蒙古国一分为五,各自为政,已经没有任何人能够担任"狼王"的角色,蒙古帝国彻底解体了。不仅各汗国之间,就是同一汗国内部亲兄弟之间,为了争权夺利,动辄刀兵相向,你死我活。

忽必烈死后,元朝大多数皇帝都是通过权臣拥立、武力争位或流血政变即位的,政局始终处于动荡之中,仅1328年至1333年五年间就换了六个皇帝,而有元一朝,总共只有十一个皇帝。

元朝权臣的嚣张跋扈,历史罕见。元文宗时,权臣燕帖木儿权倾朝野,不仅色胆包天强娶了先皇泰定帝的皇后、妃子，还纳宗室之女四十人为妾，其中不乏公主、郡主。这些公主、郡主之所以嫁给燕帖木儿，主要是害怕家族受其迫害。对燕帖木儿无法无天的行为，元文宗不仅无动于衷，甚至命皇子认燕帖木儿为养父。燕帖木儿后来荒淫而死，被称为"历史第一权臣"。

元顺帝时期的伯颜，身兼三十余职，官衔累计二百余字，历史上空前绝后。他大权独揽，随意处置大臣，滥杀无辜，任意支取国库财物，而且"天下贡赋多入伯颜家"。他将皇帝亲军精锐调为己用，每次出入宫城，护卫多到填街塞巷，而皇帝的仪卫反而稀稀拉拉，以至于天下人唯知有伯颜，不知有顺帝。

忽必烈之后，元朝并非没有出过英明有为的皇帝，比如第五位皇帝英宗，十七岁继位，年轻有为，和二十二岁的丞相拜住一道大力改革弊政，推行"以儒治国"，裁减冗官，减轻民赋，诛杀奸臣，惩治腐败，使国势大有起色。但执政仅仅三年，保守势力发动"南坡之变"，两人均惨遭杀害。元朝政治，从此就朝着衰败的深渊一路滑下去了。

敲骨吸髓百姓哀

忽必烈给子孙留下了一个繁荣的帝国，也留下一个无比糟糕的财政体制。忽必烈最为后人所诟病的，除了不断征伐之外，就是无节制花钱。其中花钱最厉害的地方，一个是赐赍，一个是礼佛。

由于忽里台制度，每次拟任大汗为确保继位，无不对各宗王贵戚极尽笼络，主要方式就是赏赐，而且数额惊人。从忽必烈起，这种赏赐就成为定例，逐渐发展成滥赏：立了军功的将士要赏，有政绩的文臣要赏，养尊处优的功臣勋旧和皇亲国戚更要赏，而且年年有赏，岁岁益增，以至于财政不堪重负。有不少大臣指出赐赍之弊，忽必烈说："你们只知道小道理，不懂大道理！"

忽必烈的继任者们不仅萧规曹随，而且有过之而无不及。开始的时候还只是年终发福利，后来发展到经常性发福利，如亲政、万寿、徽号、配享、升

二十、元朝亡于贾鲁治河吗

袝、册立、婚丧等,都要大赏王公贵胄。如元仁宗即位时,朝会诸王,赏赐金四万两、银一百八十五万两、钞二十二万三千锭、布帛四十七万两千匹,把库藏赏了个精光。

但这和做佛事比起来,简直是小巫见大巫。元朝历代皇帝都崇奉佛教,在即位前都要先受佛戒,尊喇嘛为帝师、国师。元武宗对喇嘛教尤其狂热,曾下诏:"凡殴打喇嘛者,断其手;凡咒骂喇嘛者,割其舌。"于是喇嘛横行无忌,所过之处,随从如云。他们强住汉民住宅,把男子逐走,留下妇女陪宿。他们很少买东西,都是在光天化日之下公开抢夺。有一个柴贩,因为在街上被喇嘛抢劫,就向上都留守李壁申诉。李壁正在处理此案时,众喇嘛已手执木棍呼啸而至,不由分说把他痛殴一顿。李壁向元武宗控告,元武宗却赦免了喇嘛。又一次,喇嘛跟一位王妃争路,竟把王妃拖下车来,拳脚相加,元武宗仍然不予追究。驻扎杭州的"江南佛教督总统"杨琏真伽,公然把南宋所有皇帝和大臣的坟墓盗掘一空,还把至少五十万农户(约二百五十万人)编为寺院的农奴,权势之大,令人咋舌。

尽管喇嘛成为一大公害,元廷依然对他们穷极供养。内廷做佛事,最多的一年达到五百多次。元武宗时,用在敬佛、修庙等活动上的开支一度高达财政收入的三分之二。1317年,仅供佛饮食一项,即用面二百多吨、油近四十吨、酥油十余吨、蜜十余吨、羊至少三百六十万头!

如此挥霍无度,必然导致财政危机。武宗时,政府年入钞二百八十万锭,但他即位不到一年就用掉了八百二十万锭。为了敛财,统治者们极尽搜刮之能事,赋税多如牛毛,甚至还拍卖征税权,谁出价高让谁征税。自大汗以下,蒙古贵族无不委托中亚商人放高利贷,谓之"斡脱钱",年息百分之百,次年转息为本,本再生息,时称"羊羔息",导致底层民众大批破产。

蒙古皇室"丑声秽行,著闻于外"。上行下效,元朝各级官员的腐败可谓登峰造极,括敛的花样无奇不有,"下属首次参见曰拜见钱,无事白要曰撒花钱,逢节曰追节钱,生辰曰生日钱,管事而索曰常例钱,送迎曰人情钱,拘捕曰赍发钱,讼诉曰公事钱。觅得钱多曰得手,到好地方做官曰好地分,在当地继续升官曰好窠窟"。就连肃政廉访官吏也是"所至州县,带着出纳检钞称

— 179 —

银,如同做买卖"。1345年,元顺帝从中央抽调部分官员任宣抚官,到地方赈济贫民,整肃吏治。但这些宣抚官非但不治吏救民,反而与贪官污吏狼狈为奸,一同欺压百姓。当时流行这么一首民谣:"奉使来时惊天动地,奉使去时乌天黑地,官吏都欢天喜地,百姓却啼天哭地。"

为了搜刮百姓兜里最后一个铜板,元朝滥发纸币,引起恶性通货膨胀,在旧钞变成废纸时,就发行新钞。忽必烈死后十几年,货币已经公开贬值25倍。到元末,米价较忽必烈时代上涨七万倍,民间交易回到"两只斧子换一头羊"的原始社会阶段。成千上万的底层人民沦为佃户甚至流民,每天挣扎在死亡线上。

黄河之水滔天来

敲骨吸髓的剥削,必然引起人民反抗。江淮地区流传着这样的歌谣:"天高皇帝远,民少相公多。一日三遍打,不反待如何?"即便在政策最好的忽必烈朝末期,受剥削最重的南京一带一年发生农民起义竟高达三百余起。为了防止汉人造反,元朝统治者无所不用其极,他们禁止江南农家用铁叉,百姓不能拥有铁器,连一把菜刀也必须几家合用;对汉人祈神赛社、习学武术甚至唱戏等都横加禁止,以防他们聚众闹事;还规定百姓没有通行令终生不得离开家乡,否则斩首。他们在中原地区部署重兵,随时镇压各方起义;推行"里甲"政策,每二十户为一甲,每甲派一个蒙古人做甲主,甲主予求予夺,对甲户的子女衣帛任意占有,敢反抗即灭其门。由于各地农民起义越来越频繁,蒙古统治者对汉人越来越凶恶,考虑到汉人中张、王、刘、李、赵五个姓氏人最多,伯颜甚至想杀光这五姓汉人,因元顺帝反对才作罢。

1344年夏,大雨持续二十余日,黄河暴溢,三处决口,沿黄河十八个州县被淹,成为千里泽国。然而,腐败透顶的元朝当局对此视若无睹,竟不采取任何措施,任由黄河水泛滥。几年间,被洪水淹死、因失地饿死、染疫情病死的人民,超过灾区人口的一半。大批背井离乡的流民,弃儿鬻女、剥树食皮、倒毙荒野，处境十分悲惨。

1348年，大水逐渐北漫至运河地区，如果再不治理，就很可能阻断漕运、冲垮山东盐场——这两样可是元帝国的命根子。元顺帝这才着了急，任命贾鲁为都水使者，负责治河。

贾鲁做过太医院都事和《宋史》撰修官，还管过粮食储备和工程建设，样样精通，是个全才。接到任命后，他沿着黄河实地考察，往返达数千里，终于摸清了河患的要害，提出治河二策：一是筑堤遏止河水继续泛滥。这一方案花钱少，工期短，以暂时保住漕运和盐场为目标，能解燃眉之急。二是疏塞并举，使河水重归故道，同时疏通支流，分黄河水入淮。这是治本之策，但花钱多，工程量大。由于朝廷官员争论不休，议而不决，治河的事情就搁置了，贾鲁也被调去管漕运。

朝廷无所作为，河水继续泛滥。1349年5月，北溢的河水在沛县一带形成巨泊，淹没的地区越来越多。随后河水冲入济南、河间一带，开始泛入运河，漕运和盐场随时面临灭顶之灾。元顺帝再也坐不住了，要求赶快治河。8月，中书右丞相脱脱召开治河会议，贾鲁再次呈上治河二策，与会者众说纷纭，脱脱力排众议，拍板采用贾鲁的第二方案。

1351年春，经过一年半的紧张准备，一切就绪。但就在即将开工之际，工部尚书成遵、大司农秃鲁等"力陈不可"，坚决反对治河，理由有二：工程浩大难成；人祸可能大于水祸。脱脱不为所动，5月，任命贾鲁为工部尚书兼总治河防使，征汴梁、大名等地民夫十五万治河，调军队两万监工。工程进展神速，8月故道疏通，9月故道行水，10月舟楫通行，12月决口合龙，耗时仅190天。贾鲁因此青史留名。

遍地红巾卷江淮

但是，为了支付治河费用，元顺帝大量印钱，致使通货膨胀加剧。而各级官员乘机大肆贪污，治河反而成为一项民怨工程。民工们在烈日暴雨下，被迫日日夜夜没命地干活,朝廷拨下来的开河经费,大都被治河官吏克扣,河工连饭也吃不饱,"死者枕藉于道,哀苦声闻于天"。

河北农民韩山童决定抓住这个机会,举行起义。韩山童素有反元之志,继承祖父白莲教主之位后,便以拜佛传教为掩护,积极发展信徒,积蓄反抗力量,影响越来越大。有一天,韩山童对信徒们说:"现在天下大乱,佛祖将要派弥勒佛下凡,拯救百姓。"这个惊人的"预言"很快传遍河南和江淮一带,百姓们都盼望着这天早点到来。

贾鲁治河开始后,韩山童暗中凿制独眼石人,埋在即将开挖的河道上,又派人到处散布:"石人一只眼,挑动黄河天下反。"他还派几百个信徒去做河工,在河工中宣传"明王出世""弥勒下生",进行舆论准备。不久,河工们在兰考黄陵冈工地果真挖出一个独眼石人,背后刻着两行字:"莫道石人一只眼,此物一出天下反。"众人个个惊诧不已!接着,在其他工地,民工也挖出了独眼石人。这件神秘的事一传十、十传百,很快在中原地区传开来。大家都认为传说应验了,天下大乱的日子就要到了。

1351年,韩山童与刘福通等聚集白莲教信徒三千人于颖州(今安徽阜阳)白鹿庄,杀黑牛白马,誓告天地,准备起义。韩山童向大家宣布,他原本姓赵,是宋徽宗八世孙,来做天下之主的;刘福通是南宋大将刘光世之后,是辅佐他的。他们已向日本借来精兵,不日就将"直抵幽燕之地,重开大宋之天"。正当大家头裹红巾、歃血立誓的时候,官兵突然赶来,韩山童不幸被俘遇难。

刘福通率部冲出包围,疾速向颖州进军,一举攻克颖州。元廷赶忙命监督河工的六千名色目人组成的阿速军和几支汉军,前去镇压。阿速军本来是元王朝的一支精锐部队,但此时已经腐败不堪,将领们沉迷酒色,只知道享乐,兵士们到处抢劫,军纪败坏。遭遇红巾军后,看到对方人多势众,阿速军主将调转马头就跑,嘴里还不停地叫喊着:"阿卜,阿卜!"(快跑的意思)阿速军不战自溃,被杀死大半。黄陵冈的民工得到消息,杀了河官,前来投奔刘福通,附近群众也纷纷加入红巾军。不到十天,红巾军就发展到十多万人,占领了安徽、河南许多城镇。

韩山童、刘福通点燃的反元大火越烧越旺，迅速燃遍大江南北。9月，芝麻李起义于徐州；徐寿辉、邹普胜起义于蕲州；1352年1月，布王三等起兵于邓州；2月，孟海马占领襄阳；3月，郭子兴等起义于濠州。这一年，刘福通连败元军，歼灭元军三十多万，将蒙古精锐骑兵消灭殆尽。

1353年，张士诚率盐丁起兵，攻下泰州等地；次年，在高邮称王，国号周。1354年，元顺帝派丞相脱脱集中诸王和各省人马，动员了西域、西番的兵力，甚至连犯罪流放的蒙古人、色目人都召集起来，号称百万，围攻张士诚义军。就在义军危急的时刻，腐败透顶的元王朝突然发生内乱，元顺帝竟然削去脱脱的兵权。于是元军不战自乱，全军崩溃，从此再也无力组织大规模的军队。

镇压起义过程中，穷凶极恶的元朝统治者曾下令把南方汉人杀光，后来发现汉族地主也敌视红巾军，就采取拉拢收买手段，宣告不分南人北人，凡起兵镇压红巾军的人都给以万户、千户、百户的爵赏，并支持各地地主组建武装。张士诚被收买，转而与红巾军为敌。从此天下陷入群雄混战的局面，元王朝因此又苟延残喘了十几年。

当刘福通和各路红巾军前仆后继与元王朝进行殊死搏斗的时候，较早起兵的朱元璋抓住机会，在江南开辟根据地并迅速发展壮大，最终平定了南方割据势力。1367年，朱元璋命徐达为征虏大将军、常遇春为副将军，率军二十五万，北进中原，檄曰"驱逐胡虏，恢复中华，立纲陈纪，救济斯民"。北伐大军攻势如摧枯拉朽，1368年9月进逼北京，元顺帝仓皇逃回蒙古草原。自此，蒙古人在长城以南的统治正式终结。

功过自有后人裁

有人认为，是贾鲁治河导致了元朝的灭亡，理由主要有两点：一是贾鲁治河不合时宜。脱脱不顾朝中反对坚持治河，给韩、刘起义创造了条件，最终导致天下大乱。二是贾鲁治河支出巨大，占当年财政收入的三分之二。元朝当局大规模印钞导致严重的通货膨胀，人民财富被掠夺一空，彻底激化了社会矛盾。

这个看法不无道理，但略显草率。

首先，贾鲁治河是迫不得已。当时黄河决口已经七年，即将阻断漕运、淹没盐场，再不治理，元廷就会面临税收枯竭、随时停摆的局面。所以，除了立即治河，别无选择。

其次，没有河工参加白鹿庄起义。治河开工半个多月后，韩、刘聚集三千信徒在白鹿庄举事，十五万河工由于元军监视甚严，没有机会参与起义，只是在刘福通攻下颍州后，才有小部分河工投奔起义队伍。起义爆发后八个月，治河工程一直正常进行，几乎未受影响。贾鲁最后堵口时，参与民工仍多达十余万。因此，贾鲁治河只是为韩山童、刘福通利用独眼石人鼓动人心提供了机会。如果考虑到此前韩山童所做的大量舆论准备，独眼石人事件不过是强化了这一效果而已。

第三，从当时的情形看，不管有没有治河之举，韩、刘都是要发动起义的，不能因为起义发生在治河期间，就认为治河是导致红巾军起义的黑天鹅事件。

正如宋濂在《元史·河渠志》中所评论的：议者往往认为天下之乱，皆由贾鲁治河兴役，劳民动众所致。殊不知元朝之所以灭亡，实源于上下因循，沉迷享乐，纪纲废弛，风俗浮薄，最后天下大乱，并非一朝一夕之故，而是弊政由来已久。如果看不到这一点，单单把原因归于治河，是只以成败论事，而非通透之论。假如贾鲁不兴河工，天下之乱，难道就不会发生了吗？

贾鲁治河时，"顺便"治理了经常因黄河泛滥而成灾的汴河。汴河发源于郑州以西的大周山，上游段又称鸿沟，因楚汉相争而闻名于世。汴河经贾鲁治理后，与黄河脱钩，蜿蜒东南，在周口入颍河，再入淮河，从一条经常为害的河变成了利国利民的河，从此汴河便被称为贾鲁河。

"往事隋堤畔，空名垂贾鲁。"不论时人如何评价，后人对贾鲁治河之功却是念念不忘。大概只有时间，才能给历史作出最好的评价吧。

贾鲁泄恨毁刘宅

【延伸阅读】

《元史》中,贾鲁是个能干的好官。但关于刘福通的两则史料,却记载了他的另一面。

民国时期韦光周编著的《界首一览》载:元末刘福通,家巨富,性豪爽。顺帝时,因黄河泛滥,派御史贾鲁南下视察。贾鲁沿颍水东下,听说刘家巨富,花园中有珊瑚树,便借查看地势为名,入其园,向刘索要。遭刘断然拒绝后,贾鲁怀恨在心。当时颍河很窄,刘家庄园横跨颍河之上,以木桥通往来,南岸为住宅,北岸为花园。贾鲁回去后,上奏颍河须加宽加深,建议朝廷从中牟县以南开挖一河,以泄黄入颍。刘福通听说贾鲁欲毁其宅,决意造反,命凿一独眼石人,埋于界首下河口,并编造歌谣道:"石人一只眼,挑动黄河天下反。"贾鲁挖河至界首,毁刘宅,随后在下游掘出独眼石人。歌谣应验,百姓于是跟着刘福通暴动造反。

有些学者认为,贾鲁当时向刘家索要的不是珊瑚树,而是刘家饲养的珍兽白鹿。1961年,负责纂修《界首县志》的丁香甫摘录刘氏家谱云:"南宅北院,黄泥沟贯穿,以独木上通。北花园有松形马,珊瑚培柳,竹寒梅静,饲白鹿两只。"

不过,韦先生关于刘福通起义的动机和挖出独眼石人的地点,与正史记载有明显出入,因此贾鲁勒索不成毁刘宅一事的真实性存有疑问,有待进一步考证。

二十一、建文帝下落之谜

【题记】 明朝是一个很有意思的朝代，有着三大悬疑谜案，其中排在第一位的，当数建文帝的下落。燕王朱棣打着为朝廷"靖难"的旗号，兵临南京城下，此时，整个皇宫突然陷入一片火海，建文帝不知所踪。在非常讲求"长幼嫡庶"的封建王朝，朱棣对侄子皇位的替代缺乏合法性支持，只要朱允炆的下落一日不能尘埃落定，则天下随时都可能有人打着"奉正朔"的旗号反对甚至颠覆自己的统治地位。所以，朱允炆的下落就成了永乐皇帝朱棣最大的隐患和纠结。那么皇宫为什么会突然起火？建文帝究竟是葬身火海还是秘密出逃？

建文削藩燕王反

1398年，朱元璋去世，朱允炆继位，是为建文帝。朱元璋之所以传位给朱允炆，看重的是他的仁孝，且朱元璋的马皇后也倾向于他。

为了给朱允炆继位打下一个好基础，朱元璋封二十四个儿子为藩王，清理异姓将军。然而，他没想到这笔政治遗产却成了朱允炆继位后最大的麻烦。诸藩王都手握重兵，最强大的燕王和晋王，均拥有几万人马。

对于登基后的朱允炆，藩王们都没有把他放在眼里。这种情况下，朱允炆继位不到三个月就开始削藩，燕王朱棣趁机打出了"靖难"的旗号，起兵反叛，"靖难之役"爆发。

经过三年残酷内战，胜利的天平倒向了朱棣。1402年7月，朱棣兵临南京城下，太子太傅李景隆打开金川门迎接燕军，南京失守。

朱棣不想落下弑君篡位的骂名，命令燕军对皇宫围而不攻，他希望建文帝自我了断。就在此时，皇宫突然起火，朱棣立即下令救火，但已经来不及，皇宫很快被烧毁了。皇宫为什么会起火呢？据《明太宗实录》记载，大军攻陷京城后，建文君想出门迎接朱棣，可左右一个大臣都没有，只剩几个随从。建文君感叹：还有什么面目相见！就放了一把火，把皇宫烧毁了。太监们从废墟中扒出一个烧得面目全非的尸首，报给燕王。燕王看着尸体说："你怎么这么糊涂！我是来帮你管理国家的，你怎么会走上这条绝路呢？"八天后，他命人按天子礼仪，把这个尸体给葬了。

从废墟里扒出来的这具尸首，怎么就能断定他是建文帝？也有记载说：朱棣随便找了一个尸体，就说是建文帝的尸体，以安人心。所以，建文帝很有可能逃出了皇宫，其下落就成了朱棣挥之不去的梦魇。

锦囊妙计逃生天

明末清初学者谷应泰在他所著《明史纪事本末》第十七卷《建文逊国》中记载：建文帝听说京城失守后，在宫里徘徊，想自杀又犹豫不决。翰林院编修程济说："与其自杀还不如逃亡。"此时，身边一太监跪地叩头说："高皇帝驾崩时，留下一个匣子，叮嘱待遇到大事或危难的时候才能打开。"程济说："赶快去取。"少监王钺马上跑到奉先殿，取回一个大红匣子，四角全用铁件镶着，锁头灌着铁水。建文帝看到爷爷留下来的匣子，痛哭失声，然后下令放火烧了皇宫。大火燃起后，马皇后扑进大火自尽了。

程济把匣子砸碎后，发现里面有三张出家人用的度牒，分别对应三个法号：应文、应能、应贤，配有袈裟、鞋子、剃度工具等。另外还有一封信，信中说：应文从鬼门出，其他人从水关御沟出，然后在神乐观西聚齐。建文帝看完信，仰天长叹："这就是命啊！"程济给建文帝剃度，法号应文；大臣杨应能说："我就是应能了。"监察御史叶希贤说："臣的名字里有一个贤字，那我就是应贤了。"他们两个也都接受了剃度。三人剃度完后，换上袈裟，装上度牒，一行数人从鬼门潜出皇宫，来到一条河边，看见一艘小船，神乐观道士王升站在船上。看到建文帝一行，王升马上跪倒叩头说："陛下，我在这等候多时了。前两天高皇帝托梦，让我在这儿接应您。"

其他大臣从水关御沟潜出后，在神乐观西聚齐。建文帝说："从今往后，咱们就以师兄弟相称，不要再拘君臣之礼了。"诸位大臣一听就哭起来了，兵部侍郎廖平说："大家都想追随陛下，这固然好，但人多会增加暴露的可能，陛下身边以不超过五人为宜。"徐王府宾辅史彬建议："我们人多容易引起注意，万一被发现如何是好？陛下不如以四海为家，往来于名山大川之间。"于是，杨应能和叶希贤扮成和尚，程济扮成道士，继续跟随建文帝。就这样，建文帝四海为家的生活开始了。

颠沛流离释前嫌

第一站应该去哪儿呢？大家讨论后，决定北上。但当天晚上，建文帝突发腿疾，无法行走，遂放弃了北上的打算。相比陆路，水路更方便、安全，史彬便来到河边，想找条船代步。听到一艘船上人的口音，像家乡苏州吴江县的，他连忙上前打听，没想到竟是老家派到南京打探他消息的人。就这样，建文帝一行乘着小船离开南京，取道溧阳，到了吴江县史彬家。此时，礼部行文已到各州县，把建文朝给大臣们发放的诰命和敕令一概收回。

吴江县丞到史彬家来收回朝廷诰命时，看到史彬在家，随口诈道："听说建文帝在你家？"史彬吓了一跳，立即否认。县丞离开后，为防万一，建文帝一行也马上悄悄离开史彬家。

建文帝四处漂泊，主要在旧臣家落脚。几个月后，建文帝再一次来到史彬家。晚上，史彬设酒宴招待，吃到一半，建文帝说："明天一早我就得走。"一听这话，史彬哭着说："陛下，为臣天天盼您来，您得多住些时日，有什么照顾不周的请您谅解。"建文帝说："来的路上碰到一个我认识的大臣，他一直瞪着眼睛看我，可能认出我来了。"君臣二人相对而泣。史彬看建文帝衣服旧了，鞋破了，令家人给建文帝赶制新衣、新鞋，随后，建文帝离开了史彬家。

建文帝一行流落到云南的白龙山，在那里搭建了一个茅草庵，过起了出家人的生活。听说有一个叫胡濙的朝廷官员，在全国各地打听他的下落，建文帝从此深居简出。其间，他染上了痢疾，粮食也断了，眼看坚持不住时，史彬带着一些旧臣前来看望。君臣相见，百感交集，痛哭流涕。建文帝说："你们带吃的了吗？我好久没吃饱饭了。"众位大臣赶紧把随身带的食物拿出来，特别是史彬，背了很多建文帝爱吃的食物。建文帝把食物都尝了一遍后，感慨道："好久没吃这些东西了。"

吃完饭后，建文帝催大臣们下山，并且说以后不要再来了，一来道路太遥远，太艰辛；二来沿途盘查很严，有风险。大臣们恋恋不舍地告别。

那位在全国各地打听建文帝下落的胡濙是什么人呢？他是户科都给事中，朱棣派他以找张三丰为名，四处打探建文帝消息。1416年，因母亲去世，胡濙依礼须回家守孝，但朱棣不同意，让他继续打探建文帝的下落。为了安抚胡濙，朱棣提拔他为礼部侍郎。1419年，胡濙得到线索，把目标锁定在江浙和湖湘一带。

1423年的一天深夜，胡濙突然急匆匆来到皇宫，求见朱棣。朱棣已经睡下，一听说胡濙来了，马上起身召见。君臣二人谈了很久，但《明史》没有记载谈话内容，只说："至是，疑始释。"

短短五个字至少有三层意思：一是建文帝没死出逃了；二是建文帝的下落找到了；三是很可能建文帝通过胡濙给朱棣带话，说自己无心复位。这三层意思加在一起，朱棣彻底放下心来，所以"至是，疑始释"。

落叶归根一家言

《明史纪事本末》没提起胡濙见过建文帝，不过对朱棣死后建文帝的生活进行了详细的描述，尤其是最后的归宿，描写得很生动。

1440年，逃离南京三十八年后，建文帝和程济二人来到贵州，住在一座庙里。建文帝觉得皇帝都换几茬了，应该不会再有人追查自己的下落，所以就比较放松。乘着诗兴，他在墙上写道："款段久忘飞凤辇，袈裟新换衮龙袍。百官此日知何处，唯有群乌早晚朝。"不想隔墙有耳，有一个老和尚听到了建文帝和程济的谈话，把诗抄下来，到官府说："我就是建文帝。"

官员大吃一惊，连忙逮住老和尚，并把和他住在一起的人，包括建文帝全部抓起来，一起押送京城。明英宗听说此事后，马上派御史审问，老和尚交代："我今年已经九十多岁了，只想死后葬在爷爷身边。"御史说："建文君是明洪武十年生，也就六十四岁，怎么可能九十多岁？"老和尚见瞒不住，只好承认冒充建文帝。明英宗下令把老和尚处死，其他的十二个和尚全部发配充军。

建文帝知道自己的身份不能再掩盖了，就实话实说。明英宗当然不信，就找来曾经服侍过建文帝的老太监吴亮辨认。建文帝一见吴亮就说："你叫吴亮吧！"吴亮害怕受牵连，矢口否认。建文帝说："当年你伺候过我，记得有一天吃鹅肉，一块肉掉在地上，你双手端着酒壶，跪在地上用嘴把肉叼了起来，有没有这事？"吴亮一听，跪伏在地，声泪俱下。

为了进一步证实身份，建文帝把鞋脱下来。吴亮看他左脚上有一颗痦子，泣不成声。辨认完建文帝后，吴亮回到房间就悬梁自尽了。建文帝的身份被确认后，明英宗下令把他迎进皇宫，称之为老佛。建文帝后来寿终正寝。

《明史纪事本末》提供了很多珍贵的史料。尽管在建文帝失踪过程和最终结局的描述上，有些情节尚待商榷，但也不失为一种合理解释。

生死谜案隐若现

建文帝下落之谜引起人们无尽的猜测和演绎,成了千古疑案。除了前文的说法外,还有几种说法。

"红崖天书"说。贵州安顺黄果树瀑布附近的神秘石刻碑文"红崖天书",数百年来无人破译。后来有人考证出"红崖天书"是建文帝出逃后,颁下的一道讨伐燕王朱棣的檄诏。1901年,永宁州团首罗光堂想拓印"红崖天书",给顶头上司行贿,设法使字变成阳文,后又命工匠铲平,还让人参照某些笔画随意乱刻上一些似文似图的字。"红崖天书"的本来面目被彻底破坏,后世就依照着自己的想法和猜测来翻译。所以,依靠"红崖天书"证明建文帝下落非常牵强。

漂洋出海说。有人考证建文帝避难泉州开元寺,后扬帆出海,最终隐居印尼苏门答腊岛东海岸。朱棣很不放心,为此特意派遣郑和数次下西洋,明为宣扬国威,实为寻找建文帝踪迹。据《明史》载:"成祖疑惠帝亡海外,欲踪迹之,且欲耀兵异域,示中国富强。"

江苏吴县说。《文汇报》记者徐作生通过考察,在江苏吴县发现了建文帝的一些遗迹、遗物。结合文献资料,他认为,建文帝逃出皇宫后,削发为僧,一直藏于吴县普济寺内,直到1423年病殒。

四川望京寺说。有人认为建文帝在四川平昌佛罗寺躲藏过,并病逝于此,葬于寺后山坡上。因他常面向京城方向暗自哭泣,后人就把佛罗寺改称望京寺。

福建宁德说。2008年,在福建宁德市蕉城区金涵乡上金贝村发现一座墓塔混搭的古墓。郑和研究会副会长、郑和第十九世孙郑自海(郑和的哥哥当年曾把自己的孩子过继给郑和)认为,这是一座明初的皇族陵墓。明史专家马渭源、郑和研究学者郑宽涛根据出土的文物则肯定地认为,这就是建文帝之墓。如有件袈裟上有九条五爪龙,正中间有五条五爪龙,意寓"九五之尊"。

而古墓造型、装饰也似乎能加以佐证，老百姓还曾在附近挖到玉碗、玉筷、玉盘等皇家器物。但后来有学者考证，该墓为元朝帝师海云禅师的弟子之墓。

也有人指出，建文帝自焚身亡，朱棣为了不留下"杀侄夺位"之臭名，故意苦心寻找建文帝下落，留下了历史疑案。

朱棣即位后，下令搜寻建文帝，这是历史事实。但他的真实用意及建文帝的真正下落和结局到底怎样，谁也没有确凿的证据，至今仍是一个难以解开的历史之谜。

对建文帝出亡谜案的解释、传说、附会不止以上几种，还有许多离奇的故事必将流传下去。各类史籍资料上也只好注明："建文帝不知所终。"希望有更多的饱学之士参与其中，为我们揭示一个真正的建文帝归宿地。

【延伸阅读】

范仲淹泽荫子孙

明太祖朱元璋以严刑峻法、铁腕治吏著称，无论是劳苦功高的大臣，还是至亲至近的亲属，只要犯事，一概不会赦免。他的四女婿就因私贩茶叶被杀。但是，有一位叫范从文的大臣却是例外。

范从文因直言进谏惹怒朱元璋，被判死刑。在范从文被处死前，朱元璋发现他与范仲淹籍贯、姓氏相同，性格、风格相似，便问其与范仲淹有无关系。范从文道："吾乃范文正公第十三世孙。"并当面陈述了"国家要立法、罪过分清、等级分明、法大于权"的谏议。朱元璋听后深受感动，加之范仲淹是其偶像，当即免范从文死罪，并让人取来文房四宝，亲笔书写五幅"先天下之忧而忧，后天下之乐而乐"，赐予范从文，每一幅都可免一次死罪。

范仲淹怎么也不会想到，自己的影响力如此之大，竟荫及十三世孙！

二十二、《永乐大典》之谜

【题记】《永乐大典》是世界有史以来最大的百科全书,是中国 15 世纪之前文化知识的汇总、中华文明的集大成之作,有"万书之书"之称,被誉为史诗级宝物。《永乐大典》编纂完成后,一直收藏于皇宫,明嘉靖年间重录一部"副本",之后正本便失去了消息。乾隆年间,副本的一部分被收入《四库全书》,此后屡遭厄运,百年间遗失损毁惨重,至今存世不到二十五分之一。那么,关于《永乐大典》都有哪些有趣的故事?正本是否还存于世间呢?

永乐大典耀千古

1402 年 7 月,燕王朱棣兵临南京城下,城内乱作一团。翰林院编修吴溥家中,四个翰林学士正在焦急地商讨对策。为首之人是名满天下的第一才子解缙,其他三人胡广、王艮和吴溥则分别是建文二年的状元、榜眼和第四名,四人是江西同乡。

解缙陈说大义,慷慨激昂;胡广发誓与燕王不共戴天,要以身殉国;而王艮一言不发,只是流泪。三人离去后,吴溥的儿子感叹说:"胡叔要以身殉国,令人敬佩。"话音未落,隔壁传来胡广吩咐家人的声音:"外面太乱,小心将猪关好。"吴溥对儿子说:"一头猪尚不能舍,又怎会殉国?"

当夜，解缙偷偷出城，投奔燕王朱棣。王艮回到家中，服毒而死。值得一提的是，当年科举，王艮原本高居第一，但建文帝嫌他长得丑，把他降为第二，而让胡广做了状元。

第二天，燕军入城，宫中火起，建文帝不知所终。朱棣召见百官，胡广与吴溥赶紧入见，叩谢效忠。因拥戴有功，解缙成为内阁首辅，胡广成为内阁大臣，吴溥亦官升一级。朱棣对解缙十分欣赏，经常对人说："天下不可一日无我，我不可一日无解缙。"解缙春风得意，一时风光无两。

1403年7月，解缙接到了一项特殊的任务：编写一部纵贯古今、囊括百家、包容万物的巨书，将自有文字以来传世的所有知识全部收入！朱棣说："凡人积金玉留给子孙，我则积书籍留给子孙。金玉之利有限，书籍之利岂有穷也？""古来万事万物，散载于各类书中，但文字浩如烟海，不易检阅。若将所有知识分类编在一起，按字索引，这样查考起来就像探囊取物……"

皇命如山，解缙立刻全身心投入这一艰巨的工作中。他和副总裁吴溥一道，率领百余名学问渊博的鸿儒巨擘，夜以继日，呕心沥血，辛勤编书。解缙深知朱棣推崇"以儒治国"，以为朱棣的真实意图是要搞一个"意识形态工程"，于是便按自己的理解，以儒学为主裁选入典的书籍。然而，解总裁却错误理解了"领导"的意图，也低估了朱棣的雄心和格局。1404年11月，这部暂定名为《文献大成》的巨书完成初稿，进呈朱棣。朱棣预览后，认为遗漏甚多，远远没有达到他的要求。他毫不掩饰自己的失望，严厉批评了解缙，要求返工重修！

这一次，朱棣派姚广孝"协助"解缙工作。姚广孝儒释道无所不通，是"靖难之役"的主谋，朱棣成功登基的第一功臣。"靖难之役"后姚广孝功成不居，甘隐幕后，人称"黑衣宰相"。派这样的人监修，可见朱棣的重视程度。朱棣还给解缙派了五个翰林名宿任总裁，二十个翰林学士做副总裁，三千饱学儒生做编辑，两万多位书法高手做抄录。凡是参与编书的人员免费吃住，不仅每日美味佳肴、新鲜水果伺候，而且报酬丰厚；官员不用上朝，国子监的监生更是风光，他们统一身着鲜亮的蓝色衣冠，风流儒雅，每次上街，路人无不侧目。

1407年11月,这部巨著终于定稿。朱棣看后十分满意,亲自作序,并命名为《永乐大典》。清抄工作随后展开,直到1408年冬天才正式成书。

《永乐大典》是一部人类历史上前无古人的皇皇巨著,全书一万一千零九十五册,两万两千九百三十七卷,约三亿多字,全部摆在一起足有四十立方米,看上去就像一座金光闪闪的书山。它的包容和广博绝无仅有,不仅将永乐年间能找到的所有文献典籍都抄录进来,而且不作一字一句删改,完全保持原样。无数濒临失传的中华文明成果,赖这部旷世宝典而得以保存。《永乐大典》是世界有史以来最大的百科全书,与法国狄德罗编纂的《百科全书》和英国的《大英百科全书》相比,要早三百多年,堪称世界文化的珍品。

《永乐大典》的辉煌照耀古今,但立下汗马功劳的解缙却无缘分享。就在成书前一年,他因卷入立太子一事触怒朱棣,被贬到广西;后又因私见太子,擅违皇命被捕下狱。大约五年后的一天,朱棣在翻看在押人犯名单时,发现了解缙的名字,便问了一句:"解缙还在吗?"锦衣卫头目纪纲心领神会,回去后准备了一桌酒菜,在狱中宴请解缙。解缙喝得酩酊大醉,然后被扔在雪地里……一代天才,结局令人唏嘘。

嘉靖归天踪迹无

《永乐大典》编纂不易,书成之后更是命运多舛。最初,《永乐大典》正本和原稿一起,收藏在南京皇家藏书处文渊阁。朱棣对《永乐大典》爱不释手,经常翻看,而一般大臣想瞄一眼都很难。有官员上奏,希望能够将《永乐大典》刊印,但由于所需经费之巨远远超过想象,不得不作罢。

1421年春,朱棣迁都北京。5月,《永乐大典》在南京翰林院三十名官员护送下运至北京,暂存奉天门东廊房。才过了一天,《永乐大典》就遭遇险情。当时奉天、华盖、谨身三大殿遭雷击起火,奉天殿火势猛烈,眼看危及东廊房,内阁首辅杨荣奋不顾身,率三百士兵冲进去将《永乐大典》抢救出来,转移到御河边,才化险为夷。而三大殿在此次火灾中全部化为灰烬。于是

《永乐大典》在奉天门放了十五年,直到三大殿重新修复才被送进文楼,而这已经是永乐帝曾孙朝的事了。

留在南京的原稿就没有这么幸运了。1449 年 6 月,南京皇宫发生火灾,宋元以来所有秘本连同《永乐大典》原稿,悉遭焚毁,令人痛惜!

有点讽刺的是,明成祖朱棣希望诗书传家,但后世的明朝皇帝喜欢读书的却很少,除了弘治帝和嘉靖帝,其他皇帝都不看《永乐大典》。而弘治帝和嘉靖帝对《永乐大典》的兴趣竟然异曲同工,就是喜欢在里面淘秘方。不同的是,弘治帝喜欢淘了秘方赐给太医,让他们研究,顺便造福百姓;而嘉靖帝淘方子则是让道士试制"仙丹",企图长生不老。

因对《永乐大典》超级喜爱,嘉靖帝对大典的安全十分关心,1542 年,他对内阁首辅夏言说:"我成祖文皇帝《大典》一书,自有宇宙以来所无,可谓瑞世鸿宝,但宝藏已久,恐将来或有遗缺。当重录一部,并藏于皇史,庶可与天地悠久矣。"皇史就是皇史宬,是专门保存《实录》《圣训》等皇家密档的场所,于 1536 年建成,为了防火,完全采用砖石结构,没用一块木料。但不久发生了"壬寅宫变",嘉靖帝差点被勒死,精神受到很大刺激,从此不再上朝,一心修玄,复制大典的事也就搁置了。

1557 年 5 月 11 日,北京雷雨大作,晚上七时许,皇宫三大殿再次遭雷击起火,火势冲天,文楼危在旦夕。嘉靖帝焦急万分,命护卫及官员立即进入文楼抢救《永乐大典》,一夜之间,连下四道谕旨。大火烧了一夜,第二天早上才熄灭,三大殿及文楼俱被烧毁。幸亏抢救及时,《永乐大典》再次幸免于难。

明皇宫屡屡失火的原因,主要是遭雷击。明故宫地势较高,主要建筑均为木质结构,特别是三大殿,高大巍峨,殿脊两端均装饰有"吻兽",为镇邪之用。为加固吻兽,其内部有一条铁丝朝天伸出,另一端连入屋脊,谁想因此成了天然的引雷针。清以后,由于掌握了避雷知识,皇宫就很少失火了。

这次火灾让嘉靖帝产生了强烈的紧迫感,他一方面为《永乐大典》专门修建了一处安全标准极高的藏所,一方面令内阁次辅徐阶着手重录《永乐大典》,但徐阶迟迟没有动静。1562 年,宫中再次失火,这下嘉靖帝彻底失去了耐心，责成高拱、张居正等人立即开始重录工作。吏部和礼部主持了"糊名考试"，选拔出百余位善书人。重录本从字体到装帧完全仿照正本，不加任何改变。为保证质量，规定抄写人员每人每日只能抄三页，且不得涂改。重录工作整整花了六年。其间，嘉靖帝曾在徐阶的奏折上批道：两处收藏，以备不虞。

1567年1月23日，嘉靖皇帝驾崩，但没有立即下葬。此时，《永乐大典》的重录工作尚未完成。4月30日，嘉靖帝终于下葬了。二十多天后，继位的隆庆帝连续颁发嘉奖令，奖赏参与重录《永乐大典》的人员。重录的《永乐大典》被称为嘉靖副本，收藏在皇史宬。但嘉靖副本问世以后，永乐正本却不知所终。

嘉靖帝之后的明朝皇帝都对《永乐大典》不感兴趣，于是《永乐大典》副本一直沉睡在皇史宬的金柜之中。

1629年7月，发生日食。由于发生的时刻与预测不符，崇祯帝很生气，下令从《永乐大典》中找出有关日食的部分刊印若干册，着天文部门加强学习，提高业务水平。崇祯帝很担心《永乐大典》出现意外，打算再录一部，但一算账，需要花费十几万两黄金，财政没钱，只得作罢。

1644年，李自成攻入北京，崇祯帝煤山上吊，大明朝灭亡。但仅仅四十多天后，李自成兵败山海关，不得不撤出北京。他一把大火，将紫禁城化为一片灰烬，明朝历代皇帝收集的珍贵典籍毁于一旦。万幸的是，深藏石室金柜中的《永乐大典》副本逃过浩劫，幸存下来。

乾隆功过说四库

1655年，清朝礼部仪制郎张能鳞奉命进入皇史宬查检明代玉牒，发现了《永乐大典》，但并未引起顺治帝和康熙帝特别重视。雍正年间，甚至将《永乐大典》从皇史宬移至翰林院敬一亭，这样，翰林官员就能接触《永乐大典》了。

1772年12月，安徽学政朱筠提出《永乐大典》的辑佚问题，得到乾隆皇帝认可，继而决定编纂《四库全书》。随后清查《永乐大典》时发现，竟然少了两千多卷。有人猜测，康熙朝的三位大臣徐乾学、高士奇和王鸿绪在翰林院最久，曾主持修史志，有机会接触《永乐大典》，而且都喜欢藏书，很可能他们退休时把这些书偷偷带回老家藏起来了。乾隆帝给两江总督和浙江巡抚下密令，要他们去徐、高等人家中索取，可是徐、高后人坚决否认，只能不了了之。

1774年，发生了一起失窃事件，惊动京城。四库全书馆的纂修官黄寿龄，下班后私自把六册《永乐大典》带回家查阅，结果途中失窃。乾隆帝震怒，下令全城戒严，全力缉捕。窃贼害怕，趁夜悄悄将书放到御河桥边。书虽然找回来了，乾隆帝余怒未消，将黄寿龄罚俸三年。

乾隆帝为编《四库全书》，广搜天下之书，还把纪昀、戴震等天下鸿儒名士四百余人召集起来，征募抄写人员近四千人，可谓举全国之力。编纂工作仅征书就用了六年，首部完成用了三年，抄录六部又用了五年，分藏在全国七个藏书阁。事后证明，乾隆帝此举实在英明，历经近代以来多次战火的洗礼，《四库全书》损毁严重，却也保存下来三部半，承载中华文化的大量文献古籍得以保全，可谓功莫大焉。

但乾隆皇帝过于强调意识形态，在《四库全书》编修过程中大规模毁书改书，禁毁书籍与收录的书籍几乎一样多，从而饱受后世诟病，被称为"功魁祸首"。有些文学经典被篡改后，令人啼笑皆非，比如因避讳"胡""奴"等字眼，把岳飞《满江红》名句改成"壮志饥餐飞食肉，笑谈欲洒盈腔血"；把辛弃疾的词改成"斜阳草树，寻常巷陌，人道宋主曾住"。最可笑的是为了避讳"明"字，把李白的《静夜思》改成"床前看月光，疑是地上霜。举头望山月，低头思故乡"。

《四库全书》属于丛书，分经、史、子、集四部，故名"四库"，收书规模超过《永乐大典》，但收书的种类不及《永乐大典》的一半，因此无法动摇《永乐大典》古往今来第一"类书"的地位。

《四库全书》只收录了《永乐大典》中的经、史、子、集三百余种，仅占整部《永乐大典》的二十分之一。编纂官们认为"菁华已尽，糟粕可捐"，就把《永乐大典》尘封起来了。

百年劫难痛彻骨

道光以后,清室日趋衰败,《永乐大典》逐渐流失。第二次鸦片战争后,流失加剧,"洋人好奇货,国人善卖之",盗卖《永乐大典》成了某些翰林院官员的副业。当时,洋人花十两银子就可以买到一册《永乐大典》。清末翰林院编修缪荃孙记载:翰林院的官员冬季早晨上班时携带一件棉袍,打成包袱的样子背在肩上;下午离开时把棉袍穿上,揣一册《永乐大典》出来,看守人员毫无觉察。这种蚂蚁搬家的方法很厉害,数千册《永乐大典》不知不觉被偷走了。到1875年,《永乐大典》已不足五千册了。朝廷很生气,严厉惩处监守自盗的官员,"交刑部毙于狱"。然而严刑并不能阻止利欲熏心的官员们铤而走险,他们作案的手法变得更加高明隐蔽,到1894年翁同龢等进入翰林院清查时,《永乐大典》只剩八百册了。这意味着十八年间,以平均两天一册的速度,又有四千余册被偷走了,其中仅翰林侍读文廷式一人就盗走一百多册。文廷式死后,这些书被其后人卖给了洋人和古董商。

1900年6月6日,八国联军侵华战争爆发。23日,义和团围攻英国驻华使馆。使馆紧邻翰林院,冲突中翰林院起火,一片狼藉。收藏《永乐大典》的敬一亭被烧毁,仅存的八百册《永乐大典》大部分被焚,剩下的有的被洋人掠走,有的被人捡走,有的筑了工事,有的垫了马槽。译学馆总办刘可毅就在洋人的马槽下捡到《永乐大典》数十册。

1912年,民国政府成立,鲁迅任教育部社会教育司第一科科长,主管图书馆、博物馆等部门的工作。在他的建议和努力下,教育部将原翰林院官员陆润庠保存的六十册《永乐大典》交由京师图书馆保管,加上收藏于教育部图书室供展览的四册,此时《永乐大典》仅存六十四册。此后,民国政府、新中国对散落民间和世界各地的《永乐大典》进行了不遗余力的搜寻。目前,国家图书馆收藏《永乐大典》二百二十四册,另有二百余册流落到日本、韩国、英国、德国、美国等八个国家的三十个机构。也就是说,《永乐大典》仅存世四百余册,不足原本的二十五分之一!

鸦片战争之后的一百年,是中华民族历史上最黑暗的时期,无数中华文化瑰宝惨遭浩劫或流失海外。《永乐大典》的遭遇,只不过是这段苦难历史的一个缩影。

山重水复疑无路

学者们在为《永乐大典》的遭遇扼腕叹息之余,发现了一个奇特的现象:现存的四百余册大典全是嘉靖副本,无一永乐正本。这燃起了人们寻找《永乐大典》正本的热情。

关于《永乐大典》正本的下落,目前主要有两种说法。

第一种是焚毁说。这一说又有两种主要观点:一是毁于1597年大火。当时三大殿遭遇雷击起火,损失几乎和1557年一模一样,三大殿和文楼全部焚毁。明末四公子之一的著名学者方以智之子方中履在文献上批注说,《永乐大典》焚于此次大火。但此说缺乏佐证,因为《永乐大典》焚毁是大事,必会有人提到或留有文字记录,却一直无人提及;更为重要的是,当时亲历此事的大学士沈一贯在谈到火灾损失时,也没有提到《永乐大典》被焚。二是毁于李自成。李自成撤离北京前,在皇宫各建筑下堆积火药,一把火将紫禁城几乎烧了个干干净净,只剩下武英殿尚存。明末清初的著名学者顾炎武在《日知录》里表示,《永乐大典》正本"全部亡佚";郭沫若在《重印永乐大典序》中也说:"明亡之际,文渊阁被焚,正本可能毁于此时。"此说一度被认为是定论。

第二种是殉葬说,即《永乐大典》正本随嘉靖帝埋入永陵了。提出这一说法的是《永乐大典》研究专家张忱石,而且得到了钱钟书弟子、研究《永乐大典》正本下落三十年的栾贵明力挺。这一说法主要有以下几个依据:

一是明代有把死者生前喜爱的书籍随葬的习俗。20世纪70年代,在山东发掘朱檀墓时，就出土了几部书。嘉靖生前对《永乐大典》"殊宝爱之"，因此用来殉葬是完全可能的。

二是永陵的规模很大，与最大的长陵几乎不相上下，殉葬《永乐大典》有足够的空间。

三是嘉靖帝死后九十八天才下葬，很可能是在等《永乐大典》录完。古代帝王死后，长期不下葬的情况并不罕见，主要是陵墓尚未竣工，或是重大问题尚未解决（如新帝即位），但嘉靖帝的陵墓在他死前十九年就修好了。嘉靖帝下葬二十多天后，隆庆帝连续褒奖参与重录《永乐大典》的官员，这两者之间很可能存在着联系。

四是嘉靖帝死后，正本就神秘消失了，这也很可能不是巧合。《明实录》对《永乐大典》正本下落只字未提，其他各种史料中也都找不到任何蛛丝马迹，十分反常。

五是《永乐大典》重录期间，嘉靖帝曾在徐阶奏折上批示：两处收藏，以备不虞。这说明正本不可能藏于皇史宬，因为副本藏在那里。那么正本会藏在哪里呢？首先，不可能如《四库全书》所说运回南京文渊阁，因为南京故宫自1459年失火后，一直没有得到很好的修缮，基本处于破败状态，加之那次大火将大典原稿烧毁，教训惨痛，很难想象把大典正本再运回这样的地方保存。其次，收藏在北京皇宫别处的可能性也很小。如前所述，正本先后藏于奉天殿东廊房（临时）、文楼和专门藏室，文楼和专门藏室都在奉天殿旁边，便于取阅。但就安全性和保存规格而言，不如皇史宬。皇史宬的档案典籍平时处于封存状态，没有皇帝命令不得开启。就大典两个版本的地位而论，正本无疑更加崇高，副本问世后，正本理应进入皇史宬，副本应该藏于便于取阅的地方，岂有尊卑倒置之理？所以正本极可能藏于另一更显赫之处，符合这一条件的，只有皇陵。万历大火中，珍贵典籍损失惨重，但没有任何记录提到《永乐大典》，这也从侧面证明《永乐大典》不在宫中。

如果《永乐大典》正本真的殉葬永陵，可谓喜忧参半。喜的是中华瑰宝仍存于世，将随着民族复兴而获得重生；忧的是经遥感探测，发现永陵内部存在积水，如果《永乐大典》不幸已经损毁，留给我们的，就只有千古遗恨了。

【延伸阅读】

纸条治国

嘉靖皇帝饱读诗书，喜欢玩高深。"壬寅宫变"后，他二十多年不上朝，也极少见大臣，有事就用纸条传达旨意，经常把大臣吓得半死。

有一天，内阁次辅徐阶收到了嘉靖帝的小纸条，只有六个字："卿齿与德，何如？"猛一看问的是"你的年纪比起你的德行来，怎么样？"深层的意思是"你这把年纪怎么还这个德性！"徐阶顿时冷汗直冒，吓得立刻要去请罪。但多年的经验让他冷静下来，细一琢磨，终于明白了嘉靖帝的意思。原来这个"德"指的是礼部尚书"欧阳德"，嘉靖帝是问徐阶和欧阳德谁的年纪大。

1555年，兵部尚书张经被免职，严嵩一党推荐胡宗宪接任。胡宗宪刚当上巡抚，因此嘉靖帝迟迟没有批准。这天，严嵩收到嘉靖帝的小纸条，上面只有六个字："宪似速，宜如何？"从字面上理解，意思是"胡宗宪好像官升得有点快，应该怎么办？"于是严嵩打算写奏折再替胡宗宪美言几句。这时，严嵩的儿子严世蕃恰巧进来，他看了一眼道："'宜'字，指的是南京户部侍郎杨宜。"老狐狸严嵩顿时明白了皇帝的意思，立即上书推荐杨宜。

二十三、李自成败亡之谜

【题记】明朝末年,闯王李自成率领百万农民军,短时间内横扫陕西、山西、河北等地,攻下北京。他招降吴三桂不成,出兵攻打山海关,遭清军突然袭击,败退北京;他仓促登基称帝,两天后仓皇出逃,一路屡战屡败,下落不明。李自成推翻大明后,为什么那么快就失败了呢?他最终是身亡还是失踪?

施奇谋以钱易命

李自成,陕西米脂人。其父李守忠,婚后多年无子,便到华山祈祷,回家后梦见一神仙说:"我把破军星给你做儿子。"后来,李守忠果然喜得一子,取名李自成。八岁时,李自成被父亲送进私塾,可他"不喜读书,酷喜拳勇"。长大后,他应募到银川驿站当驿卒,因丢失公文被裁撤。他善于骑射,好勇斗狠,多次犯法,因向贡生艾诏借款,不能及时还债,被告到县衙,"械而游于市,将置至死"。被亲友救出后,李自成杀死艾诏,又因其妻与同村盖虎通奸,杀死妻子。无奈之下,他带着侄子李过于1629年到甘肃甘州投军。

当时,杨肇基任甘州总兵,王国任参将。因欠饷问题,李自成杀死王国,发动兵变。1631年,李自成投奔闯王高迎祥。因武艺出众、英勇善谋,他很快成为一位农民军将领,号称"闯将"。不久,他与农民军首领张献忠等合兵，在河南林州击败明总兵邓玘，杀其部将杨遇春，随后转战山西、陕西各地。

1634年，明廷派兵部右侍郎、五省总督陈奇瑜镇压农民军，张献忠等人奔往商县、洛南。李自成及所部三万多人马被围困在陕西南部的车厢峡，大雨连下两个月，矢尽粮绝，陷入绝境。

无奈之下，李自成采用顾君恩的计谋向官军诈降。他组织了一个行贿团，带着金银财宝，来到陈奇瑜的大帐。陈奇瑜为官清廉，断然拒绝。但李自成转而将陈奇瑜部所有将领买通。在部将的劝说下，陈奇瑜无奈接受了李自成的投降，并传檄诸将按兵不动。陈奇瑜派五十多名安抚官，将农民军遣送回籍，并安排所经州县备好粮食。甫出栈道，李自成即杀安抚官，劫掠所经七个州县。此间，又有数万农民军前来会合，李自成大难不死，声名日隆。陈奇瑜因此被撤职，洪承畴接任五省总督。

腾挪间九死一生

1635年，在洪承畴继续围剿下，农民军退到洛阳一带。高迎祥、张献忠、马守应等十三家七十二营起义军在河南荥阳召开大会，李自成提出"分兵定向、四路攻战"的方略。会后，李自成与高迎祥、张献忠率部攻下南直隶凤阳，掘朱元璋的祖坟，拆毁他曾经出家的"皇觉寺"。消息传到京师，崇祯帝穿上素服哀哭，派官员到宗庙告祭。农民军痛饮狂欢，庆祝胜利。李自成向张献忠索要守陵的伶人，遭到拒绝，二人因此反目。李自成与高迎祥重新进入陕西，张献忠独自南下庐州。

1636年，高迎祥被陕西巡抚孙传庭俘虏，遭凌迟处死，李自成被推为闯王。1637年，洪承畴带兵进攻李自成盘踞的陕西耀州。李自成率军南下，兵分三路进入川北地区，一口气占了三十八座城池，兵锋直指成都。1638年，洪承畴、孙传庭在潼关与李自成军遭遇。几场激战下来，李自成几乎全军覆没，只与刘宗敏、田见秀等十八骑突出重围，逃到商县、洛南山中潜伏。是年，张献忠进攻南阳，兵败重伤，接受了兵部右侍郎熊文灿的招抚。

1639年，张献忠再度造反，进入四川。明军进川围剿，李自成趁机出山收拾旧部，势力逐渐壮大。李自成欲依附张献忠，张献忠却想吞并他，李自成逃走。谁知祸不单行，李自成又落入明军的包围，山穷水尽之际，欲寻短见，在养子李双喜劝说下才作罢。李自成对手下骁将刘宗敏道："人们皆言我当做天子，现在何不去问一卦，如果不吉利，你就将我的头砍去做投名状。"刘宗敏问了三卦，皆大吉。刘宗敏回来后，将他的两个妻妾杀掉，对李自成说："我誓死追随。"李自成将辎重全部烧掉，轻骑从郧阳、均州突围，进入河南。

杞县举人李信经常出粮赈济饥民，百姓都说："李公子救活了我们。"后来，李信、卢氏举人牛金星投靠李自成，李自成大喜，将李信改名李岩。牛金星又推荐善占卜的宋献策，宋献策给李自成上谶语说："十八子，主神器。"李自成非常高兴。李岩建议"少刑杀，赈饥民，收人心"，李自成听从，从此经常将掠来的财物赈济饥民。百姓得到粮食后，分不清李岩和李自成，只欢呼道："李公子又救活了我们。"李岩又编民谣"迎闯王，不纳粮"，并让儿童传唱。闯军声威大震，很快就发展到几十万人马。

1641年3月，李自成攻下洛阳，活捉福王朱常洵，斥责其富甲天下却不肯拿出丝毫赈济百姓，把福王和几头鹿放在一起炖了，摆酒开宴，名叫"福禄酒会"。赈济饥民后，李自成便移师攻打开封。

开封属中原核心，交通便利，战略地位十分重要。李自成打算以开封为中心，建立帝王之业。李自成攻打开封，周王朱恭枵与河南巡抚高名衡率兵固守，副将陈永福射瞎李自成左眼。李自成急攻不下，遂采取"围而不攻，久而必克"的策略。为解开封之围，高名衡派人掘开朱家寨口黄河大堤，洪水冲走城外农民军几万人。李自成大怒，下令在马家口又凿开一个口子，两个口子同时向外涌水，开封北城门被冲毁。大水涌进城内，三十七万军民最后所剩不足三万。

此后，清兵南侵，京师告急，明廷无暇他顾。李自成趁机在河南、湖北一带四处出击，声势日大。1643年，想以荆襄为基图谋天下的李自成改襄阳为襄京，建立新顺政权，自号奉天倡义大元帅。谋士顾君恩建议他先取陕西，以家乡为大本营，李自成深以为然。明廷启用孙传庭担任陕西总督，与李自成激战数仗，最后把守潼关。11月，由于孤立无援，潼关被破，孙传庭战死。李自成率部进入陕西，连破华阴、渭南、华州和临潼，进而攻打西安，守将王根子开东门迎闯军进城。

1644年2月8日，李自成在西安建国称王，定国号大顺，改年号为永昌。

进京城得意忘形

李自成在西安称王后，便把目标瞄向了北京。他率领大军渡黄河，占山西，一路北上对北京发起进攻。北京守军不堪一击，广宁门守城太监曹化淳打开城门，迎李自成进城，外城失守。兵部尚书张缙彦主动打开正阳门，迎刘宗敏部；李自成由太监王德化引导，从德胜门入。崇祯帝见回天无力，令人将太子和永王、定王送到外戚周奎、田弘遇家中，拔剑砍断长公主一臂，又逼皇后自尽，随后到煤山自缢身亡。

李自成进京后，令人张贴告示："凡伤人以及掠人财物妇女者，杀无赦。"他查收了大明国库，只得了几十万两银子，这对其几十万大军来说远远不够。不久，经历连年战乱、没有稳定经济来源的农民军，为解决军队粮饷，由刘宗敏对明朝四品以上官员八百余人"追赃助饷"，严刑拷打，逼着他们付赎金。李自成欲制止，但刘宗敏蛮横地说："皇帝之权归你，拷掠之威归我，谁都别废话！"

刘宗敏规定助饷额为"中堂十万，部院京堂锦衣七万或五万三万，道科吏部五万三万，翰林三万二万一万，部属而下则各以千计"，城中恐怖气氛凝重，士大夫惶惶不可终日。山海关总兵吴三桂的父亲吴襄也遭到了严刑拷打，交了五千两银子才被释放，吴三桂的爱妾陈圆圆也被刘宗敏所霸占。据载，在进京后的十一天内，刘宗敏拷掠得银七千多万两，还霸占崇祯皇帝的田妃，住进她父亲田弘遇的宅第，将其房产、财富和女眷全部据为己有。宰相牛金星也陶醉于暂时的胜利之中，以职弄权，作威作福，并不断劝进李自成。

二十三、李自成败亡之谜

李自成放任士卒抢掠，臣将骄奢，"杀人无虚日，大抵兵丁掠抢民财者也"，彻底暴露了"匪气"。对无辜百姓来说，这无异于前门驱虎，后门进狼。宋献策不忍，遂借天象警示，上疏李自成说："天象惨烈，日色无光，亟应停刑。"李自成方下旨宽赦千余人。

吴三桂奉诏勤王，得知京师已失陷，便犹豫不进。李自成招抚他，吴三桂本欲投降，但得知父亲和陈圆圆的遭遇后，冲冠一怒，返回山海关。很多人觉得吴三桂冲冠一怒为红颜，这当然很美好。面对父亲的生死，吴三桂淡然一笑；听到小妾被人霸占，吴三桂冲冠一怒，在当时的社会环境下，吴三桂必然不会如此。所以，吴三桂不断地投降，又不断地反叛，归根到底是他见风使舵，利益使然。

随后，李自成和刘宗敏等带着五万人马进军山海关，抵达后立刻发动进攻。吴三桂不敌，向多尔衮投降。清、吴联军突然袭击农民军，李自成败退北京。在部下劝进下，李自成宣布登基称帝，封妻子高桂英为皇后，但第二天就撤出了北京城。

李自成到达定州，被清军追上，一场激战，农民军惨败，西走真定。在真定，李自成被流箭射成重伤，又向西越过故关，退往山西平阳。此时，原本已打下的河南大多州县却不受他节制。李自成召集诸将商议对策，李岩请求率兵前往河南。牛金星等人早已忌恨李岩，对李自成说："李岩雄武有大略，非久居人下之人，河南是李岩的故乡，如果把大军交给他，必不受制。十八子那句谶语，难道就不可以指李岩吗？"他又趁机诬陷李岩想造反，李自成生性多疑，便令牛金星设局，杀死李岩。由此，李自成众叛亲离，农民军迅速走向分裂。后来，牛金星父子投降清军。

李自成逃到西安，又显示出好勇斗狠和刚愎自用的禀性，官员稍微冒犯便被处死，就连百姓偷一只鸡也要处死。1645年，清军攻破潼关，李自成放弃西安，从龙驹寨走武冈，过襄阳，到武昌。李自成被清军分两路追击，八战皆败，死伤无数，部众投降，逃散者甚多。据清军战报，在武昌"又获伪汝侯刘宗闵并一妻二媳，……及术士伪军师宋矮子（献策），……其自成二叔及伪汝侯刘宗闵俱斩于军"，但没说把宋献策怎么样。有记载称，宋献策因"满洲人重其术,隶旗下,出入骑从甚众"。李自成奔往咸宁、蒲圻,到达通城,逃至九宫山。

为什么大顺军从山海关溃退后直至败亡,几乎再也没有打过胜仗?这主要是天灾和人祸两方面的原因。

李自成进京前后,北京周边鼠疫流行。由于鼠疫的传染性强、死亡率很高,人们恐慌心理甚重。李自成率大顺军进京后,鼠疫蔓延至军营,且长时间无法摆脱,战斗力大减,军队遭受沉重打击。

山海关之战后,大顺军接连出现三个战略错误。第一,山海关战役失利,如果处置得当,有可能只是局部的、暂时的失败。此战除了刘宗敏负伤、李双喜战死外,诸多战将安然无恙,大顺军损失其实不大,完全可以适时组织反攻。当吴三桂与清兵结盟时,多尔衮也考虑到"流贼横行久,扩而众,不可轻敌"。如果李自成能以己之长攻敌之短,是不难找到适当战机的。但山海关之战后,大顺军并没有组织大规模反攻。第二,李自成撤退中,多尔衮忙于清廷入关,只给了吴三桂万人追赶李自成。如果李自成能从容处置,依靠有利地形,凭借众多兵力和广大农民支持,对吴三桂完全可以围而全歼,最低也可有效阻止清军进攻。但李自成没有利用这些有利条件,反而是吴三桂利用了官绅阶级的正统观念,借为崇祯复仇之名,以售其伎。第三,从北京城撤退,无疑是战略上的重大错误。李自成从山海关败回北京,尚有十几万兵力,如能在北京城严密设防,清吴联军根本无法攻破北京城。李自成进北京时,城防设施基本完好无损,最重要的是清吴联军没有后勤粮草补给,而大顺军此时已占领北方数省,后勤补给肯定比清吴联军容易得多,完全有可能翻盘。可是李自成回到北京后不久便从北京撤出,不几天就逃回西安。

大顺军的失败不仅是军事上的,更是政治上的。农民军长期生活在乡野之间,不仅缺乏治国安邦的经验,而且视野狭隘,不能准确把握形势。大顺政权建立后,他们没有随着阶级关系的变动相应地调整自己的政策,没有很好地团结地主官绅阶级,反而一味追赃助饷,引起地主官绅"人人饮恨,未及发也"。李自成没有意识到"追赃"行为根本无法建立起一个能够对天下实行有效统治的政权。比如,李自成曾经让军师宋献策代他出面规劝刘宗敏放了吴襄，但刘宗敏不仅不听劝，反而变本加厉地"追赃"。这样的失策自然使大顺军再也没有了翻盘机会。

落荒逃生死不明

关于李自成的最终结局，不同史料有不同的记载，民间和学术界也有多种说法，其中主要有"九宫山说""夹山说""隐居说"。

对于李自成在九宫山上死亡的记录，最先见于清太祖第十二子阿济格亲王向清廷的奏报和南明湖广总督何腾蛟给唐王（即后来的隆武帝）的奏报。阿济格在奏报中写道：反兵逃窜至九宫山中，我军随后搜遍全山，不见李自成，李自成身边随从共二十人，被困，自缢而死。派遣一见过李自成者，前往辨认，但尸体已腐烂，不能够看清，是生是死，继续追查。何腾蛟所写的奏报说：在九宫山已将李自成斩首，首级不慎丢失。这两封奏报成了多数史学人士断定李自成已死的依据。

据《明史》《小腆纪年》等史书记载，李自成率领二十名骑兵到九宫山中抢粮，被村民围困，无法走脱，结果被勒死了。也有说村民正在筑堡，见李自成人少，争相前去击打，李自成陷在泥沼中，头部被锄头击中而死。村民剥下他的衣服，获得龙衣和金印，又发现死者瞎了一只眼睛，方认定是李自成！这就是"九宫山说"。同治《通山县志》和嘉庆《湖北通志》都赞成此说。

李自成究竟死于何人之手？《通山县志》载："九伯聚众杀贼首于小源口。"《程氏宗谱》载："剿闯贼李延于牛迹岭下。"《荒书》中说：程九伯外甥金某从背后以铲猛击李自成头部，即刻而亡。

九宫山事件后，李自成的皇后高桂英肩负起了领导大顺军的责任，带领李过等人继续跟清军斗争。但大顺军分崩离析，已成强弩之末，高桂英无力回天，自焚而亡。李过继续进行抗清斗争，清军于1645年先后六次招抚他，结果"人信不还"。1649年，李过因病去世。

新中国刚成立时，学术界曾掀起一场关于李自成葬身何地的争论，最终历史学家李文治撰文考证，李自成葬身之地为湖北省通山县九宫山。郭沫若赞成此说法，学术界对这一结论也基本认可，并于近年来全国李自成学术讨论会上被专家们所确认。

但是，"九宫山说"亦有三处疑点。首先是"尸朽莫辨"；其次是上呈奏报的阿济格和何腾蛟两人均未在九宫山，是从手下将士处得到的消息；最后是时隔不久，阿济格又奏报"闻自成逃遁，现在江西"，清廷为此认为阿济格是有意欺瞒，将他降为郡王。由此可知，作为追杀李自成的主帅，阿济格也不清楚李自成到底死了没有。因此，从清初开始，就有人一直怀疑李自成没死。

学者申悦庐提出"夹山说"。他认为李自成并未死于通山县九宫山，而是老死于湖南省石门县夹山灵泉寺。这个推断的主要依据是清朝知州何璘所作《书李自成传后》。何璘经过实地考察，认为李自成在九宫山并未死去，而是制造假象，迷惑追兵，从而摆脱了清军。在从湖北公安逃亡湖南澧州途中，部下见李自成大势已去，便纷纷另谋生路。到安福县境内，李自成脱离随从，独自来到夹山灵泉寺削发为僧，也就是夹山灵泉寺的祖师"奉天大和尚"，法号"奉天玉"。李自成曾自称"奉天倡义大元帅"，其中"奉天玉"隐含"奉天王"之意。奉天玉和尚于1674年在灵泉寺中圆寂。何璘曾经亲自进入夹山寺查访，见了曾伺候过奉天玉和尚的老僧。据老僧讲，奉天玉和尚在顺治初年来到灵泉寺，说话带有陕西口音。

清末民初著名学者章太炎赞同"夹山说"。他到澧州进行过实地考察，发现李自成隐居夹山时，曾作诗百首来赞赏梅花，即《梅花百韵》，并搜集到其中五首作为驳斥"九宫山说"的依据。一些出土的文物也成为"夹山说"的证据。在澧州发现建有奉天玉和尚的墓地并有骨灰坛出土，20世纪50年代在奉天玉断碑上发现有"子门徒已数千指中兴"等句，一派豪言壮语。专家称，在奉天玉和尚墓还发现残碑，有碑文十五行，落款为"补之为铭"。据专家考证，补之是李自成的侄子李过。重修夹山寺时，人们又发现刻有《梅花百韵》诗的残版，上面残留九首诗歌，同时还发掘到"永昌通宝"铜币，刻有"永昌元年"字样的竹制扇骨、铜制熏炉等，以及写着"西安""自成"四字的铜马铃，这些铜马铃被鉴定为明末清初之物。出土的符碑上，刻有四句四言偈语,十分接近李自成家乡米脂传统的随葬符碑,其中有三句和在米脂地区出土的一块符碑内容完全相同,这与石门传统的殡葬习俗有明显区别。还发现麒麟凤凰青花罐一只,内有舍利子若干。青花罐子上有铭文砖一块,上面写着"师于大清壬辰年六月率徒开山,领弟子数千众,殁于甲寅年三月",落款又是"补之为铭"。

"夹山说"看似有道理,却有致命伤。一是奉天玉和尚1674年于灵泉寺圆寂,而李自成侄儿李过1649年已病亡,他不可能为奉天玉和尚墓碑"补之为铭"。二是身份和行为不相符。奉天玉和尚主持夹山寺时,与当地官员交往甚密。但李自成的外貌特征十分明显,四十多岁,陕北口音,瞎了一只眼,当时捉拿李自成的告示贴得到处都有,官员一定能够认出他。夹山寺可能是李自成提前安排的后路,主持夹山寺的是某个陕西将领,不想李自成意外身亡。李过抢回其尸体或将其衣冠葬于夹山寺。

"九宫山说"和"夹山说"都有一定的依据,也都有疑点,但"夹山说"的硬伤更明显,可能性更小。

关于李自成的下落,还有隐居一说。新中国成立后,陕西青城镇茨湾村发现了一本康熙年间的《李氏家谱》。考古专家研究认为,李自成兵败后化装成和尚逃往陕西,投靠了叔父李斌,一直隐居默默死去。这也算一家之言。

【延伸阅读】

陈圆圆之死

在吴三桂和清军的联合打击下,李自成军遭受重创,仓皇逃离北京,尽弃所掠辎重、妇女于道。吴三桂在乱军之中找到了陈圆圆,此后一直带在身边。吴三桂平定云南后,陈圆圆进入了平西王府,一度"宠冠后宫"。

吴三桂入缅甸,抓捕了南明永历帝,陈圆圆劝吴三桂借机反清复明,吴三桂不听,绞死了永历帝。因与吴三桂正室不谐,且吴三桂另有宠姬数人,陈圆圆日渐失宠，遂辞宫入道，"布衣蔬食，礼佛以毕此生"。一代红妆从此繁华落尽。1678年，吴三桂在湖南衡阳称帝，五个月后染病身亡，清军很快剿灭了吴三桂的军队，将其全家抄斩。陈圆圆因已出家，逃过一劫。

对于陈圆圆最终的结局，一直以来众说纷纭，有说吴三桂身死后，陈圆圆便自沉于五华山长国寺的莲花池，死后葬于池侧；另一说是，辛酉破城时陈圆圆已病死；还有人推测，陈圆圆死于破城之日，但死法上又存有自缢、绝食或投滇池数种说法。据民俗专家王涌坚的研究，陈圆圆为了不使吴三桂无后，就带着儿子吴启华（一说吴昌华）、孙子吴仕杰，在吴三桂生前亲信、军师马宝的护送下，逃到贵州的一片原始森林避难。

明末清初诗人吴伟业有感于陈圆圆的遭遇，写了《圆圆曲》一诗，诗中"恸哭六军俱缟素，冲冠一怒为红颜"流传后世，吴伟业也因此青史留名。

二十四、清东陵被盗之谜

【题记】清东陵是我国现存规模最宏大的帝王陵墓建筑群,这里埋葬着顺治、康熙、乾隆、咸丰、同治五位皇帝和十五位皇后、一百三十六位妃嫔、三位皇子、两位公主,陪葬了无数价值连城的奇珍异宝,令许多盗墓者垂涎欲滴。随着清朝灭亡、时局动荡,清东陵屡遭盗劫。那么,清东陵遭遇了哪几次大规模盗掘?神秘地宫是如何被打开的?究竟有多少珍宝被盗?它们最终又流向了何方?

土匪盗陵始作俑

清东陵位于河北省遵化市西北三十公里处,西距北京一百二十五公里,占地八十平方公里。该陵群从1661年首建顺治皇帝的孝陵开始,到1908年建成慈禧太后的定东陵为止,历时二百四十七年,陆续建成二百一十七座宫殿牌楼,组成十五座陵园。清代,清东陵属皇家禁地,戒备森严,神圣不可侵犯。

1912年清帝逊位时,清东陵不仅设有护陵人员,而且还有旗兵、绿营兵守护,但随着世事变迁,护陵人员的俸饷失去了保障。1926年,奉系军阀张宗昌进驻清东陵,大肆盗伐陵区树木。守陵员役也纷纷趁乱效仿,并逐渐发展至盗卖供物、金银器皿、铜鹿、铜鹤、铜鼎等陈列品。

盗掘清东陵陵寝的始作俑者,是遵化马兰峪镇土匪马福田。马兰峪镇是由满族守墓人建立的村镇,这里的人都知道清东陵内藏有大量珍宝。马福田从小四处闯荡,成年后拉起了一支数百人的土匪队伍,为害河北一带。张作霖入关后,马福田被收编,成为奉军一名连长。

是年7月,蒋介石率国民革命军北伐,孙传芳、吴佩孚、张宗昌等北洋军阀先后战败。张作霖见势不妙,退回关外。马福田失去了靠山,又不想投降北伐军,于是拉着队伍跑回老家继续当土匪。近千人的队伍没有稳定收入,生存成了大问题。马福田手下有个叫王绍仪的军官,是慈禧定东陵修建者的后人,提议挖掘定东陵以解决吃穿问题,还可以购买武器装备队伍,这个提议立刻得到马福田的赞同。

1928年春,马福田一行浩浩荡荡地开进清东陵,杀了部分守墓人,开始明目张胆地盗墓。由于找不到地宫入口,他们胡乱挖了几个月也未挖开慈禧的陵墓,只将裸露地表的几座墓给盗了,把文物偷偷带到天津出售,发了一笔横财。

军演障目开地宫

1928年5月,直鲁联军第14军军长孙殿英投靠蒋介石,被委任为第6军团第12军军长,驻防离清东陵仅一山之隔的马伸桥。孙殿英将队伍从三千余人迅速扩充到近两万人,但无枪无饷,连吃饭都成问题。孙殿英找上司徐源泉要军饷,徐连自己的部队都养不起,哪有钱给他?这时,孙殿英闻报马福田等土匪在清东陵盗墓,一个邪恶的念头便产生了。

6月,孙殿英命第8师师长谭温江率一团兵力开进马兰峪,赶跑了马福田,进驻陵区,目标是慈禧太后的定东陵。7月2日,谭温江借口演习施爆地雷,驱走全部守陵人员。同时,孙殿英又令第7旅旅长韩大保率军从苇子峪开进陵区,目标是安葬乾隆的裕陵。

定东陵修建持续十四年,直到慈禧死前才完工,耗银两百多万两,整个建筑金碧辉煌。谭温江部苦于找不到慈禧陵地宫入口，就从村里抓了一个老旗人，威逼他说出了地宫的入口。士兵们在长官的监督下打着手电进入，来到地宫石门处。他们推门不动，就用斧头等工具在石门下部对缝处狠砍猛凿，继而弄开石门后面的顶石，推开了石门，并如法炮制，打开了第二道石门，进入放置棺椁的金券部位。

慈禧的棺椁停放在金券宝床正中，士兵们刀斧齐下，顷刻就将外椁拆得七零八落。士兵们取尽棺内的宝物后，又把慈禧的衣服、鞋子上面缝缀的珠宝悉数掠走，连嘴里含的夜明珠也抠了出来。最后，他们把内棺移开，露出下面的金井，又掏出许多用来"息壤"的宝物。

裕陵修建于清朝最鼎盛时期，耗银二百多万两，建筑艺术之精湛华美，居清陵之冠。韩大保手下有一个老工兵是当年修陵工匠的后代，在他指点下，士兵们用炸药炸开墓道，进入地宫。裕陵地宫内埋葬着乾隆和孝贤、孝仪两位皇后，另有慧贤、哲悯、淑嘉三位皇贵妃，经盗采，殉葬珍宝被搜罗尽净。

7月10日，孙殿英乘夜驱车来到马兰峪，将所盗宝物整整装了二十辆大车。11日，谭、韩两部逃之夭夭。孙殿英率部离开后，听到风声的散兵游勇和土匪纷纷奔向清东陵，再次扒开地宫洗劫一番。这就是震惊全国的东陵盗案。

涉案有贼难惩凶

清东陵被盗的消息传出，舆论哗然。部分旗人团体以及皇室遗老遗少奔走呼号，社会各界纷纷要求严惩凶手、追回被盗文物。清逊帝溥仪更是悲痛欲绝，派人赶到清东陵善后。时任故宫博物院古物馆馆长的徐森玉闻讯后也赶到现场，发现乾隆这位中国历史上最长寿的皇帝牙齿一颗未脱，令人不可思议。

面对强大的舆论压力，平津卫戍区总司令阎锡山下令严查，但一时没有头绪。7月的一天，位于北京琉璃厂的古玩铺"尊古斋"迎来了一位神秘的顾客。此人携带一批绝世珍宝急于出手，老板黄百川热情接待了他。双方经过一番讨价还价，最终以十万大洋成交。不料走漏了风声，二人因涉嫌贩卖国宝罪被北平警备司令部拘捕。这位神秘男子，正是谭温江。事件被媒体披露后，舆论直指第12军。

为开脱罪责，孙殿英向上司徐源泉呈文，辩称这些珍宝是应乡绅之请，剿办悍匪马福田所缴获的战利品，巧妙地将盗墓的罪责甩给了马匪。当时北伐刚刚胜利，政局不稳，审案的官员们对手握重兵的孙殿英投鼠忌器，不敢深究。而已经逃亡的马福田成为过街老鼠，最终在天津被人杀死。

8月4日，在由天津驶往青岛的日本"奉天丸"号轮船上，青岛警察厅侦探队缉获两名形迹可疑的逃兵，从他们身上搜出三十余颗珍珠，还有国民革命军第12军的标识。经审讯，其中一个是孙殿英的勤务兵张歧厚，他供认是第12军盗掘了清东陵！于是舆论再次聚焦孙殿英。

南京国民政府迫于舆论压力，催促阎锡山破案。11月，四大集团军分别派出代表组成高等军法会审理此案。徐源泉也将有关清东陵珍宝加封保存，移送卫戍司令部，并向外界表示一旦情况属实，决不姑息。12月中旬，军事法庭开庭调查。

1929年4月20日，清东陵盗案开庭预审。经过一个半月的审理，高等军法会宣布审理结果：清东陵盗案系当地驻军勾结守陵人员盗墓分赃。至于驻军是哪支队伍，幕后主使究竟是谁，判决草案含糊其词。6月15日，军事法庭决定拟出审判书上报，将谭温江等嫌疑犯拘押。

但后来，通过大肆贿赂权贵，孙殿英不仅成功逃脱审判，还连获高升。在其"斡旋"下，谭温江亦被释放。中原大战期间，孙殿英周旋于蒋、冯、阎、张各大势力之间，屡屡获任军政要职。1935年，"华北事变"爆发，时任第41军军长的孙殿英因驰援热河、勇战日寇，成为备受赞扬的英雄，一举"洗白"。全面抗战期间，孙殿英部被日军包围、击溃，一度降敌成为汉奸，任"第24集团军副总司令"。日本投降后，孙殿英又打通"关节"重新投靠蒋介石，摇身一变成为先遣军总司令。1947年，在人民解放军解放河南汤阴的战役中，孙殿英被俘虏，后死于战犯收留所。

二十四、清东陵被盗之谜

珍宝散失无影踪

定东陵和裕陵被盗走了多少稀世珍宝？最终流落到了何方？

据晚清大太监李莲英口述、其侄李成武执笔的《爱月轩笔记》载，慈禧的陪葬物种类繁多、极尽奢华，价值之高远超世人想象。慈禧入殓时脚蹬的碧玺莲花，"重三十六两八钱，估值七十五万两"，金丝锦被价值八万四千两，各种珍珠总价值约八十五万两，各种宝石总价值约四万两千两。此外，还包括翡翠西瓜、蝈蝈白菜、玉石莲花、珊瑚树、珍珠凤冠等，均价值连城。在所有陪葬物中，价值最高的是慈禧口中所含的夜明珠。这颗夜明珠能使遗体不腐化，并且分开是两块，透明无光；合拢就是一个圆球，透出一道绿色寒光，夜间百步之内能照见头发，可谓绝世罕见。这颗夜明珠的估价超过一千万两，折合人民币约八亿元。

乾隆堪称最富有的皇帝，生前酷爱的书画、金鼎、玉石、瓷器等大部分被陪葬，其中还有一把九龙宝剑。《孙殿英投敌经过》记载：乾隆帝的墓修得堂皇极了，棺材里的尸体已经化了，只留下辫子。陪葬的宝物不少，最宝贵的是颈项上的一串朝珠，有一百零八颗，都是无价之宝。

关于清东陵被盗珍宝的归宿，大致有六大去向。

分赃。孙殿英召集参与盗陵的高级军官开会，他自然得大头，而且都是最好的。据其当年身边人回忆，孙殿英一人所得宝物装了十一大箱，折合白银两亿五千万两。据说，孙殿英的勤务兵张岐厚，在天津将分得的四十六颗珍珠中的十颗卖了一百二十大洋。一个勤务兵都分得四十六颗珍珠，可见盗掘宝物之多。

售卖。被盗宝物不少流落民间，但更多的流落海外。当时，孙殿英的交易地点主要在北平、上海、天津、青岛。这几个地方洋人多，能卖上价钱。

谭温江将一批价值十万元的珠宝玉石运到北平，让其弟卖出一部分，得款约六千元。余下的部分被查没，就此了无踪迹。

孙殿英派军需处长李德禄和两位副官携五大箱宝物去上海销赃，与他们交易的洋人先支付了四分之一的现款当定金，而后用一张大额美钞支票付了余款。钱货两清后，李德禄一行到银行提款，被告知支票是假的，方知上当。后来得知做局者是上海青帮头子黄金荣，孙殿英气得咬牙切齿，却又无可奈何，后派人到上海雇杀手杀了帮助做局的香港掮客吴世安。这批被黄金荣黑掉的宝物，后来落到了美国人手里。

在上海吃了大亏的孙殿英把销赃重点转移到天津，所得赃款甚巨。除购置一座富丽堂皇的洋楼外，还购买了丹麦造轻机枪五百多挺、小型平射炮一百多门、新式步枪五千多支等大量军火。

上缴。东陵盗案发生后，迫于社会压力，孙殿英主动上缴部分宝物蒙蔽世人。他给徐源泉打电报，谎称剿匪时缴获大件宝物二十余件，另有宝石、珊瑚、玛瑙、白玉、翡翠等"小玩意"三百余件。徐源泉心照不宣，把孙殿英上交的宝物收入囊中。但此时，阎锡山的军事法庭成立了，而且执法颇严，徐源泉害怕被牵连，忍痛把宝物上交。事件平息后，徐源泉肠子都悔青了。

查没。五次罚没，宝物数量庞大。第一次，谭温江与"尊古斋"掌柜黄百川交易，被警察查没，具体数量不详，最后下落不明。第二次，"义文斋"掌柜从谭温江弟弟手中购得一批珍宝，曝光后交出，由时任平津卫戍总司令朱绥光转交北平总商会保管，最终下落不明。第三次，1928年，天津海关查获了三十余箱准备运往法国的宝物，大部分来自清东陵。第四次，在遵化截获国民政府内务部接收大员宋汝梅携带的铜质佛像二十余尊，以及乾隆所书用拓印条幅约十块。第五次，1947年汤阴战役中孙殿英被俘，携带宝物均被没收。

贿赂。这部分较多，主要用于开脱罪责、逃避严惩，行贿对象是"党国要人"，行贿物品都是国宝级奇珍。孙殿英曾亲口对亲信说过将宝物送人的情况，这在《文强口述自传》和沈醉《我所知道的戴笠》等书中都有提及。九龙宝剑经戴笠之手送给蒋介石（一说送何应钦），未遂，后在戴笠坠机事件中焚毁。慈禧口中夜明珠送给了宋美龄，被宋美龄当作鞋饰，她在美国去世后，这颗夜明珠下落成谜。戴笠获得乾隆所戴朝珠中最大的两颗朱红色宝珠。此外，孙殿英还将翡翠西瓜送给了宋子文，将翡翠白菜、乾隆帝朝靴上的宝石送给了孔祥熙夫妇，将慈禧陵中的纯金寿星佛、翡翠桃和乾隆的玉扳指、珊瑚雕制文玩等送给了何应钦，另送给徐源泉慈禧头戴的翡翠荷叶、金佛一尊、红宝石佛一尊、珍珠一包。

秘藏。孙殿英所盗宝物有一大部分没有现身，人间蒸发，可能被孙殿英秘藏起来了。

屡禁不止遭盗空

清东陵后来又多次被盗。1928年12月，朱华山端慧皇太子园寝地宫被盗；1929年12月，裕妃园寝中纯惠皇贵妃地宫被盗；1930年5月，悼敏皇子地宫被盗。

日本战败投降后，清东陵的守护出现了一段"真空期"，再次发生大规模被盗事件，这次盗陵的主犯是悍匪马福田的手下王绍仪。马福田一伙被孙殿英剿灭后，王绍仪便长期隐居在清东陵西侧的新立村，表面上以弹棉花为业，伺机作案。他先后拉拢了清东陵的守卫和附近村庄的几名小官，又以重金将时任冀东军区15军分区敌工部长的张尽忠拉下水。

1945年9月，王绍仪一伙打着百姓度饥荒的幌子纠集上百人，公然把康熙景陵、咸丰定陵、同治惠陵和慈安陵在内的十四座陵寝悉数盗空，连陵区外围的一百五十余座陪葬墓也未放过。唯一幸免的是顺治孝陵，之所以没挖孝陵，一是传说顺治帝在五台山出家，并未入葬孝陵，地宫里只有一双鞋子和一把扇子；二是据传孝陵里没有棺椁，只有三个骨灰坛子；三是孝陵的功德碑上写着"皇考遗命：山陵不崇饰，不藏金玉宝器"。

1946年1月，王绍仪一伙盗陵事件被北平国民党特务侦知，时任军统平津办事处处长的马汉三立即密报戴笠。根据蒋介石的密令，马汉三命特务郑恩普、张树庭调查此事，共收缴八百多件珍宝。这些珍宝一部分被马汉三等贪污，一部分送给戴笠，仅小部分转送故宫博物院。

随着人民政权的巩固，蓟遵兴联合县专案组成立。一年后，盗陵主犯全部归案，受到应有惩处。

1949年2月，以新立村郑存为首的盗陵团伙，对惠陵、昭西陵、慈安陵、定陵、定陵妃园寝再次进行了一次全面"扫仓"，那些幸存的文物，特别是地宫金井中的珍宝被盗掠一空。后来案件侦破，追回一部分赃物。此为清东陵第三次大规模被盗。

新中国成立后，政府不仅加强了对清东陵的保护，严厉打击盗墓活动，还多次拨款修葺清东、西两陵，清理了裕陵、定东陵两处地宫，先后开放，供游人参观。1961年，国务院将这两处皇陵列入第一批全国重点文物保护单位。2000年11月，清东陵被联合国教科文组织列入《世界遗产名录》。

【延伸阅读】

明定陵发掘之憾

定陵，作为我国唯一一座有计划进行考古发掘的帝王陵寝，曾经轰动世界，结果却令人唏嘘。

1955年10月，《关于发掘明长陵的请示报告》被国务院批准。但发掘开始后，一直找不到长陵的墓道，经批准改为发掘万历皇帝和他两个皇后合葬的定陵。

发掘工作自1956年5月开始，至1958年7月底基本结束，共出土文物三千多件。此外还有很多重要发现，如万历皇帝右腿微曲且明显比左腿短，证实了这位三十年不上朝的皇帝生前确患有严重足疾。

考古队在万历皇帝的棺椁被打开后就解散了，后期的文物清理和管理工作由定陵博物馆筹建小组负责。由于业务不精，工作人员用"聚甲基丙烯酸甲酯"（塑料）加入软化剂修复丝质衣物，没过几个月这些衣物就变黑、变脆，大多支离破碎；其他文物由于保管不善，都有不同程度的损坏。

1961年，时任国家文物局局长、中科院考古研究所所长的郑振铎和副所长夏鼐上报国务院，请求停止发掘帝王陵墓，周恩来总理批准了这一申请。从此，发掘帝王陵被叫停。

二十五、宣纸工艺失窃之谜

【题记】 2008年北京奥运会开幕式上,一张巨大的"宣纸"随着琴韵徐徐展开,舞者变幻的身影如灵动的画笔,巧妙绘出一幅波澜壮阔的写意山水。在观众的惊叹声中,宣纸的千年传奇如电影般缓缓呈现。

宣纸被誉为"文房四宝"之一,人们用"墨韵万变,纸寿千年"形容它的魅力。宣纸名噪艺林,其生产工艺历代纸匠讳莫如深,"有心者"则一直觊觎。那么,中国宣纸"千年不腐"的玄机究竟在何处呢?其"永不泄密"的制造技艺后来又是如何被窃取的呢?

名纸匠心续传奇

我国古代十大造纸产区中,皖南最为显赫。群山中的皖南乡野气候温润,植被繁茂,资源丰富,自古以来便以造纸闻名。

相传蔡伦去世前,传给弟子孔丹一幅画像,但没过几年,这幅画像就变了颜色,还长了霉斑。孔丹十分难过,立志要造出一种不变色、不长霉、不老化的纸。孔丹在家乡宣州偶然发现,倒伏在溪水中的青檀纤维洁白柔韧,便取之造纸,经过反复试验,终于造出一种质地绝佳的纸来,这便是后来宣纸的雏形。宣纸中有一种名叫"四尺丹"的品种,就是为了纪念孔丹。

二十五、宣纸工艺失窃之谜

宣纸"始于唐代、产于泾县",因唐代泾县隶属于宣州,故以地得名,迄今已有千余年。

宣纸诞生后,其发展并非一帆风顺。唐代书画评论家张彦远在其《历代名画记》中说:"江东地润无尘,人多精艺……好事家宜置宣纸百幅,用法蜡之,以备摹写。"这说明唐代造纸术已颇发达,并开始把宣纸用于书画了,但仍需"用法蜡之",方可"摹写"。南唐时,后主李煜亲自监制的"澄心堂"纸,堪称宣纸中的珍品,史书赞誉它"肤如卵膜,坚洁如玉,细薄光润,冠于一时"。

到了宋代,皖南纸业愈发声名显赫,甚至可造出长达五丈的巨幅,技艺高超。宋代李焘《续资治通鉴长编》载:1074年,朝廷"诏降宣纸式下杭州,岁造五万番。自今公移常用纸,长短广狭,毋得与宣纸相乱"。说明宣纸在宋代已由朝廷下诏上贡朝廷,且宣纸使用有一定规制,官署间的公文不得使用宣纸。宣纸引起文人墨客追捧,需求量大增。宋代诗人王令《再寄满子权》中写道:"有钱莫买金,多买江东纸,江东纸白如春云,独君诗华宜相亲。"江东即指宣城、徽州、池州等地。

宋末元初,曹大三为避战乱,由虬川迁至泾县小岭,以制造宣纸为生。曹氏一族逐渐发展成宣纸工业中的佼佼者,被誉为"宣纸世家"。

元朝时,倪元林、王蒙等山水画派冲破传统宫廷画法的桎梏,提倡山水写意和泼墨豪放的技法。宣纸为此画法提供了极佳的载体,加上工艺的成熟,宣纸生产有了长足的进步。

明代开始,宣纸正式走向辉煌。明宣德年间,宣纸开始由宫廷进行监制,制造技艺飞速发展,远超前代。宣纸被冠以皇帝年号称为"宣德纸",与"宣德炉""宣德窑"并称。

及至清代,泾县宣纸业走向鼎盛。县东漕溪汪六吉、县西小岭曹氏世家等大户,其宣纸生产均颇具规模。据《小岭曹氏族谱》记载,其时小岭九岭十三坑,坑坑建棚造纸,棚户日益增多,小岭一隅已无法容纳,很多棚户向外发展,遍及全县所有宜造宣纸的地方。

清咸丰年间,清军与太平军在泾县一带往来交兵十余年,宣纸业受到毁灭性打击。清同治四年后，宣纸业逐渐复苏。清末民初，局势动荡加上西方机制纸的进入，手工纸作坊纷纷转行停产，宣纸业跌入低谷。中国宣纸的重要传人之一、小岭人曹廷柱锐意创新，首次采用化学漂白剂来改进宣纸制作工艺，成为晚清和民国时代宣纸行业领袖人物。1903年，曹廷柱受两江总督刘坤一派遣赴日本考察农工商机器业，日本人千方百计向他套取宣纸生产技术，都被婉言相拒。

1908年，宣纸在上海商品陈列大会上荣获第一名；1910年，"白鹿牌"宣纸在南洋国际第一次劝业会上荣获"最优等文凭奖"，泾县"鸿记"宣纸获"超等文凭奖"；1915年，泾县"桃记"宣纸在巴拿马太平洋博览会上获得金奖；1926年，"汪六吉牌"宣纸、"曹兴泰"宣纸在美国费城世博会上获金奖。

新中国成立后，国家大力支持宣纸制造技艺的传承与发展，第一家国营宣纸制造厂在安徽泾县成立。书画爱好者们所熟知的"红星牌"宣纸即来源于这家制造厂，宣纸产业自此全面复兴。1990年，"红星牌"宣纸、"红旗牌"宣纸在亚太国际博览会上荣获金奖。

2002年，安徽宣城泾县被国家确定为宣纸原产地，宣纸成为"国家地理标志保护产品"。2006年，宣纸制作技艺被列入首批国家级非物质文化遗产名录。2009年，宣纸传统制作技艺被列入联合国教科文组织人类非物质文化遗产代表作名录。

纸寿千年蕴绝技

宣纸作为纸中极品，具有易于保存、经久不脆、不会褪色等特点，故有"纸寿千年"之誉。

宣纸之所以产于泾县一带，得益于"天时、地利、人和"，制造宣纸的许多步骤必须仰赖泾县特有的资源和环境。

"纸之制造，首在于料。"泾县地处皖南山区，复杂的地势、独特的气候环境、带有石灰岩质的鸟沙土，孕育着制造宣纸最关键的两种原料——青檀树和沙田稻草。当地蕴藏的丰富泉水,水质清澈、金属杂质少、酸碱度适宜,又恰好为造纸中的浸泡、洗涤、蒸煮、漂白等提供了得天独厚的水源。

制宣工艺很难外传,一个重要原因就是工艺"战线"极长,从树皮、稻草变成宣纸,要过一百零八道关。加工青檀皮和沙田稻草,需经数月的腌沤、蒸煮和清洗。洗过的皮料和草料,要担到山坡上铺开晒干,泾县人称之为"晒滩"。原料第一次上山时,大多是黑黄色的,等晒到颜色发白,挑运下山,再次进行渍灰、腌沤、蒸煮、清洗等。如此反复三次,耗时一年,青檀皮与稻草终于在阳光雨露中实现蜕变,升级为合格的"燎皮""燎草"。原料经过这样处理,蛀虫不爱吃,可延长纸张寿命。青檀皮和稻草最终走向"联姻",皮为纸的骨,草为纸的肉。皮多则纸坚韧,称"净皮";草多则纸柔软,称"棉料"。一般来说,绘画用特种净皮,书法则用棉料。宣纸工匠会根据纸张品种的不同,完成不同比例的搭配。

纸浆变成一张完整的宣纸,还需要经过"捞纸""晒纸""检纸"等工序,其中捞纸最见功夫,纸张的厚薄、均匀度都由这道工序决定。在整个宣纸工艺体系里,也只有操持这道工艺的师傅,才被尊为"匠人"。

师傅们将一个长方形的框子(抄纸器)在纸槽里左晃一下,右晃一下,再一提,一揭,一张纸就成了。貌似简单随意,却是宣纸制作中最难的工序。因为纸的厚薄、大小、纹理都取决于此,一旦成型,不可更改。主角叫"掌帘",配角叫"抬帘"。整个过程持续十几秒,掌帘、抬帘二人必须配合默契,严格按照技术口诀操作——"抬帘的要活,掌帘的要稳""头遍水靠边,二遍水破心""头遍水要响,二遍水要平""梢手牵浪,额手掌盘"……这些行话晦涩难懂。刚入门的新手必须跟着有经验的前辈,在千百遍练习中领神会。

帘床出水后,由掌帘师傅提走,把吸附于纸帘上的湿纸"反扣"在之前捞出的纸堆上,再将纸帘传给抬帘工。抬帘工一边计数,一边向纸槽内加入"纸药"。

关于纸药,当地还流传着一个故事。在纸药出现以前,宣纸工每捞出一张湿纸,就必须立即烘干,否则摞在一起,便会粘连成块。这样做费时费力,却别无他法。有一天,一位鹤发童颜的老者出现在纸槽旁,将手中拐杖伸进纸槽搅拌。正在抄捞的纸马上光洁匀称起来，湿纸叠成堆也能被轻易揭开。众人欢呼雀跃，老者却不知所终，只留下拐杖。于是人们便拿着拐杖到山上寻找，发现是猕猴桃藤。自此，泾县宣纸业就开始使用猕猴桃藤汁做纸药。

湿宣纸被一张张堆叠成帖，正如著名画家吴冠中说的，它们就像"一筐筐白色的糕，也像一箱箱大块的豆腐"。接下来，这块"豆腐"便会移步晒纸车间。只见操作工用手指对准纸帖上方的一角捻下去，一张湿纸便开始了"脱离母体"的旅程。继而，他左手一捏，右手里的松毛丝刷子一托，便将一张半透明的湿纸贴到了"火墙"上。宣纸的平整度，靠的就是这把刷子。民间形容一个人有能耐，就称这人"有两把刷子"。

检纸又称剪纸，是制作宣纸的最后一道工序。所有烤干的纸张打成捆，送到检纸车间，由检纸工逐张检验。自古以来，检纸工还承担着会计的责任，因此业内人称之为"检纸先生"。检纸的基本步骤分两步：第一步就是逐张检验，将有瑕疵的挑出来，做上记号改作他用；第二步就是将成垛的纸进行齐边，齐边时用特大号剪刀，略一瞄准，一剪下去，宣纸就齐崭崭的了。

至此，雅白的宣纸经过盖章之后，就宣告制成了。

"永不泄密"的宣纸制作工艺，是千百年来经验的积累，与一方水土血脉相连，靠历代匠人心手相传。

纸中之王书画倚

宣纸是中华民族的瑰宝，与中国书画艺术同气连枝，共同发展。宣纸具有"韧而能润、光而不滑、洁白稠密、纹理纯净、搓折无损、润墨性强"等特点，并有独特的渗透、润滑性能，是最能体现中国艺术风格的书画纸，有"纸中之王"之誉。

宣纸按原料配比分为特种净皮、净皮、棉料三大类。"特种净皮"是宣纸中的精品，具有拉力、韧力强，泼墨性能好等优点，为广大书画家所喜爱。

有人赞誉宣纸"薄似蝉翼白似雪，抖似细绸不闻声"。一幅幅图画，一章章文字，皆凭宣纸而流传千古。据可考证的资料，我国现存最早的宣纸画作是唐代画家韩滉的《五牛图》，距今已逾一千二百余年，仍完好无损地保存在北京故宫博物院。宋代大画家李伯时，曾用澄心堂纸画了一幅《五马图》，流芳百世。欧阳修曾用宣纸起草《新唐书》和《新五代史》，并送了若干张给大诗人梅尧臣；梅尧臣收到这种"滑如春冰密如茧"的名纸，竟高兴得"把玩惊喜心徘徊"。

据说，美国国会图书馆早已产生了"图书自毁"危机，而我国许多珍贵资料和书画真迹，因用宣纸而安然无恙，如清代的《四库全书》至今保存完好，安徽省博物馆珍藏的宋代书法家张即之写的经册距今已有约八百年，纸面仍光滑洁白，完好如初。

清嘉庆年间，我国出产的宣纸制品，曾远销欧洲。当时的英国公主莎罗蒂曾以七十个基尼金（折合人民币约八万元）的高价，购得一束用宣纸制成的花，足见宣纸制品在国际市场上的身价。

鲁迅生前有两样随身相伴的东西：其一是"金不换"小楷毛笔，其二是稿纸。在他用的所有纸张中，最为珍惜的就是宣纸。鲁迅于1933年写给许广平的题词《悼杨铨》原件，经过半个多世纪依然完好，此纸即为宣纸中的净皮。鲁迅酷爱木刻，曾购买宣纸数卷，托曹靖华转赠给苏联木刻家毕斯克列夫，作为其木刻的交换。一位曾使用过宣纸的苏联木刻家对宣纸的评价是：印版画，中国宣纸第一，世界无比，它温润、柔和、敦厚、吃墨、光而不滑、实而不死、手拓木刻，它是最理想的纸。

新中国成立后，我国曾用宣纸印刷过《毛泽东选集》《毛泽东诗词》，复制过许多古籍善本和大量古代名家绘画。郭沫若盛赞宣纸："中国的书法和绘画离了它便无从表达艺术的妙味。"

1971年，阿尔巴尼亚在发掘古墓时发现一种古籍，纸张淡黄。为了修复这一古文献，他们通过外交途径找到我国轻工业部门。泾县宣纸厂经过分析研究，成功为该国复制了本色棉料仿古宣纸，使用后效果极好，该国为此赠送了一辆轿车作为答谢。

1982年，应美国双子星版画社委托，泾县宣纸厂为其研制宣纸版画纸。

此纸融入了宣纸制作与加工、杭州丝绸技艺、中国传统印刷术和版画设计等多种文化元素，创下了"四个一流"，成为宣纸加工艺苑中的奇迹。

北京奥运会后，宣纸收藏风又兴盛起来，一张古宣纸动辄卖价数千元，堪比黄金。2012年，北京举办了第一次陈年老宣纸专场拍卖会，一百五十余刀"红星牌"陈年老宣纸拍得两百多万元。

洋人垂涎常觊觎

宣纸具有巨大经济和文化艺术价值，它的生产工艺一直为外人所垂涎。

据宣纸研究专家曹天生的《中国宣纸史》载，英国人白恩是首个窃取宣纸秘密的外国人。1877年，根据中英《烟台条约》，芜湖海关正式开关。不久后，时任芜湖海关税务司的白恩就窃取了宣纸配料方法和制作工艺的情报，呈给了总税务司赫德。

1883年，一个名叫栖原陈政的日本人，伪装潜入泾县，窃取宣纸工艺情报，回国后写成《清国制纸取调巡回日记》。1906年，一名叫内山弥左卫门的日本人多次潜入宣纸产区窃取情报，回国后写成《宣纸的制造》一文，并刊登在《日本工业化学杂志》上。随后，日本人又多次来到泾县，费尽心机地弄了一些青檀树枝请植物学家鉴定，但因日本不产此树，因此鉴别不出该树是何种属。1937年卢沟桥事变后，日本多次派遣特务深入皖南，搜集泾县的青檀籽，运回日本精心培育，因气候、土壤不适，生长出来的檀皮制造不出高质量的宣纸。

新中国成立后至改革开放前，外国人无法进入宣纸产区，只能购买宣纸后用现代科学手段化验它的成分，试图进行仿制，却始终徒劳而已。

改革开放后，中外交流越来越频繁，垂涎觊觎宣纸制造技艺一百年的日本人，利用改革开放之初我国部分宣纸厂家急于寻求对外合作、防范意识薄弱之机，终于得手。

关于宣纸工艺流失的经过，有多个版本，其中两个最具代表性。

第一个版本：改革开放之初，日本人来泾县"参观考察"，工厂负责人和技术人员缺乏商业保密意识，详细讲解每一道工艺。就这样，日本人轻而易举获取了宣纸制造流程以及"纸药"配方。

第二个版本：20世纪90年代初，日本人又来到泾县，千方百计地打探宣纸生产流程，但由于当地人警惕性很高，不允许现场录像和拍照，也不允许他们取走纸浆，最后无功而返。但是一年之后，另一批日本人来到浙江某县的造纸厂。该厂是安徽泾县扶持建立的，拥有全套的宣纸制造设备和技术。该厂领导在被蒙蔽及受贿后，对日本人知无不言，有问必答，而且连蒸煮材料的碱水浓度都告诉了日本人。日本人回国后利用得到的情报改良了生产技术，不久就生产出了宣纸。随后，日本人宣称：中国宣纸第一，日本宣纸第二！虽然日本产的宣纸质量不如泾县宣纸，却是全球销量最大的。原本由我国独占的世界宣纸市场，受到严重冲击。

国宝独技流失，教训深刻，令人扼腕！

【延伸阅读】

造纸术在世界的传播

105年，东汉蔡伦改进了造纸术，真正用于书写的纸张被广泛应用。大约从6世纪开始，造纸技术传往朝鲜、日本，接着传到越南、柬埔寨等地，9世纪后，又通过南方丝绸之路传入印度。

751年，唐朝大将高仙芝率军与阿拉伯帝国军队在中亚重镇怛逻斯激战，唐军战败，军中的造纸工匠被俘虏。不久，阿拉伯帝国第一个造纸场出现在撒马尔罕。794年，在中国工匠的指导下，阿拉伯帝国在都城巴格达建立了新的造纸场，从此，阿拉伯帝国的政府文书、档案均书写在纸制品上。

随后，造纸术随着阿拉伯大军迅速传到叙利亚、埃及、摩洛哥、西班牙和意大利等地。在意大利的博物馆中，至今还保留着西西里国王罗杰一世于

1109年书写的一道诏书，诏书用的纸就是阿拉伯人生产的。当时的欧洲，能够使用阿拉伯人制造的纸张被视为一种奢侈的行为。为此，那不勒斯和西西里国王腓特烈二世曾在1221年下令禁止用纸书写官方文件。

1276年，意大利出现了第一家生产麻纸的造纸场。此后不久，欧洲人开始改良造纸技术，但直至17世纪，欧洲的造纸技术还只能达到中国宋代的水平。为解决质量不高问题，法国财政大臣杜尔阁曾希望利用驻北京的耶稣会教士刺探中国的造纸技术。乾隆年间，供职于清廷的法国画师、耶稣会教士蒋友仁将中国的造纸技术画成图寄回巴黎，中国先进的造纸术才在欧洲广泛传播开来。

二十六、故宫珍宝流失之谜

【题记】 紫禁城,是明、清皇帝处理朝政和生活起居之所。1924 年,国民政府接管紫禁城,翌年改称"故宫博物院"并对外开放。紫禁城从此被称为"故宫",意为"旧时的皇宫"。1987 年,故宫被列为世界文化遗产。

故宫珍宝琳琅满目,精品荟萃,凝结了中华文明的精华。然而近代以来,由于帝国主义的野蛮掠夺、清末皇室的监守自盗,故宫珍宝损失惨重,或毁于一旦,或被掠海外,或流失民间。新中国成立后,故宫成为珍贵文物的博物馆,但所存珍宝不过咸丰朝的十之一二。那么,数以百万计的故宫珍宝经历了怎样的劫难?最终又流向了何方?

强盗火烧圆明园

1856 年至 1860 年,英法两国为进一步扩大侵华利益,在美、俄支持下,分别以"亚罗号事件""马神甫事件"为借口发动侵华战争,即第二次鸦片战争。

1860 年 9 月 21 日,英法联军逼近北京。僧格林沁率马步军一万七千人在北京以东约三十里的八里桥阻击,以弓箭和马刀为武器的一万多蒙古骑兵,向配备了当时世界上最先进火炮的英法联军发起了猛烈进攻,结果伤亡惨重。而固守八里桥的数千清军在侵略者的炮火轰击下全部阵亡,北京门户洞开。一直消极抵抗的咸丰帝见势不妙,慌忙派人求和,自己则携慈安、慈禧仓皇逃往热河。

10月6日,英法联军绕过北京城,直扑西北郊区供皇帝避暑、听政、处理军政事务的"夏宫"——圆明园,二十余名守园太监奋力拒敌,全部遇难,管园大臣文丰投福海而死。7日,英法商定瓜分圆明园珍宝,一场在人类文明史上罕见的大劫掠开始了。

据参与和目击劫掠的英法军官、牧师、记者等人描述:军官和士兵,英国人和法国人,为了攫取财宝,从四面八方涌进圆明园,纵情肆意,予取予夺。他们为抢财宝,互相殴打,甚至发生械斗。因为园内珍宝太多,他们一时不知该拿何物为好,有的搬走景泰蓝瓷瓶;有的贪恋绣花长袍;有的挑选高级皮大衣;有的去拿镶嵌珠玉的挂钟;有的背负大口袋,装满了各色各样的珍宝;有的往外衣宽大的口袋里装进金条和金叶;有的半身缠着织锦绸缎;有的帽子里放满了红蓝宝石、珍珠和水晶石等珠宝;有的脖子上挂着翡翠项圈。法军总司令孟托邦的儿子掠得的财宝装满了好几辆马车。一个名叫赫利思的英国军官,一次即从园内窃得二座金佛塔及其他大量珍宝,找了七名壮夫才帮他搬运回军营。

9日,法国军队暂时撤离圆明园。11日,英军派出一千二百余名骑兵和一个步兵团,再次洗劫圆明园,带不走的珍贵文物一律砸毁。

侵略者的野蛮暴行并没有激起咸丰帝的血性,他接受了英法全部条件,准备签约。但英国侵华头子额尔金和格兰特还不罢休,为了显示大英帝国军威,恐吓清政府,毁灭抢劫暴行的罪证,他们竟悍然下令火烧圆明园。18日,三千五百名英军冲入圆明园,纵火焚烧,大火三天三夜不灭,烟云笼罩北京城,久久不散。这座经过清室一百五十年营造、举世无双、被誉为"一切造园艺术的典范"的"万园之园",与园中未及撤离的三百名太监、宫女和工匠一起化为灰烬。火烧圆明园,是世界史上最无耻的暴行之一。

此次浩劫中,被英法侵略者掠夺毁坏的圆明园文物,上至先秦时期的青铜礼器,下至唐、宋、元、明、清历代的名人书画和各种奇珍异宝,共约一百五十万件。据《泰晤士报》和《远征中国日记》记载,圆明园被劫珍宝直接损失过亿两白银,也有人说实际损失是一笔永远无法查清的天文数字。

马克思这样评价英法联军火烧圆明园的恶行:两个强盗劫掠,其中一个强盗放火。这两个强盗就是英国和法国,这是他们永远无法洗刷的罪恶。

故宫遭遇大劫难

圆明园的珍宝,只是整个故宫珍宝的一部分;圆明园的劫难,也只是故宫珍宝劫难的开始。

1900年8月14日,八国联军攻陷北京。15日晨,慈禧太后挟光绪帝仓皇出逃,根本来不及转移故宫珍宝,只留下部分嫔妃、宫女、太监看守。

8月17日,联军头子、德军元帅瓦德西将北京除紫禁城外划成十一个区,由各国军队分别占领,同时下令抢劫三天。这是北京自1421年建成以来首次惨遭外国侵略者全面大洗劫,这座世界上最富庶繁华的城市数日内变成了人间地狱。三海、皇史宬、颐和园悉遭劫掠一空,"自元、明以来之积蓄,上自典章文物,下至国宝奇珍,扫地遂尽"。仅嵩祝寺一处,就丢失镀金铜佛三千余尊,锦绣制品一千多件,铜器四千多件。古观象台的天文仪器也未能幸免,被法国和德国争抢瓜分。瓦德西说:"这些天文仪器有极高的艺术价值,他们的造型和各台仪器的龙形装饰都极为完美。"翰林院内收藏的许多珍贵图书、孤本、文史资料和珍贵书画,被八国联军抢掠糟蹋殆尽,其中《四库全书》被毁数万册。

瓦德西后来承认:大清帝国此次所受毁损及抢劫之损失,其详数将永不能查出,但为数必极重大无疑。

8月28日,八国联军三千余人在故宫阅兵后,以参观为名"顺手牵羊"。俄军最高指挥官阿列克谢也夫等人把慈禧寝宫用黄金和宝石制作的数十件珍宝洗劫一空。一个英国侵略者事后回忆说:"一大群联军军官见到这些东西伸手就拿,随手装入口袋。"

尽管故宫受到了抢劫，但由于慈禧很快接受了列强提出的各种要求，故而损失不是太大。这当然不是侵略者仁慈，而是他们要用故宫作筹码，向清政府敲诈更大的利益。

建福宫焚成悬案

1912年2月，六岁的末代皇帝溥仪逊位，腐朽的清朝寿终正寝。皇宫里的珍宝历经战乱，特别是经过英法联军和八国联军两次野蛮入侵，以牺牲全体中国人民的福祉为代价才得以保留下来，可谓劫后余生。但之后劫难一直没有停止过。

根据民国政府与清朝皇室签订的《优待清室皇帝条约》，溥仪等皇室成员仍可暂住紫禁城，每年可获得一大笔经费用以维持日常开销，但由于时局动荡，这笔钱经常不能及时到位，皇室本身又不知节俭，故而屡陷财务危机。

1922年12月1日是溥仪和婉容大婚的日子，预算费用至少四十万大洋，但筹办婚礼的清皇室从民国政府那里只催来了十万大洋。于是从这年中秋起，内务府就把咸丰、同治年间的一些文物，装了满满四十二只大木箱，由皇叔载涛拿到北京盐业银行抵押，共贷款四十万大洋。

1923年，清皇室以金器八十件做抵押向北京汇丰银行贷款八十万元，其中金编钟一套折价四十万大洋，金册宝、金塔、金壶、金盘等折四十万大洋。按当时的金价，仅金册宝一项也不止四十万大洋。1924年6月16日，清皇室再向银行抵押玉器三百六十五件、瓷器两百件、珐琅器二十三件、红雕漆二十八件，其中包括一些宋代名窑瓷器。据溥仪回忆："这样的抵押和变价，每年总要有好几宗，特别是逢年过节开销大的时候。"这些贷款清皇室根本无力偿还，抵押的文物最后都贱卖给了银行。

皇室靠卖宝为生，底下的人自然也开始动歪心思。据溥仪说，宫内太监和宫女的盗窃几乎从未间断。他大婚时，婚礼刚过，皇后凤冠上镶嵌的珍珠、宝石、玉翠就被偷换成了赝品。连结婚用的大钻戒，也转眼不翼而飞……参与偷盗的并非只有太监宫女，还有负责管理皇家事务的内务府人员。洋老师庄士敦曾告诉溥仪，他所居住的地安门街上，有许多家古董铺子，铺子老板不是宫里的太监就是内务府官员，里面卖的大多是从宫里偷出来的东西。溥仪的几个老师都认为，有必要对紫禁城中的宝物进行一次大清点。

但清点开始没两天，就被一场离奇的大火中断。1923年6月27日深夜，皇家宝库建福宫突然着火，直到第二天中午大火才被完全扑灭。建福宫存放着乾隆帝最爱的珍玩字画、金银法器，乾隆死后，嘉庆帝将这里加锁封存，之后的几代皇帝从未启封。结果一场大火，这些文物化为灰烬。这场大火究竟烧掉了多少无价之宝，永远是个谜。内务府稀里糊涂汇报说：金佛两千六百六十五尊，字画一千一百五十七件，古玩四百三十五件，古书几万册。溥仪认定是宫中太监为掩盖偷窃行为故意纵火，但查无实据，一怒之下，赶走了大批太监。

溥仪盗宝空子钻

偷盗故宫珍宝最多的，并不是内务府官员和太监，而是溥仪。他一直担心被赶出紫禁城，珍宝被民国政府没收，因此从1922年起，溥仪以"赏赐"的名义开始把所藏古本和珍贵字画大量盗出。

十六岁的溥仪学习不用心，但对古版书籍和古董文物却很入迷，可以说是个专家。据说有一次溥仪到著名学者王国维家做客，王国维拿出收藏让溥仪鉴赏，溥仪看了看说："你这些收藏，感觉不太对劲，和皇宫中的有点不一样。"王国维有些惊讶，便带着这些收藏去找懂行的人鉴定，果真是假的。

由于溥仪"识货"，他的"赏赐"先从珍贵的宋元善本开始。这些善本与其弟溥杰、溥佳的课本大小一致，用黄缎包袱裹起来与平日太监们携带的黄绫包裹很难分辨，所以没有引起怀疑和盘问。从1922年7月13日至9月25日，溥仪兄弟盗出宋元善本二百零九件，总计五百零二函。

有了经验之后，溥仪开始"赏赐"稀世国宝字画，他熟练地从最珍贵的卷册下手：有二王墨迹《曹娥碑》《二谢帖》，有钟繇、怀素、欧阳询、宋高宗、米芾、赵孟頫等人的真迹，张择端的《清明上河图》，顾恺之的《洛神赋图》，阎立本的《步辇图》，周昉的《挥扇仕女图》和顾闳中的《韩熙载夜宴图》等。从1922年9月28日至12月12日，几乎日日不曾间断，共盗出手卷一千多件，册页六十多件。这还是"赏赐"清单上记载的，而那些未列入清单的，就无从稽查了。为了确保这批宝贝的"安全"，溥仪等人把它们装入七八十个大箱，通过铁路运抵天津，藏于他在英租界事先买好的房子里。

1923年9月，日本关东发生8.3级大地震，死亡十四万人。溥仪极为大方地送去了价值三十万美元的古玩字画珍宝。

1924年10月，冯玉祥发动"北京政变"。11月5日，他派警备总司令鹿钟麟率领二十名短枪手进入宫内，勒令溥仪等所有皇室成员在一个小时内离开紫禁城。在士兵的严密监视下，溥仪携家眷仓皇离开，到旧醇王府居住。

新政府宣布取消清室优待，溥仪成为"民国公民"，紫禁城收藏的所有珍宝古物归民国政府所有。11月20日，"清室善后委员会"正式成立，开始清点宫内物品。溥仪害怕盗宝罪行败露受追究，于29日逃进日本公使馆。

一年后，清点工作结束，登记造册并向社会公布。此时，故宫文物尚有一百一十七万余件。

逊帝复辟寄伪满

1925年2月23日，在日本宪兵的护送下，溥仪逃至天津，在日租界张园内设立行宫。为了维持奢侈生活，溥仪通过各种渠道出卖手中的珍贵字画和文物。他每次销赃，当地文物市场都会出现一阵骚动。文史专家方兆麟在《溥仪与清宫珍宝》一文中谈道："有家名气较大的万昌古玩店以一万大洋买下了溥仪的几件珍宝，一时轰动了京津两地，古玩同行无不眼红。"溥仪究竟卖出多少国宝他自己都记不清了。

溥仪在天津时用于"赏赐"的珍宝也不少。据王庆祥先生《伪满小朝廷覆灭记》所述，溥仪在天津时曾"赏赐"陈宝琛的外甥一批书画，其中就有唐代阎立本的《历代帝王图》《步辇图》《阆苑女仙图》等珍品。

1931年11月，溥仪在日本人的策划下秘密逃往长春，并于1932年3月出任伪满洲国皇帝。溥仪出逃时携带了大批文物，置于伪满皇宫后院小白楼内。

据当时在津专门管理这批珍宝的严振文于1952年初回忆，溥仪带到伪满的这批文物有书法名画手卷约三十箱，内装一千三百件；书法名画册页四箱，内装四十件；书画挂轴一箱，内装二十一件；宋、元版书三十一箱，内装二百部；殿版书三箱，内装部册不详。

1945年8月9日，苏军向日本关东军发动强大攻势，伪满政府覆灭在即。日本关东军司令官山田乙三入宫，要求溥仪即刻离开长春前往通化。溥仪再三恳求，才获允三日后离开。溥仪将珠顶冠、龙袍和书画文稿等价值连城的国宝装进七十多个箱子，准备带走。8月11日早上，日军开来几辆军车，催促装运，仓皇中只带走十几箱。未能带走的珍宝遭到守卫士兵的哄抢，一些古籍善本被撕毁，很多流传千年的名作被毁坏。著名的《宫中游乐图》被撕成五块，现分藏于国外好几个大型博物馆中。

12日，溥仪到了通化县大栗子沟，在此停留数日，举行了退位仪式。因为伪满货币此时已成"废纸"，溥仪一行就拿价值连城的珍宝向当地农民换馒头和生活用品，后来浮出水面的《神骏图》《莲舟新月图》都是在此时流失的。

17日，溥仪按照日本人为他制订的逃跑计划，先坐上小飞机飞往沈阳，然后再转乘大飞机飞往日本。因小飞机无法装载太多东西，溥仪只带了两皮箱书画和珍宝，其余的全部散失。没想到的是，他在沈阳机场刚一降落，就被苏军俘虏了，两皮箱的珍宝也被没收。第二天，溥仪被押往苏联赤塔，开始了长达五年的"囚龙"生活。

抗战结束后，不少东北人带着价值连城的宝贝出现在北平琉璃厂文物市场，"东北货"一度名声大噪。文物市场的老板们干脆组团到东北扫货，收藏家张伯驹就在这一时期花重金购买了不少传世名画，其中包括《韩熙载夜宴图》。后来，张伯驹陆续把这些文物捐献给了故宫博物院。

为了能在苏联留下来，溥仪主动提出将一些珍宝如金碗、玉器、玛瑙等献给苏联。苏联人没有理睬他的请求。

新中国成立不久，毛泽东和周恩来先后访苏，要求苏方遣返溥仪并把扣留的故宫珍宝归还中国。1950年8月1日，溥仪被遣送回国，和他一同回来的还有四百多件故宫珍宝，但这只是其中一部分。2003年，在乌克兰首都基辅一次性展出了四百多件溥仪"丢失"的故宫珍宝。

二十多年颠沛流离，有一件宝贝一直被溥仪贴身保存，这就是"乾隆田黄三连印"。1950年10月，中国人民志愿军入朝参战，社会各界纷纷捐款支援国家，思虑再三后，溥仪将这件宝贝献给了国家。

辗转漂泊两岸间

1925年10月10日，民国政府宣布成立故宫博物院。开放的第一天，人们争先涌入神秘的皇宫参观，北京市万人空巷。故宫从1421年建成到彼时已历五百余年，老百姓第一次能够近距离一观皇帝的居所。

1933年1月，日军侵占山海关，战争的阴云笼罩华北。国民党当局决定将故宫珍宝转移。2月，经过精心挑选的万余箱故宫珍宝由铁路运达上海。1937年，日军进攻上海，故宫珍宝又分三路分别辗转湖南、贵州、陕西等地，最后入川，疏散到巴县、乐山、峨眉等地，累计行程万余里。抗战胜利后，这些珍宝被运往南京，并在新落成的中央博物院进行了一次展览，蒋介石曾亲临展场。

这些珍宝原计划展后运回北京，然而还没等出发，内战就爆发了。随着解放军节节胜利，国民党当局决定将文物转运到台湾。

1948年12月21日，国民党海军"中鼎号"运输舰悄然驶进南京下关码头。消息传出，下关码头许多想要逃到台湾的人不顾一切登上中鼎舰，在甲板上打开铺盖，怎么也赶不走。海军总司令桂永清亲自到现场，保证另外安排船只赴台后，他们才下了船。数日后，首批故宫文物抵台。1949年1月9日，

二十六、故宫珍宝流失之谜

第二批文物抵台。

1月10日，淮海战役结束，解放军大获全胜，剑指南京。国民党当局决定将留在南京的四千箱文物月底全部运台。但装船那天，想逃往台湾的人蜂拥而至，挤满了船舱和甲板，结果勉强装了一千两百多箱文物。船开出长江口后，有人发现船在往北开。原来船长褚廉方想要起义，带着文物投奔解放区。但后来起义不幸失败，褚廉方就义，这批文物也被运到了台湾。此后，解放军封锁了江面，原计划要分七批运台的文物，只运了三批。

文物迁台，原本还包括北平故宫的精品。但故宫博物院院长马衡故意拖延时间，一直到北平南苑机场被解放军占领，故宫珍宝还没有完全包装好，一箱也没有运走。

1965年，台北故宫博物院落成，迁台文物尽收其中，共六十九万多件。这些珍品以书画居多，有"中华书画半台北"之说。

当年留在南京的珍宝，大多收藏在今南京博物院，共十万多件；北京故宫博物院目前共收藏珍贵文物一百八十多万件。

根据联合国教科文组织统计，中国大约有一百六十万件国宝级文物流失海外，被世界各地的二百余家博物馆收藏，成为它们的镇馆之宝，而外国民间收藏的中国文物是馆藏数量的十倍之多。

2000年，在香港佳士得和苏富比拍卖会上，圆明园牛首、猴首和虎首铜像现身，拍出了三千多万元的高价。2007年8月初，苏富比准备拍卖圆明园马首铜像的消息披露后，再次引起各界一片哗然。最后经过和拍卖行协商，爱国企业家何鸿燊在拍卖会举行之前以六千九百一十万港元购得，并将其捐赠给国家。此后，国家文物局明确表示："反对用中国的钱回购中国自己的东西。"

2005年，在庆祝故宫博物院建院八十周年时，故宫博物院院长郑欣淼与英国大英博物馆、日本东京国立博物馆、德国德累斯顿国家艺术收藏馆、美国史密森研究院的馆（院）长进行座谈，郑欣淼提出归还文物，但没有得到回应。故宫博物院研究员向斯说：对他们祖先做的不光彩的事情，他们也很脸红，可谈到文物归还问题时，他们虽然都承认这是中国的国宝，但诡称"这些文物是中华民族的结晶，我们会很好地保护起来，供世界人民免费瞻仰"。

国宝流失海外，成为他国的镇馆之宝，是中华民族永远的痛。这不能不让我们牢记国耻，常思"落后就要挨打"的铁律！

【延伸阅读】

张伯驹无偿献八珍

张伯驹，河南项城人，生父张锦芳，后被过继给伯父、直隶总督张镇芳。张伯驹还是袁世凯的表侄，与袁克文、张学良、卢小嘉并称"民国四公子"。张伯驹视金钱如粪土，为了收藏不惜倾家荡产。著名书法家启功曾评价他为"天下民间收藏第一人"。

1941年，上海发生了一起轰动一时的绑架案，被绑架者正是张伯驹。绑匪向张伯驹夫人潘素索要三百万元（伪币）。但张家的钱大部分用来购买了珍贵字画。潘素设法去探望张伯驹时，张伯驹却悄悄地告诉她："家里的字画千万不能动，尤其那幅《平复帖》是我的命！我死了不要紧，字画要留下来，不要卖掉字画换钱来赎我，这样的话我不出去！"张伯驹宁可被"撕票"，也不肯答应变卖一件藏品。最终绑匪妥协，将赎金从三百万降到四十万，潘素与张家人多方筹措，才将张伯驹赎出。

张伯驹生活朴素，"不抽烟、不喝酒、不赌博、不穿丝绸"，但对看中的文物却一掷千金。他曾说："黄金易得，国宝无二。我买它们不是为了钱，是怕它们流入外国。"1946年，张伯驹听说北平古玩商马霁川欲将稀世珍宝、展子虔的《游春图》卖往海外，非常着急，卖掉北京的房产和夫人的首饰，才将其买下。

1956年，张伯驹从三十年的收藏中选出陆机的《平复帖》、展子虔的《游春图》、杜牧的《张好好诗》、李白的《上阳台帖》、范仲淹的《道服赞》、黄庭坚的《诸上座帖》、宋徽宗的《雪江归棹图》、蔡襄的《自书诗卷》八件精品，无偿捐献给了国家。

图书在版编目（CIP）数据

好看的中国历史故事.历史谜案篇/刘士欣主编. —北京：中央编译出版社，2023.3
　　ISBN 978-7-5117-4294-0

　　Ⅰ.①好… Ⅱ.①刘… Ⅲ.①中国历史-通俗读物 Ⅳ.①K209

　　中国版本图书馆 CIP 数据核字（2022）第 180724 号

好看的中国历史故事——历史谜案篇

责任编辑	付　瑾
责任印制	刘　慧
出版发行	中央编译出版社
地　　址	北京市海淀区北四环西路 69 号（100080）
电　　话	（010）55627391（总编室）　　（010）55627340（编辑室） （010）55627320（发行部）　　（010）55627377（新技术部）
经　　销	全国新华书店
印　　刷	北京印刷集团有限责任公司印刷一厂
开　　本	710 毫米×1000 毫米　1/16
字　　数	243 千字
印　　张	16
版　　次	2023 年 3 月第 1 版
印　　次	2023 年 3 月第 1 次印刷
定　　价	68.00 元

新浪微博：@中央编译出版社　　　微　　信：中央编译出版社（ID: cctphome）
淘宝店铺：中央编译出版社直销店(http://shop108367160.taobao.com)　（010）55627331

本社常年法律顾问：北京市吴栾赵阎律师事务所律师　　闫军　　梁勤
凡有印装质量问题，本社负责调换，电话：（010）55626985